TONGBIAN
GAOZHONG
YUWEN JIAOKESHU

统编高中语文教科书
指定阅读书系

ZHIDING YUEDU
SHUXI

MENGZI

（战国）孟子◎著　徐洪兴◎注译

孟子

长江出版传媒　｜　长江文艺出版社

图书在版编目（CIP）数据

　　孟子 / （战国）孟子著；徐洪兴注译. -- 武汉：长江文艺出版社，2020.7
　　（统编高中语文教科书指定阅读书系）
　　ISBN 978-7-5702-1542-3

　　Ⅰ. ①孟… Ⅱ. ①孟… ②徐… Ⅲ. ①儒家②《孟子》－青少年读物 Ⅳ. ①B222.5-49

　　中国版本图书馆 CIP 数据核字(2020)第 065109 号

责任编辑：程华清　　　　　　　　责任校对：毛　娟
封面设计：天行云翼·宋晓亮　　　责任印制：邱　莉　杨　帆

出版：长江出版传媒　长江文艺出版社
地址：武汉市雄楚大街 268 号　　邮编：430070
发行：长江文艺出版社
http://www.cjlap.com
印刷：中印南方印刷有限公司

开本：640 毫米×970 毫米　　　1/16　　印张：17.75　　插页：1 页
版次：2020 年 7 月第 1 版　　　2020 年 7 月第 1 次印刷
字数：242 千字

定价：26.00 元

导　言

在旧时的中国，尤其是宋代以后，孟子可以说是个家喻户晓的人物，这大概还得拜南宋后出现的发蒙读物《三字经》所赐。《三字经》劈头就讲"人之初，性本善"，这可是孟子的意思。第二句"性相近，习相远"，那才是孔子的话。可见，从那时起，孟子的地位并不比孔子低。这里，我们就先来讲讲孟子这个人、《孟子》这部书吧。

一、孟子其人其书

孟子名轲，生活在动荡的战国中期，邹（今山东省邹城市）人。关于孟子的生卒之年，学术界历来有许多说法。据统计，光孟子的生年之说就有九种之多，然后又由于各种推算的不同，以及对他寿数的说法不同，可衍生出更多关于孟子卒年之说。这里我们仅取一种相对通行的说法，即孟子生于约公元前372年，卒于约公元前289年。

古人除名之外还应有字。关于孟子的字，《孟子》书中并未提到过，司马迁在其《史记》中也无记载。到东汉末的赵岐，他在注解

《孟子》时就更不清楚了，只能说孟子"名柯，字则未闻也"（《孟子题辞》）。但从魏晋开始，突然冒出孟子字"子车""子舆"或"子居"等多种说法。尽管煞有介事，但证据却绝无，且其中还有被学界公认的"伪书"，因此不足凭信。

孟子的先祖是谁？《孟子》七篇中没有说，《史记》《汉书》及其他与孟子同时代或稍晚的历史文献中也无记载。东汉赵岐在《孟子题辞》中说："或曰孟子鲁公族孟孙之后。""或曰"之说表明赵岐也不能完全确定，但学界一般都沿用了此说，即认为相传孟子的远祖是鲁国的贵族孟孙氏，后来家道中落，从鲁国迁居邹国。据说孟子幼年丧父，与寡母相依为命，孟母对孟子的教养有道。从《孟子》书中我们知道，孟子对其母亲非常孝敬，以致因葬母时棺椁衣衾太好而遭人非议。从西汉开始，孟母开始成为世所公认的母仪典范，西汉时的文献《列女传》《韩诗外传》中记有"孟母三迁""孟母断织""东家杀豚"等故事，这些故事的真实性虽无从考证，但不妨其成为流传千古的美谈。

孟子的师承关系也不太清楚。司马迁说他"受业于子思之门人"，但"子思门人"是哪位？缺乏进一步的说明。从中唐韩愈开始，不少儒家学者都说孟子的老师是子思，子思的老师是曾参，此说后来流传甚广，但没有确切的证据，所以也有学者并不认可。根据孟子自己的说法："予未得为孔子之徒，予私淑诸人也。"（《离娄下》）① 这里的"人"是谁？我们不知道，大概是"子思之门人"吧？而所谓"私淑"，按一般的理解，是指敬仰某人学问但未能登堂

---

① 按："本书"中凡引《孟子》语者，书名省略，仅列篇名。

入室成为其弟子的说法。因此，孟子直接的老师是谁，至今无法断定。

孟子的生平经历，与其崇敬的孔子有很多相似之处，这主要表现在：一、与孔子一样，他也长期开门授徒，即使在游历诸国时，学生们还是伴随其左右；二、与孔子一样，他也有强烈的从政愿望，希望把自己的政治理想付诸实践，因此中年开始他也周游列国游说，而"仆仆于道路"的结果和孔子也差不多，没有哪位国君真正愿意接受其政治主张；三、与孔子一样，晚年时孟子也退居故里，与学生一起讨论学问。这里我简单叙述一下孟子以上三方面的情况。

孟子曾说过："君子有三乐，而王天下不与存焉。父母俱存，兄弟无故，一乐也；仰不愧于天，俯不怍于地，二乐也；得天下英才而教育之，三乐也。君子有三乐，而王天下不与存焉！"（《尽心上》）孟子用先秦特有的强调句式即前后的复句，来强调从事教育之"乐"，说明他把从事教育看得比称王天下还要有价值，看来他确实在长期的教学活动中获得过很大的慰藉。由于长期从事教育，孟子的学生尽管没有孔子"弟子三千，贤人七十有二"那么多，但可以想见也一定不少。如他在游历齐国时，已经是"后车数十乘，从者数百人"（《滕文公下》），这所"从"的"数百人"，都是他的学生。只是由于没有类似司马迁为孔子学生专作的《仲尼弟子列传》这种比较可信的资料，所以我们对孟子学生的情况了解不多。现在能确定的也仅有乐正子、万章、公孙丑、公都子、陈臻、充虞、咸丘蒙、陈代、彭更、屋庐子、桃应、徐辟、孟仲子等十几人，他们都见诸《孟子》书中。后世有学者在这方面做过不少研究和考证，但其结论未被学界普遍接受，而所增人数也实在有限，所以不提也罢。

　　大致说来，孟子是四十来岁开始其政治游历的。在此之前，他或许已有了短暂在邹从政的经历。孟子的游历，到过齐、宋、薛、鲁、滕、梁（魏）等国，期间还曾返回过邹国。孟子在各国的时间有长有短，有的仅是路过，有的则去过数次，旅居时间也较长。其中，去过次数最多、旅居时间最长的是齐国。

　　至于孟子游历诸国所提的政治主张，基本上是一以贯之的，那就是主张"王道"而反对"霸道"，反复申论"仁政"的重要性、必要性和可行性。孟子在其游说中提出："仁政"源于先王的"不忍人之心"，而从正经界、划井田开始，其中包括了"省刑罚，薄税敛，深耕易耨"等内容；他认为这可以使老百姓有一定的"恒产"（土地），能安居乐业，老人们能衣帛食肉，进而再使年轻人受到道德教育；在孟子的"仁政"思想中，"民"具有关键意义，其地位高于国家，更高于君王，所以君王必须能保民、安民、养民和惠民；如果能做到这样，那么即使是弱国、小国，国君即使是好勇、好货、好色之徒，即使用木棒为武器，也可以打败秦、楚这种有"坚甲利兵"的强国、大国；就可以使其军队成为"王者之师"，别国的人民就会"箪食壶浆以迎王师"。

　　孟子在诸国颇受各国君主的优礼，明显要比当年的孔子来得幸运，这与当时各国普遍有"礼贤下士"的风气有很大关系。孟子在游说那些诸侯时，常常慷慨陈词，咄咄逼人，摆出一副"说大人则藐之"的架势，经常弄得那些国君狼狈不堪，只能"顾左右而言他"。但当时的君主都是一些讲求实际功利的人，他们都崇尚霸道，大国热衷于如何攻伐、兼并，小国则关心如何在夹缝中搞平衡、求生存。所以孟子那些陈意甚高的政治理想，在这些国君眼里就不能不是"迂远而阔于事情"，就如司马迁所说的："当是之时，秦用商君，富国强兵；楚、魏用吴起，战胜弱敌；齐威王、宣王用孙子、田忌之徒，而诸侯东面朝齐。天下方务于合从连衡，以攻伐为贤，而孟轲乃述唐、虞、三代之德，是以所如者不合。"因此，孟子游说的结局也和孔子一样——到处碰壁。

经过这么多年的东奔西走、四处碰壁后，孟子最终明白，那些诸侯国君主虽然在"重士"的风气下对自己很客气，但却从来没有认真对待过自己的政治主张，他的"王道""仁政"理想是难以实现了。到了这种境地，他又一次以孔子为榜样，放弃从政愿望，回归故里，与弟子们一起讲学论道，希望通过这种形式，把自己的思想传于后世。于是，就有了我们今天还能读到的《孟子》这部著作。

有关《孟子》这部书的作者、篇数，也有不同意见。

关于作者，按司马迁的说法，主要是由孟子自著，而其弟子万章、公孙丑等参与其事；按赵岐、朱熹、焦循等历代研究者的观点，认为是孟子自著；而韩愈、苏辙、晁公武等学者的意见则认为是弟子万章、公孙丑之徒的追记。有关具体的说法，这里就无烦赘引了。就目前学术界的一般看法，较多是采取司马迁的说法。

至于《孟子》的篇数，司马迁说"作《孟子》七篇"，可《汉书·艺文志》却著录"《孟子》十一篇"。现存最早《孟子》注解的作者赵岐，分《孟子》为"内书"七篇，"外书"四篇，并提出：《性善辨》《文说》《孝经》《为政》四篇"外书"，"其文不能宏深，不与内篇相似，似非《孟子》本真，后世依放而托也"。所以他不予作注。这以后，这四篇《外书》就渐渐亡佚了。今存的"外书"，学术界公认为是明末姚士粦的伪作，为清代吴骞所刊行，故不能列入《孟子》。

今存的《孟子》一书共七篇，篇目依次是：梁惠王、公孙丑、滕文公、离娄、万章、告子、尽心。每篇各分上下，共 261 章（有的分为 260 章）。一般认为，《孟子》的篇名取自每篇首章中数字，没有什么特定含义。篇目的排列顺序，按赵岐《孟子篇叙》的说法则有特定含义：

> 孟子以为圣王之盛，惟有尧舜。尧舜之道，仁义为上，故以梁惠王问利国，对以仁义，为首篇也。
>
> 仁义根心，然后可以大行其政，故次之以公孙丑问管、晏之政，答以曾西之所羞也。
>
> 政莫美于反古之道也，滕文公乐反古，故次之以文公为世子，始有从善思礼之心也。
>
> 奉礼之谓明，明莫甚于离娄，故次之以离娄之明也。
>
> 明者当明其行，行莫大于孝，故次以万章问舜往于田号泣也。
>
> 孝道之本，在于情性，故次以告子论情性也。
>
> 情性在内而主于心，故次以尽心也；尽己之心，与天道通，道之极也，是以终于尽心也。

这实际只是赵岐个人研读《孟子》一书的心得，谓之一家之言可矣。

二、孟子升格过程

历史上有一个通行观点：孔子以后"儒分为八"，到战国中后期演变为两支。一支始于子夏，讲文献之学，数传而至荀子；一支始于曾参，究义理之学，二传而至孟子。以后，荀子便是汉代经学家所尊信的大部分儒家经传的先师，孟子则成为两宋起道学家所崇敬的不祧之祖。儒家内部这两派的分野，也就是所谓"学统"与"道统"之别，"汉学"与"宋学"之分。对这个说法，学术界的意见历来不同，这里就不必去细究了。此说至少有一点不错，即孟子其人其书的重要性确实是从唐宋之际开始凸显的。这以后，"孔孟之道"几乎就成了儒家思想的代名词。

孟子去世以后，由他为代表的儒家中之一派似无太大的发展。到了战国的晚期，由荀子代表的一派渐渐崭露头角。荀子稍晚于孟子，他长期居齐，因学问博洽，曾三次出任"稷下学宫"的"祭酒"。他精通多种儒家经典，被认为是儒家经学早期传授中十分重要的人物。荀子在其《非十二子》中，对子思、孟子一派曾有严厉的批评，说他们"略法先王而不知其统，犹然而材剧志大，闻见杂博。案往旧造说，谓之'五行'，甚僻违而无类，幽隐而无说，闭约而无解。案饰其辞而祗敬之曰：'此真先君子之言也'"。荀子的批评只能说是当时儒家内部的派别斗争。

秦汉以降一直到两宋以前，孟子地位一直不高。孟子其人，只被视为一般的儒家学者；孟子其书，只能归入"子部"一类。在官私文献中，多是"周孔"或"孔颜"并提，鲜见有"孔孟"合称的。令人注意的是，东汉赵岐在注解《孟子》时，曾把孟子尊为"亚圣"，还提到西汉文帝时设置过《孟子》的"传记博士"。可"亚圣"之名，未被宋朝以前的官方认可过；而"传记博士"即使存在过也为时很短，且不说此事因不见于《史记》《汉书》记载而颇启后人疑窦。当时，也有人批评孟子，最典型的应该是东汉的王充，他在《论衡》中专立了《刺孟》一篇，列举了孟子八个方面加以批评。

历史进入唐代，唐高祖、太宗、高宗三朝，争论国子学当祭"周孔"还是"孔颜"时；唐太宗增加从左丘明到范宁二十二位儒者从祀孔庙时；唐玄宗封颜渊为"亚圣"和"兖国公"、封"孔门十哲"和"七十子"为侯、伯时；孟子都只字未被提及。当时科举考试的"明经"科目中只有"三礼"(《周礼》《仪礼》《礼记》)，"三传"(《左传》《公羊传》《穀梁传》) 以及《周易》《尚书》《毛诗》这"九经"，《论语》和《孝经》则被列入了"兼通"，而《孟子》一书没有资格入选。此时的《孟子》一书，尚不如《老子》《庄子》《文子》《列子》这四部道家著作，后者在唐玄宗时被列入科举，称之为"道举"，课试与"明经"相同。

但从中唐起，情况开始发生了变化。渐渐地，孟子之名被厕于孔子之后，成为仅次于孔子的"贤人"；孟子其人被政府加封了爵号，从祀孔庙；孟子其书被增入儒经之列，悬为科举功令，不久又超越"五经"而跻身于"四书"，变成中国士人必读的官方教科书。

这个变化过程，就是历史上的"孟子升格运动"①。

变化最早出现在唐代宗的宝应二年（763 年）。礼部侍郎杨绾上疏，建议把《孟子》与《论语》《孝经》并列为一"兼经"，增为"明经"科目。此事虽未见允，但却开启了《孟子》由"子"升"经"的先声。

真正揭开孟子升格运动序幕的是韩愈。韩愈在其《原道》一文中首次提出了儒家的"道统"，并把孟子的名字上升到孔子之后，与那些"古圣先王"相提并论。韩愈以尊"孔孟"取代唐初的尊"孔颜"，在当时的学界引起了一些学者的关注。如唐末的皮日休，他于唐懿宗咸通四年（863 年）上书朝廷，建议将《孟子》作为国家"明经"考试的单独一经。但韩、皮之说只是少数人的呼吁，并没有得到最高统治者的重视。

赵宋立国伊始，承袭唐代旧制，国子监所祭仍为"孔颜"，明经取士仍考"九经"。宋太祖、太宗、真宗三朝，重视孟子其人其书的大概也只有柳开和孙奭比较有名。柳开受皮日休影响，十分推崇孟子，但当时的影响并不大；孙奭乃是三朝宿儒，宋真宗大中祥符年间曾受命校勘《孟子》，由此"请以孟轲书镂板"，并撰成《孟子音义》二卷。

孟子升格被重新唤起，那是在宋仁宗的庆历之际。当时，学坛上出现了一股社会思潮，而"尊孟"也成为思潮的取向之一。庆历思潮的领袖人物是范仲淹和欧阳修，他们都属于"尊孟"一派。如

---

　　① 有关这个过程，其中因需考证的内容很多，注释也太多，这里一般就不具体出注了，详可参看拙作《唐宋间的孟子升格运动》一文，载于《中国社会科学》1993 年第 5 期。

范仲淹发挥孟子"乐以天下，忧以天下"的思想，标举出"先天下之忧而忧，后天下之乐而乐"的宋代新儒家的理想人格风范。欧阳修推尊孟子，认为"孔子之后，唯孟子最知道"。当时最推崇孟子的应该是孙复、石介师徒，他们反复强调儒家从尧、舜、禹、汤、文、武、周公、孔子到孟子、扬雄、王通、韩愈这样一个圣贤相续的"道统"。他们作为北宋前期首出的经学家和教育家，在当时的学术界有很大影响。在思想界出现"尊孟"的同时，实质性"尊孟"的行动也开始出现，那就是山东兖州邹县孟庙的建立。宋仁宗景祐五年（1038 年），出知兖州的孔子第三十五世孙孔道辅，在邹县建成孟庙，以公孙丑、万章等配享，还专请孙复为此事写了记文。

自庆历以后，孟子升格进入了迅速发展期，到了宋神宗的熙宁、元丰年间（1068—1085 年）达到高潮。当时，二程的"洛学"、张载的"关学"及王安石的"新学"，尽管政治意见相左，却都属于"尊孟"之列的。二程兄弟及张载尊孟的言论很多，后来南宋的理学大师朱熹之所以会把"四书"单独拿出来作"集注"，明显受到了二程和张载的影响，这方面的资料在他们的文集中随处可见，不必一一引证。我们主要来谈谈不太为人注意的王安石。

王安石一生服膺孟子，他把孟子引为自己的千古知己，把成为孟子式的人物当作人生的目标。王安石之"尊孟"是时人公认的，其弟子陆佃评价乃师曰："言为《诗》《书》，行则孔、孟。"其政敌司马光也说他："介甫于诸书无不观，而特好孟子、老子之言。"王安石之学得力于孟子，故其治《孟子》一书亦勤，有《孟子解》十四卷，今已佚。其"新学"一派中人对《孟子》也多有钻研。王安石一派由于掌握着当时的国家权力，所以在行动上将"尊孟"积极付诸实践。孟子升格此时在政治上已获得朝廷支持，请看下列进展：

熙宁四年（1071年）二月，《孟子》一书首次被列入科举考试的科目之中。

熙宁七年（1074年），支持王安石变法的经学家常秩，请立孟轲像于朝廷。

元丰六年（1083年）十月，孟子首次受到官方的封爵，诏封为"邹国公"。

元丰七年（1084年）五月，官方首次批准，允许孟子配享孔庙。

政和五年（1115年），政府方面承认兖州邹县所建的孟庙，诏以乐正子配享、公孙丑以下十七人从祀。

宣和年间（1119—1125年），《孟子》一书首次被刻成石经，成为"十三经"之一。

在上列事实中，熙宁间为王安石当政期间，元丰间王安石虽已经退隐，但执政者蔡确、章惇等均为"新党"中要人，故一向诋诃王安石的朱熹，也不得不承认"孟子配享，乃荆公请之"；政和至宣和年间是蔡京当国，亦号称行"新法"。因此，王安石及其"新党"，实在堪称孟子升格运动中之功臣。

宋室南渡以后，孟子升格已进入尾声。当时，王安石"新学"尽管遭到排斥，但"尊孟"取向却为统治者全盘接受。到宋宁宗嘉定五年（1212年），国子司业刘爚奏准将朱熹的《论语孟子集注》作为官方之学。差不多同时，目录学家陈振孙撰《直斋书录解题》，正式从目录学上把《孟子》一书由"子部"升格至"经部"。至此为止，孟子升格运动已告基本完成。到元朝的至顺元年（1330年）

元文宗加封孟子为"亚圣公",这可说是整个孟子升格运动的句号。

当然,孟子升格运动也不是一帆风顺的,期间也出现了不少逆向的言行,即删孟、议孟、疑孟、辩孟、黜孟乃至诋孟的思想倾向。举其重要者言之:如唐末林慎思作《续孟子》,把《孟子》书中他以为不是孟子"原意"的内容加以改写。北宋庆历之际的李觏作《常语》,提出孟子不续"道统"、孟子背叛孔子、孟子怀疑六经、孟子不尊王、反对孟子的性善论、反对孟子排斥功利。李觏的学生陈次公、傅野等则附和乃师之说。北宋熙丰之际,司马光著《疑孟》,对孟子加以批评。司马光的"疑孟",从政治上讲,目的是攻击王安石变法;从学术上讲,是因为他信奉西汉扬雄的思想。司马光的门人晁说之著《儒言》,反对孟子的态度较其师更激烈,而矛头所指也是王安石。他公开上疏,反对当时立《孟子》于学科。南宋初的郑厚作《艺圃折衷》,对孟子进行人身攻击,极尽诟骂之能事,说孟子是借孔子思想而"卖仁义"。南宋中期的叶适,在其《习学纪言序目》中,比较系统地提出了反对当时的尊孟风气,他否定孟子一系独传"道统",批评孟子专言心性,批评孟子不切实际的政治思想等。认为孟子身上存在着四个毛病,"开德广,语治骤,处己过,涉世疏"。

以上诸人的反孟言行,由于不适应时代潮流,所以不可能产生真正的效果。倒是后来的明太祖朱元璋曾掀起过一点反孟的小浪。作为绝对专制独裁的君主,朱元璋对孟子"民贵君轻"的思想十分反感,开始想罢去孟子在孔庙配享的资格,后在大臣冒死进谏下只能作罢。但他却下令删除《孟子》书中"激进"的话共八十五条,出版了一本名为《孟子节文》的书,规定科举考试不能出现已被删掉的文字①。但即便权倾一时的皇帝，也不能改变已深入人心的文化传统。所以，"怪胎"式的《孟子节文》一书，并没有流传开来。

三、孟子思想略述

有关孟子思想的研究，代不乏人，两宋以后尤多专家。这里只是很简略地叙述一下，有兴趣者则应该进一步去阅读那些专家之作。

这里，我把孟子思想分为四方面来讲，这仅是就其重要者而言的。

1. 人性本善

中国第一个系统提出并讨论人性问题的思想家应该就是孟子了。在孟子之前，孔子偶尔提到过人性，但并没有讲人性的善恶问题。是孟子首先提出了"人性本善"命题，以后他的理论引起了长期而热烈的争论。

就当时言，与孟子展开争辩的是告子。告子认为人性无所谓善恶，就像流水不分东西南北一样。这一观点遭到孟子激烈的批评。孟子确认，人具有一种先验的善性，他也用水来作喻："人性之善也，犹水之就下也；人无有不善，水无有不下。"（《告子上》）而人性之所以本善，是因为人生来就有"善端"，就好比人生来就有四肢一样。这种"善端"不仅是先验的，也是超功利的，他说：

---

① 详可参看容肇祖：《明太祖的〈孟子节文〉》，《容肇祖集》，齐鲁书社1989 年版。

　　人皆有不忍人之心者，今人乍见孺子将入于井，皆有怵惕恻隐之心，非所以内交于孺子之父母也，非所以要誉于乡党朋友也，非恶其声而然也。由是观之，无恻隐之心，非人也；无羞恶之心，非人也；无辞让之心，非人也；无是非之心，非人也。恻隐之心，仁之端也；羞恶之心，义之端也；辞让之心，礼之端也；是非之心，智之端也。人之有是四端，犹其有四体也。"（《公孙丑上》）

这就是著名的"四端"说，亦即孟子的"性善"论。

　　孟子认为："仁义礼智，非有外铄于我也，我固有之也，弗思耳矣。"（《告子上》）是"不学而能"的"良能"和"不虑而知"的"良知"（《尽心上》）。他通过"同类相似"的逻辑来论证人普遍具有善性：

　　口之于味也，有同耆也，耳之于声也，有同听也；目之于色也，有同美也。至于心，独无所同然乎？心之所同然者，何也？谓理也、义也。圣人先得我心之所同然耳。故理义之悦我心，犹刍豢之悦我口。（《告子上》）

　　孟子在强调人的本性存在先验的"善"之同时，提出人之所以会有不善，是由于两方面的原因所造成的：

　　其一是外界影响。他说："今夫水，搏而跃之，可使过颡；激而行之，可使在山。是岂水之性哉？其势则然也。人之可使为不善，其性亦犹是也。"（同上）他还举了"牛山之木"为例来说明。

其二是人自己是否有向善的主观愿望，孟子说："人之异于禽兽者几希，庶民去之，君子存之。"（《离娄上》）在孟子看来，一个人如果不愿意向善，那就是"自暴""自弃""自贼"的行为。

孟子与告子实质上讲的是不同的"性"。告子说的是人的本能，人人皆然，无所谓善恶，这本来也不能说就是错的。告子的失误在于仅仅把人的本能当作人性，这就使得人与动物没有区别了。而孟子强调的是人之所以为人的"性"，即"人之所以异于禽兽"的"人性"，其主要的标志就在于人有道德意识，即有仁义之心。

为了使人的"善性"能够得到保存并扩充，孟子提出了一整套修身养性的方法，这其中既包含了他的认识论，也包含了他的道德哲学。如："尽心"："尽其心者，知其性也；知其性，则知天矣"（《尽心上》）；"存心养性"："存其心，养其性，所以事天也；天寿不贰，修身以俟之，所以立命也"（同上）；"寡欲"："养心莫善于寡欲"（《尽心下》）；"求放心"："学问之道无他，求其放心而已矣"（《告子上》）；"思诚"："诚者，天之道也；思诚者，人之道也。至诚而不动者，未之有也；不诚，未有能动者也"（《离娄上》）；"自反"："万物皆备于我，反身而诚，乐莫大焉；强恕而行，求仁莫近焉"（《尽心上》）；"养气"："我善养吾浩然之气"（《公孙丑上》）；"其为气也，至大至刚，以直养而无害，则塞于天地之间。其为气也，配义与道；无是，馁也。是集义所生者，非义袭而取之也；行有不慊于心，则馁也"（同上）等。此外孟子还提出了"不动心""存夜气""先立其大""知耻"等修养心性的命题，这里就不俱引了。

孟子关于"人性本善"的命题，肯定了人类道德生活的可能性和重要性，揭示了人类与动物之间的根本区别之所在，这在中国思想文化史上有积极意义，对推动中国古代伦理学的发展起到很大作用，可以说，中国人性论的基调是以孟子的理论为主的，尽管也有反对孟子的观点。

2. 理想人格

从孔子开始，理想人格就成为儒家所追求的人生目的。在孔子那里，理想人格的目标是有等级的，它们依次是圣人、贤人、仁人、志士、君子。在《论语》中，有很多关于理想人格的论述，有的是孔子本人的话，有的是其弟子的话，如："志士仁人，无求生以害仁，有杀身以成仁"（《论语·卫灵公》）；"君子固穷，小人穷斯滥矣（同上)；""君子成人之美，不成人之恶"（《论语·子路》）；"君子无终食之间违仁，造次必于是，颠沛必于是"（《论语·里仁》）；"可以托六尺之孤，可以寄百里之命"（《论语·泰伯》）"士不可以不弘毅，任重而道远。仁以为己任，不亦重乎！死而后已，不亦远乎！"（同上）。

孟子进一步发挥了孔子以来儒家强调追求理想人格的思想，他有一系列关于理想人格的论述，较为人所熟知的如：

忧以天下，乐以天下。（《梁惠王下》）

居天下之广居，立天下之正位，行天下之大道，得志与民由之；不得志，独行其道。富贵不能淫，贫贱不能移，威武不能屈，此之谓大丈夫。（《滕文公下》）

　　鱼，我所欲也，熊掌，亦我所欲也；二者不可兼得，舍鱼
而取熊掌者也。生，我所欲也，义，亦我所欲也；二者不可兼
得，舍生而取义者也。（《告子上》）

　　人皆可以为尧舜。（《告子下》）

　　天将降大任于是人也，必先苦其心志，劳其筋骨，饿其体
肤，空乏其身，行拂乱其所为，所以动心忍性，曾益其所不能。
（同上）

　　待文王而后兴者，凡民也。若豪杰之士，虽无文王犹兴。
（《尽心上》）

　　天下有道，以道殉身；天下无道，以身殉道。（《同上》）

以上种种，都可谓是激励人心、传颂千古的名言。

　　孟子所提倡的理想人格，其思想的基础就是人贵在"有义"，这
种价值观使得在人类固有的理想意向即追求真善美的过程中，突出
了人的道德精神，和为理想而勇于牺牲的大无畏的精神境界。在孟
子看来，人生的最高价值就在于实现自我的道德理想。他肯定了人
的生命的重要性和可贵性，但却强调有比人的生命更重要的东西，
那就是"义"，就是道德。

　　孟子关于追求理想人格的思想，及其"舍生取义"的理论，在

中华民族的历史上曾放射过经久而夺目的光辉。中国历史上无数的志士仁人、忠臣英烈们，他们为真理和正义、为人民和祖国而勇于献身的壮举，可以说都回响着孟子"舍生取义"的主旋律和正能量，都程度不同地受到了孟子思想的感染。因此，这是中国传统思想文化中的精华。

3. 排斥"异端"

孟子一向以"圣人之徒"和儒学捍卫者自居，面对当时"诸子蜂起，百家争鸣"的思想格局，他当然不能袖手旁观。于是，"拨乱反正""攻乎异端"，对各家各派学说进行批判，自然成了他的责任和使命，用他的话说："我亦欲正人心，息邪说，距诐行，放淫辞，以承三圣（禹、周公、孔子）者。"（《滕文公下》）由此使孟子有了"好辩"之名，尽管他自己认为这是"不得已"。孟子"好辩"表现在许多方面，如与人讨论、政治游说、思想争辩等。这里叙述他在思想层面上的争辩，即主要对其他学派的批判。这方面最著名的如斥告子的人性论，距杨朱、墨子的"为我""兼爱"思想和驳许行的"并耕"思想。这其中，第一点已提过，就简单看看孟子对后面三派的批判：

孟子之所以要距杨、墨，是因为当时这两家的思想影响很大，"圣王不作，诸侯放恣，处士横议，杨朱、墨翟之言盈天下，天下之言不归杨，则归墨。"（《滕文公下》）而两家之言都与儒家思想不合。

杨朱是道家中人，生于孟子之前，其生卒年代已不可考，大约生活在战国初期。杨朱没有留下著作，他的思想片断散见于《孟

子》、《庄子》、《韩非子》《吕氏春秋》和《淮南子》中。他主张
"贵生""重己""为我";"全性葆真,不以物累形";"拔一毛而利
天下不为也"。孟子认为,杨朱"为我",其问题的实质"是无君
也"(《滕文公下》)。孟子的定性是否准确可以讨论,因为杨朱的
"为我",是想表达既反对别人对自己的侵夺、也反对侵夺别人,这
其中有合理因素。但从儒家立场而言,孟子的定性又无可厚非。儒
家强调稳定的社会等级秩序,主张尊卑有别、长幼有序,君君、臣
臣、父父、子子。杨朱"为我",强调个人,社会等级秩序就无法保
证,而首当其冲的就是"君"的地位受到冲击。所以孟子说这是
"无君",进一步言,"无君"就等于"禽兽"(同上)。

墨家是当时与儒家齐名的"显学",墨子主张"兼爱""非攻"
"节葬""非乐"等,"摩顶放踵利天下为之"。孟子认为,墨子"兼
爱",其问题的实质"是无父也"(同上)。儒家也讲"仁者爱人",
但儒家所讲是从人之常情出发的"爱有差等",是一种推己及人、由
近及远的爱,所谓"老吾老以及人之老,幼吾幼以及人之幼"(《梁
惠王上》)。而墨家所讲的是"爱无差等",爱没有亲疏远近之分。
这在孟子看来是泯灭了人与人之间的亲疏之别,将人父等同于己父,
那等于没有己父,这不仅大逆不道,而且就等于"禽兽"(同上)。
此外,孟子还对墨家"薄葬"的理论也加以了驳斥(见《滕文公
上》孟子批评墨家学者夷之)。

许行是战国中期农家的代表人物,楚国人。关于他的情况,全
赖《孟子》一书中保存了片断资料。从《孟子》书中我们知道,许
行属于农家中主张"神农之言"一派的,他认为"贤者与民并耕而
食,饔飧而治"(同上),即人人必须劳动,自食其力,虽国君也不

例外。这种主张貌似平等，却是违背人类历史发展规律的、反文明的思想，实际就是要退回到原始的社会状态中去。孟子与许行弟子陈相展开了辩论，有力地批判了这种思想。他通过指出许行理论的内在矛盾，强调了随社会生产发展而产生的不同生产者之间产品交换的必要性，进而论证了社会分工的必要性和重要性。很明显，孟子的这一理论较许行的思想合理，代表了一种社会进步的思想，即使在今天仍有其重要意义。

4. 王道"仁政"

先秦儒家的思想核心，用最简洁的话概括，不外乎"内圣外王"或"修己安人"四字，这固可视为通俗之谈，确也真是不刊之论。作为先秦儒家重要代表人物之一的孟子，其思想自不例外，这本没有多大疑问。但自宋代开始，儒家学者为回应佛教心性之学的挑战，在充分发掘先秦儒家心性之学资源的同时，逐渐也形成了一个颇为流行但却片面的观点，即认为孟子思想的本质就是心性之学。更有甚者，以为儒学乃至整个中国传统思想的核心就是心性之学。这真可谓"失之毫厘而谬之千里也"！确实，在先秦儒家学者中，孟子讨论心性问题最多，称他为儒家心性之学的实际开创者也不为过。但孟子重心性，并不表明他就轻社会政治了。实际上，孟子所以要大谈心性，恰恰是与他的政治理想、政治目标紧紧结合一起的，恰恰是为了论证他的政治理念，恰恰是为他的政治理论服务的。

从性善论出发，孟子提出了关于"仁政""王道"的政治学说。孟子认为："尧舜之道，不以仁政，不能平治天下"（《离娄上》）；"如施仁政于民，省刑罚，薄税敛，深耕易耨，壮者以暇日修其孝悌忠信，入以事其父兄，出以事其长上，可使制梃以挞秦、楚之坚甲利兵矣"（《梁惠王上》）。"仁政"源于先王的善性，即"不忍人之心"（《公孙丑上》），而"必自经界始"（《滕文公上》），即从划定土地开始的。孟子提出的理想状况应该是：

> 五亩之宅，树之以桑，五十者可以衣帛矣。鸡豚狗彘之畜，无失其时，七十可以食肉矣。百亩之田，勿夺其时，数口之家，可以无饥矣。谨庠序之教，申孝悌之义，颁白者不负载于道路矣。老者衣帛食肉，黎民不饥不寒，然而不王者，未之有也。（《梁惠王上》）

在孟子的"仁政"思想中，包括了他"制民之产"的理论，即主张以"恒产"来求得老百姓对国家的"恒心"。他认为：

> 无恒产而有恒心者，惟士为能。若民则无恒产，因无恒心。苟无恒心，放辟邪侈，无不为已。及陷于罪，然后从而刑之，是罔民也。（《梁惠王上》）

这里的"恒产"指稳定的生产资料，"恒心"指正常的道德行为。而所说的"士"，特指有学识修养的知识分子。孟子认为，一般人如果没有一定的生产资料作为其稳定的经济来源，就不可能有正常的道德意识，就会违法乱纪、无所不为。如果统治者不能保障人民必需的生活来源，等到老百姓犯了法再去惩罚他们，那等于在陷害老百姓。所以，孟子提出"制民之产"的主张：

是故明君制民之产，必使仰足以事父母，俯足以畜妻子，乐岁终身饱，凶年免于死亡，然后驱而之善，故民之从之也轻。（同上）

"制民之产"就是要让老百姓拥有一定的财产，在当时说来就是拥有一些土地。老百姓的财产要足以赡养父母，抚养妻子儿女；要能保证丰年衣食不愁，灾年不至于饿死。有了这样的条件，才可能引导老百姓讲道德，即前面提到的"谨庠序之教，申孝悌之义"，而老百姓也容易接受。孟子"制民之产"的思想，肯定了物质生产活动和物质生活条件对于人的思想意识及道德行为的决定作用，是正确的，在当时来说有很大的进步意义。

孟子的"仁政"思想突出强调了"民"的地位，具有明显的民本色彩。他提出，在社会的政治生活中，老百姓才是国家的根本。他说过一句很有名的话：

民为贵，社稷次之，君为轻。（《尽心下》）

在一个社会中，国家政权要比国君重要，而老百姓又比国家政权重要，这就是"民贵君轻"思想。孟子引用《尚书》话来论证自己的观点，说"天视自我民视，天听自我民听"，这就把"天"与"民"等同了起来，而"重民"也就与"尊天"具有了同样重要的意义，这在两千多年前说来确实很了不起。

正是基于这一思想，孟子不仅提出了"保民而王"，"得其民，斯得天下矣"(《离娄上》)的政治主张，而且还引申出君臣关系相对性的观点："君之视臣如手足，则臣视君如腹心；君之视臣如犬马，则臣视君如国人；君之视臣如土芥，则臣视君如寇仇。"(《离娄下》)君臣不是绝对服从的关系，只有当君主敬重和爱护臣下时，臣下才可能忠于君主，反之若君主不把臣下当人看，那么臣下也有理由敌视君主，这是对孔子"君使臣以礼，臣事君以忠"(《论语·八佾》)思想的发挥。比孔子更进一步的是，孟子还肯定了臣下和人民有反抗暴君的权力：

　　齐宣王问曰："汤放桀，武王伐纣，有诸?"孟子对曰："于《传》有之。"曰："臣弑其君可乎?"曰："贼仁谓之贼，贼义谓之残。残贼之人，谓之一夫。闻诛一夫纣矣，未闻弑君也。"(《梁惠王下》)

　　这可认为已具有反专制暴君的民主倾向，而不仅是民本思想了。正由于孟子对专制暴君的有力针砭，所以也不断引起历史上一些暴君的不安和恼怒，如明代的朱元璋就是一例。而孟子的这种思想，反过来成为历代人士反对暴政的理论根据。此外，在孟子的政治学说中还有"王道"与"霸道"之辨、义利之辨等。

四、介绍几部《孟子》注释的名著

　　最后，我想介绍几部历史上公认的《孟子》的注释作品。在我看来，不管你是研究哪个领域的，只要你想深入了解《孟子》，这些注释作品或许会对你有一定的帮助，有兴趣的读者可以作为进一步研究的读本。

1. 东汉赵岐的《孟子章句》①，这是现存最早的《孟子》注。

按赵岐的自述，他的注是"述己所闻，证以经传，为之章句，具载本文，章别其旨，分为上下，凡十四卷"。（《孟子题辞》）他采用对一句或数句原文进行注释的方法，每章结尾加上对全章概括性解释的"章指"。赵岐注的特点是：偏重于义理的阐释，而对名物制度及字义的考订训诂则相对较弱。这其中的原因，清代四库馆臣解释得已很清楚了："汉儒注经，多明训诂名物，惟此注笺文句，乃似后世之口义，与古学稍殊。然孔安国、马融、郑玄之注《论语》，今载于何晏《集解》者，体亦如是。盖《易》《书》文皆最古，非通其训诂则不明；《诗》《礼》语皆微实，非明其名物亦不解。《论语》《孟子》词旨显明，惟阐其义理而止。所谓言各有当也。"②

从总体来看，赵注的内容比较平实，较少附会，而其为各章所做的"章指"，对后人理解《孟子》的帮助不小。如后来南宋朱熹在其《孟子集注》中，就对赵注颇多采纳；而作《孟子正义》的清儒焦循，对赵注也评价甚高，认为"生孟子后而能深知其学者莫如赵氏"③。清儒阮元在其《孟子注疏校勘记》中则这样评价道："汉

---

① 按：这个本子的单行本现在寻找不易，但在清人焦循的《孟子正义》中已全部收入。所以查找也不难。

② 《四库全书总目·〈孟子正义〉提要》，中华书局1965年版，第289页。

③ （清）焦循：《孟子正义·识语》，《孟子正义》，中华书局1987年版，第7页。

人《孟子注》存于今者，惟赵岐一家。赵岐之学，以较马（融）、郑（玄）、许（慎）、服（虔）诸儒稍为固陋，然属书离辞，指事类情，于训诂无所庑，七篇之微言大义藉是可推。且章别为指，令学者可分章寻求，于汉儒传注别开一例，功亦勤矣。"这可说是公允的论断。

另外值得一提的是，由于东汉去战国未远，赵注中还保留了不少有价值的文献资料。如赵岐所见到的《尚书》，还不是我们今天所面对的真伪杂糅的本子，这对我们研究《尚书》就有相当的价值。

2. 南宋朱熹的《孟子集注》①，这是宋朝人注释《孟子》的代表作品。

朱熹其人，学问渊博，于学无所不窥，是两宋道学的集大成者，也是中国中古社会后期影响最大的哲学家、经学家之一。他于《孟子》一书用力甚勤，著述除有《孟子集解》之外，尚有《论孟精义》《孟子问辨》《四书或问》等，至于在《朱子语类》《朱文公文集》中涉及《孟子》一书的讨论，则更不胜枚举。以往有种成见，认为道学只讲哲学而不讲经学。那实际是缺乏历史常识的误解。只需翻检一下宋明时代的学术著作即可发现，空无依傍、自成体系者极少，而凭借经义传注发挥思想的却比比皆是；甚至包括那些为数不少的"语录"和"笔记"同样也不例外。这说明，道学家和心学家同样十分重视儒家经典的研究和阐发。只不过当时学者所注重的儒经与汉唐时期的儒者有所不同，经典研究的形式有所变化，所关

———————

① 按：有中华书局 1983 年版的《四书章句集注》本。

心的时代课题有所差异而已。朱熹的《孟子集注》可说是最好的例证，他并没有忽视传统的训诂，他曾说过："某解《语》《孟》，训诂皆存。学者观书，不可只看紧要处，闲慢处要都周匝。"①钱穆先生对朱熹的经学曾有一番颇中肯綮的评价："朱子于经学，虽主以汉唐古注疏为主，亦采北宋诸儒，又采及道学家言，并又采及南宋与朱子同时之人。其意实欲融贯古今，汇纳群流，采撷英华，酿制新实。此其气魄之伟大，局度之宽宏，在儒学传统中，惟郑玄堪在伯仲之列。惟两人时代不同，朱子又后郑玄一千年，学术思想之递衍，积愈厚而变益新。朱子不仅欲创造出一番新经学，实欲发展出一番新道学。经学与道学相结合，又增之以百家文史之学。至其直接先秦，以《孟子》《学》《庸》羽翼孔门《论语》之传，而使当时儒学达于理想的新巅峰，其事尤非汉唐以迄北宋诸儒之所及。"②

朱熹《孟子集注》的特点，是既重汉唐注疏，又不一味推尊，不仅吸收传统注释，且收入宋儒十二家解说，下以己意，可谓集两宋《孟子》学大成。当然，也有人以为朱熹的《集注》过于偏重哲学义理的阐发而忽略章句训诂及名物典章制度，这一观点自然不能说错。但殊不知，这恰恰也是此书特点之所在。还是周予同先生说得好："朱熹之于《四书》，为其一生精力之所萃，其剖析疑似、辨别毫厘，远在《易本义》《诗集传》等书之上。名物度数之间，虽时有疏忽之处，不免后人之讥议，然当微言大义之际，托经学以言

---

① （宋）朱熹：《朱子语类》卷十一，中华书局1986年版，第184页。
② 钱穆：《朱子新学案》（上），巴蜀书社1987年版，第24页。

哲学，实自有宋学之主观的立场。"① 就我个人的观点而言，我们现在要读《孟子》，如果不读一读朱熹的《孟子集注》，那你的理解一定难以全面，甚而还可能捡了芝麻，丢了西瓜。

3. 清代焦循的《孟子正义》②，这是清代学者经典新疏的代表作之一。

焦循其人，是清朝乾嘉之际扬州学派的经学大师，他以《易》学闻名于当时。但焦循早在青年时代就有志于重作《孟子正义》③，因为他认为"伪疏舛驳乖谬，文义鄙俚，未能发明其万一"④。当然，这可能也包含他对过于偏重义理的朱熹《孟子集注》的某种不满，尽管此点他没有明说。但后来的三十多年里，焦循的精力基本上都萃于《易》学了，所以无暇顾及《孟子》一书。当他完成其名著《雕菰楼易学三书》，开始从事《孟子正义》撰作时，已经步入其晚年。嘉庆二十一年（1816 年），五十四岁的焦循，与儿子焦廷琥一起开始纂辑资料汇集性质的《孟子长编》。当十四帙《长编》完成后，他马上又着手编撰三十卷的《孟子正义》，至嘉庆二十四年（1819 年）完成其著。翌年七月，焦循未及誊清此书全稿就病故了⑤。

焦循《孟子正义》的特点是以训释名物为主，资料极为翔实。

---

① 周予同：《朱熹》，朱维铮编《周予同经学史论著选集》，上海人民出版社 1983 年版，第 169 页。

② 按：有中华书局 1983 年的校勘标点本。

③ 参见（清）焦循：《孟子正义·孟子篇叙》，《孟子正义》，第 1052 页。

④ （清）焦徵：《孟子正义·识语》，《孟子正义》，第 7 页。

⑤ 参见陈居渊：《焦循、阮元评传》，南京大学出版社 2006 年版。

他博采经史传注，裁成损益，断以己意。就研究《孟子》资料的丰富而言，至今还没有哪部《孟子》研究著作能超过它。例如，其中仅征引清人考订注释的研究成果就多达六十余家。就体例而言，此书以赵岐的《章句》为主，分段疏释。但他并不墨守唐人所谓"疏不破注"的注经原则，"于赵氏之说或有所疑，不惜驳破以相规正"①。客观地说，焦循的《孟子正义》，如对想粗粗了解《孟子》的人来说，或有繁琐之嫌；但对想认真研究《孟子》的人来说，则价值极大。

4. 今人杨伯峻的《孟子译注》，这是当代流传很广的一个译注本。

已故的杨伯峻先生是我国当代著名的语言文字学家、古籍整理和注译专家，曾师从杨树达、黄侃等国学大家，于古汉语语法和虚词及古籍的整理和注译方面颇有建树。他的《孟子译注》虽不如其《论语译注》那么有名，但也影响不小。

该书的注释，颇重字音词义、语法规律、修辞方式等，对历史知识、名物制度、风俗习惯等也有一定的考证，而全书的译文亦属严谨、明白、流畅。这一切都颇便于初学者，因此自1960年中华书局出版后，屡次再印，流传甚广。

---

① （清）焦循：《孟子正义·孟子篇叙》，《孟子正义》，第1051页。

目　录

梁惠王上

【评述】本篇被列《孟子》一书之首，据说是有深意的，因此历来受到了研究与注解者的重视。多数研究者认为，本篇是孟子政治思想的关键之所在。孟子一心想以尧舜之道来"平治天下"，以拯救当时的社会动乱，他的政治理想和抱负，以及一些很具体的主张，大多都包含在本篇之内了。

本篇的上篇凡七章，前五章是孟子与梁惠王的对话，第六章是孟子与梁惠王之子襄王的对话及对其的评价，卒章是孟子与齐宣王的对话。这七章讨论的主题十分集中，都是围绕着孟子的政治理想——"王道"和"仁政"而展开的。其中包括了孟子政治学说中关于"义利之辨""与民偕乐""仁者无敌""保民而王""恒产与恒心""制民之产"等许多重要思想。

1.1 孟子见梁惠王①。王曰："叟②，不远千里而来，亦将有以利吾国乎？"

孟子对曰："王何必曰利？亦有仁义而已矣。王曰'何以利吾国'，大夫③曰'何以利吾家'，士、庶人④曰'何以利吾身'，上下交征⑤利而国危矣。万乘⑥之国，弑⑦其君者，必千乘之家；千乘之国，弑其君者，必百乘之家。万取千焉，千取百焉，不为不多矣。苟为后义而先利，不夺不餍⑧。未有仁而遗其亲者也，未有义而后⑨其君者也。王亦曰仁义而已矣，何必曰利？"

1

【注释】 ①梁惠王：即魏惠王，名䓨（yīng），公元前369年—前319年在位。当政时，为避秦威胁，国都从安邑（今山西夏县）迁至大梁（今河南开封），时人习称魏为梁；王本天子称号，公元前344年（周显王二十五年）"逢泽之会"，魏惠王自称为王，开战国七国君主称王之始。　②叟（sǒu）：老年男子。　③大夫：官名。　④士、庶人：小官吏、老百姓。　⑤交：互相；征：求取。　⑥乘：一辆四匹马拉的战车。　⑦弑（shì）：古代以下杀上、以卑杀尊叫弑。　⑧不夺不餍：夺，篡夺；餍（yàn），满足。　⑨后：怠慢。

【译文】 孟子去见梁惠王。惠王问："老丈，你不远千里前来，大概对我的国家将会有利吧？"

孟子答道："大王何必讲利呢？只要讲仁义就行了。倘若王说'怎样才对我的国家有利'，大夫说'怎样才对我的家有利'，士和庶人说'怎样才对我本人有利'，从上到下互相追求的都是利，那国家就危险了。拥有兵车万辆的国家，弑杀其君主的，必定是拥有兵车千辆的家族；拥有兵车千辆的国家，弑杀其君主的，必定是拥有兵车百辆的家族。能在拥有兵车万辆的国家中获得兵车千辆，能在拥有兵车千辆的国家中获得兵车百辆，不能算不多了。如果真是轻义而重利的话，那就非闹到不夺得全部就不满足的地步。从来没有讲仁的人会遗弃他的父母，也从来没有讲义的人会怠慢他的国君。大王只要讲仁义就行了，何必讲利呢？"

1.2　孟子见梁惠王。王立于沼①上，顾②鸿雁麋鹿，曰："贤者亦乐此乎？"

孟子对曰："贤者而后乐此，不贤者虽有此，不乐也。《诗》云③：'经始灵台，经④之营⑤之，庶民攻⑥之，不日成之。经始勿亟⑦，庶民子来⑧。王在灵囿⑨，麀鹿⑩攸伏⑪。麀鹿濯濯⑫，白鸟鹤鹤⑬。王在灵沼，於牣⑭鱼跃。'文王以民力为台为沼，而民欢乐之，谓其台曰灵台，谓其沼曰灵沼，乐其有麋鹿鱼鳖。古之人与民偕乐，故能乐也。《汤誓》⑮曰：'时⑯日害⑰丧，予及女⑱偕亡。'民欲与之偕亡，虽有台池鸟兽，岂能独乐哉？"

【注释】 ①沼（zhǎo）：水池。 ②顾：望。 ③《诗》云：《诗》即《诗经》；下引是颂周文王建灵台、享苑囿之乐的《大雅·灵台》中第一、二章。 ④经：测量。 ⑤营：计划。 ⑥攻：建造。 ⑦勿亟：不急，没有催促。⑧子来：像儿子来为父亲干事似的。 ⑨囿：园林。 ⑩麀鹿：母鹿。 ⑪攸伏：攸是语助词，攸伏，没被惊动。⑫濯濯（zhuó）：肥美状。 ⑬鹤鹤：洁白状。 ⑭於牣：於（wū），叹美声；牣（rèn）：充满。 ⑮《汤誓》：《尚书》篇名。 ⑯时：这个。 ⑰害：通曷，何时。 ⑱女：通汝。

【译文】 孟子去见梁惠王。惠王站在水池边，眺望着鸿雁和麋鹿，问孟子："贤德之人也喜欢享受这些东西吗？"

孟子答道："真正贤德的人，然后才能享受这些东西；不是贤德的人，有了这些东西也不能真正享受。《诗经》里说：'（当文王）开始筹建灵台，正在测量勘察中。老百姓就来帮着建造，没几天就完工了。建台本来并不急，但老百姓却如子女为父母做事一样自愿。文王来游灵囿，母鹿安卧不惊。母鹿长得肥美，白鸟洁白无比。文王来到灵沼，池里鱼儿蹦得欢。'文王用百姓的劳力建台开沼，老百姓却欢欢喜喜，称他的台为'灵台'，称他的沼为'灵沼'，很高兴他能有麋鹿鱼鳖可赏玩。古时的贤君能与民同乐，所以自己也得到了快乐。《尚书》的《汤誓》中说：'这个太阳（指夏桀）什么时候灭亡？我们愿与你一同灭亡。'老百姓要跟他一同灭亡，那他即使有高台池沼、飞禽走兽，又怎么能独自享受下去呢?"

1.3 梁惠王曰:"寡人①之于国也,尽心焉耳矣!河内凶,则移其民于河东②,移其粟于河内;河东凶亦然。察邻国之政,无如寡人之用心者。邻国之民不加少,寡人之民不加多,何也?"

孟子对曰:"王好战,请以战喻。填然鼓之,兵刃既接,弃甲曳兵而走③,或百步而后止,或五十步而后止,以五十步笑百步,则何如?"

曰:"不可。直不百步耳,是亦走也。"

曰:"王如知此,则无望民之多于邻国也。不违农时,谷不可胜食也;数罟不入洿池,鱼鳖不可胜食也;斧斤以时入山林,材木不可胜用也④。谷与鱼鳖不可胜食,材木不可胜用,是使民养生丧死无憾也。养生丧死无憾,王道⑤之始也。五亩之宅,树之以桑,五十者可以衣帛矣;鸡豚狗彘之畜,无失其时⑥,七十者可以食肉矣;百亩之田,勿夺其时,数口之家,可以无饥矣;谨庠序⑦之教,申之以孝悌之义,颁白者不负戴于道路矣⑧。七十者衣帛食肉,黎民不饥不寒,然而不王者,未之有也。狗彘食人食而不知检,涂有饿莩而不知发⑨;人死,则曰:'非我也,岁⑩也。'是何异于刺人而杀之,曰:'非我也,兵也?'王无罪岁,斯天下之民至焉。"

【注释】①寡人:古时王侯自称。 ②凶:灾荒;河内:魏地,今河南省济源县一带;河东:魏地,今山西省安邑县一带。 ③填然:鼓声咚咚状;甲:铠甲;兵:兵器。 ④数(cù)罟(gǔ):密网;洿(wū):低洼;斤:大斧。 ⑤王道:以仁义道德治天下的政策。 ⑥衣帛:穿丝织品;豚(tún):小猪;彘(zhì):猪;无失其时:这里指交配、繁殖和饲养的时机得当。　⑦谨：认真做好；庠序：古代乡学，商朝叫序，周朝叫庠（xiáng），这里泛指学校。　⑧颁白，头发花白；负戴：背负或头顶东西。　⑨检：制约；涂：路上；饿殍（piǎo）：饿死的人；发：发放赈济粮。　⑩岁：凶年饥岁。

【译文】梁惠王说："我对于国家，算是很尽心了呀！河内有灾荒，就将那里的灾民迁移到河东，将河东的粮食送到河内。河东发生灾荒时也这样做。看看邻国君主治理政事，没有像我这么用心的。可邻国的民众不见减少，我国民众不见增多，这是什么缘故？"

孟子答道："大王喜欢打仗，让我拿打仗来比喻吧。战鼓咚咚敲响，短兵已经相接，败兵们丢盔弃甲，拖着武器而逃，有人逃了一百步才停下，有人只逃五十步就停下了，跑五十来步的人因此讥笑跑一百步的人，您觉得怎样？"

梁惠王说："不行，他只不过没有跑到一百步罢了，可同样也是逃跑呀。"

孟子说："大王如果明白这个道理，就不要希望您的民众比邻国多了。只要不去妨碍农民耕种的时间，那粮食便吃不完；不拿细密的渔网去池塘捞鱼，那鱼鳖之类水产便吃不完；砍伐林木有定时，那木材便用不完。粮食和水产吃不完，木材用不完，这就使老百姓养生送死不会感到有什么缺憾。老百姓养生送死没有缺憾，那就是王道政治的起点。在五亩的宅田上，种植桑树，上五十岁的人就能穿丝织品衣服了；鸡和猪狗之类家畜，不失时节地繁殖饲养，上七十岁的人就能经常吃肉了。每户所种的百亩田地能不耽误耕种时节，数口之家就不会饿肚子。认真做好乡校教育，反复讲明孝敬长辈的道理，须发花白的老人就不会肩挑背扛地出现在路上。七十岁的人穿丝绸、吃肉食，老百姓不少食缺衣，做到了这样还不能得到人民拥戴而成为王者，那还从来没有过。现在，猪狗吃着人吃的粮食而不知道制止，路上有饿死的人而不知道开仓赈济；百姓死了，却说'与我无关，是年成不好'，这与拿刀把人刺杀，然后却说'与我无关，是兵器杀的'，又有何不同呢？如果大王能不归罪于凶年饥岁，那么天下百姓便会投奔到您这儿来了。"

1.4 梁惠王曰："寡人愿安承教①。"

孟子对曰："杀人以梃②与刃，有以异乎？"

曰："无以异也。"

"以刃③与政，有以异乎？"

曰："无以异也。"

曰："庖有肥肉，厩有肥马④，民有饥色，野有饿莩，此率兽而食人也。兽相食，且⑤人恶之；为民父母，行政，不免于率兽而食人，恶在⑥其为民父母也？仲尼⑦曰：'始作俑⑧者，其无后⑨乎！'为其象人而用之也。如之何其使斯民饥而死也？"

【注释】①安：乐意；承：接受。　②梃：棍棒。　③刃：刀刃。④庖：厨房；厩：马棚。　⑤且：尚且。　⑥恶（wū）在：何在。⑦仲尼：孔子的字。　⑧俑：陪葬用品。　⑨后：后代。

【译文】梁惠王说："我诚心地愿意接受你的指教。"

孟子答道："用棍棒和用刀子杀人，有什么不同吗？"

惠王说："没有什么不同。"

孟子接着问："用刀子和用政治杀人，有什么不同吗？"

惠王说："没有什么不同。"

孟子说："厨房里摆着肥肉，马棚里养着肥马，百姓却面露饥色，野地里还有饿死的人，这等于驱使禽兽去吃人。兽类之间的自相残食，人们尚且憎恶；而作为民众父母的当政者，施政时却不能避免驱使禽兽吃人的事，那他们作为民众父母的意义又在哪里？孔子说过：'第一个做出殉葬用陶俑的人，大概没有后代吧!'这是因为俑模仿人形而做并用来殉葬。照这样看来，施政之人又怎能让他的百姓饥饿而死呢?"

1.5 梁惠王曰:"晋国^①，天下莫强焉，叟之所知也。及寡人之身，东败于齐，长子死焉^②;西丧地于秦七百里^③;南辱于楚^④。寡人耻之，愿比死者一洒之^⑤。如之何则可?"

孟子对曰:"地方百里而可以王。王如施仁政于民，省刑罚，薄税敛，深耕易耨^⑥;壮者以暇日修其孝弟忠信，入以事其父兄，出以事其长上，可使制^⑦梃以挞秦楚之坚甲利兵矣。彼夺其民时，使不得耕耨以养其父母，父母冻饿，兄弟妻子离散。彼陷溺^⑧其民，王往而征之，夫谁与王敌?故曰仁者无敌。王请勿疑!"

【注释】①晋国:即魏国，魏从三家分晋而来，习惯上仍自称晋国。②东败于齐，长子死焉:指惠王二十九年 (公元前341年) 魏、齐"马陵之战"，魏军惨败，魏太子申被遭杀之事。③西丧地于秦七百里:指惠王三十年 (公元前340年)、三十一年 (公元前339年)、后元三年 (公元前332年)、后元五年 (公元前330年)、后元七年 (公元前328年)，魏与秦作战屡败，割河西之地给秦以求和之事。④南辱于楚:指惠王后元十二年 (公元前323年)，楚伐魏，破襄陵，取八邑之事。⑤比 (bì):代;一:全部;洒:洗雪。⑥易耨:耘田除草。⑦制:通掣 (chè)，提、拿。⑧陷溺:坑害、暴虐。

【译文】梁惠王说:"晋 (魏) 国的强大，当今世上没有哪个国家可比，这是老丈您所知道的。但到了我这一代，东面被齐国打败，我的大儿子也送了命;西面丧失土地七百里疆土给秦国;南面又受到楚国的羞辱。对此我深以为耻，愿意替那些为国而死的人彻底雪耻报仇。怎么才能做到呢?"

孟子答道："拥有见方百里土地就可以称王天下了。大王您如果能对人民实施仁政，减省刑罚，少收赋税，督促人民深耕土地，速除杂草；青壮年在农闲时修习孝顺父母、尊敬兄长、办事尽力和待人诚实的道理，在家时用来奉事父兄，在外用来事奉长辈和上级，这样，就可以让他们即使拿着木棒也足以打败秦、楚这种装备精良的军队了。那些国家侵夺人民的农时，使他们不能从事耕作来养活自己的父母，父母受冻挨饿，兄弟、妻儿离散。那些国家陷自己的人民于水火之中，大王你前往讨伐他们，又有谁能与你对抗呢?所以说，行仁政的人是无敌的。大王就不要再怀疑了!"

1.6　孟子见梁襄王①，出，语人曰："望之不似人君，就②之而不见所畏焉。卒然③问曰：'天下恶乎定?'吾对曰：'定于一。''孰能一之?'对曰：'不嗜杀人者能一之。''孰能与④之?'对曰：'天下莫不与也。王知夫苗乎?七八月⑤之间旱，则苗槁矣。天油然作云，沛然下雨，则苗浡然⑥兴之矣。其如是，孰能御之?今夫天下之人牧⑦，未有不嗜杀人者也。如有不嗜杀人者，则天下之民皆引领⑧而望之矣。诚如是也，民归之，由⑨水就下，沛然谁能御之?'"

【注释】①梁襄王：惠王子，公元前318—前296年在位。　②就：靠近。　③卒（cù）然：突然。　④与：服从，归附。　⑤七八月：指周朝历法，相当于夏历五六月。　⑥浡（bó）然：蓬勃生长的样子。　⑦人牧：牧养百姓之人，指人君。　⑧引领：伸长脖子。　⑨由：通"犹"。

【译文】孟子去见梁襄王，出来后告诉别人道："（襄王）望上去不像国君

的样子，走近看也见不到使人敬畏之处。他突然问我说：'天下怎样才能安定？'
我答道：'天下一统才会安定。'他接着问：'谁能一统天下？'我答道：'不喜
欢杀人者能一统天下。'他又问：'谁会归顺他呢？'我答道：'天下没有不归顺
他的人。大王知道禾苗生长的情况吗？当七八月（即农历五六月）间遇到干旱，
禾苗就要枯萎了。天上突然乌云翻滚，大雨倾盆，禾苗便又蓬勃挺立起来了。
要是像这样，谁又能阻挡它生长呢？现在世上那些做国君的人，没有不喜好杀
人的，如果有不喜好杀人的，天下的老百姓，就都会伸长脖子盼望他来。假如
真是这样，那老百姓归附他，就像水往低处流，奔腾而下，谁能阻挡得
了呢？'"

1.7　齐宣王^①问曰："齐桓、晋文^②之事，可得闻乎？"

孟子对曰："仲尼之徒，无道桓、文之事者，是以后世无传焉，
臣未之闻也。无以，则王^③乎？"

曰："德何如则可以王矣？"

曰："保民而王，莫之能御也。"

曰："若寡人者，可以保民乎哉？"

曰："可。"

曰："何由知吾可也？"

曰："臣闻之胡龁^④曰，王坐于堂上，有牵牛而过堂下者，王见
之，曰：'牛何之？'对曰：'将以衅钟^⑤。'王曰：'舍之！吾不忍其
觳觫^⑥，若无罪而就死地。'对曰：'然则废衅钟与？'曰：'何可废
也？以羊易之。'——不识有诸？"

曰："有之。"

曰："是心足以王矣。百姓皆以王为爱也，臣固知王之不忍也。"

王曰："然！诚有百姓者，齐国虽褊小，吾何爱一牛？即不忍其

觳觫，若无罪而就死地，故以羊易之也。"

曰："王无异于百姓之以王为爱也。以小易大，彼恶知之？王若隐其无罪而就死地，则牛羊何择焉？"

王笑曰："是诚何心哉？我非爱其财而易之以羊也，宜乎百姓之谓我爱也。"

曰："无伤也，是乃仁术也，见牛未见羊也。君子之于禽兽也，见其生，不忍见其死；闻其声，不忍食其肉。是以君子远庖厨也。"

王说曰："《诗》云：'他人有心，予忖度之。'夫子之谓也。夫我乃行之，反而求之，不得吾心。夫子言之，于我心有戚戚⑦焉。此心之所以合于王者，何也？"

曰："有复⑧于王者曰：'吾力足以举百钧，而不足以举一羽；明足以察秋毫之末，而不见舆薪⑨。'则王许之乎？"

曰："否。"

"今恩足以及禽兽，而功不至于百姓者，独何与？然则一羽之不举，为不用力焉；舆薪之不见，为不用明焉；百姓之不见保，为不用恩焉。故王之不王，不为也，非不能也。"

曰："不为者与不能者之形，何以异？"

曰："挟太山以超北海⑩，语人曰：'我不能。'是诚不能也。为长者折枝⑪，语人曰：'我不能。'是不为也，非不能也。故王之不王，非挟太山以超北海之类也；王之不王，是折枝之类也。老吾老，以及人之老；幼吾幼，以及人之幼，天下可运于掌。《诗》云：'刑于寡妻⑫，至于兄弟，以御于家邦。'言举斯心加诸彼而已。故推恩足以保四海，不推恩无以保妻子。古之人所以大过人者，无他焉，善推其所为而已矣。今恩足以及禽兽，而功不至于百姓者，独何与？权，然后知轻重；度，然后知长短。物皆然，心为甚。王请度之。

抑王兴甲兵，危士臣，构怨于诸侯，然后快于心与？"

王曰："否，吾何快于是？将以求吾所大欲也。"

曰："王之所大欲，可得闻与？"

王笑而不言。

曰："为肥甘不足于口与？轻煖不足于体与？抑为采色不足视于目与？声音不足听于耳与？便嬖^⑬不足使令于前与？王之诸臣，皆足以供之，而王岂为是哉？"

曰："否，吾不为是也。"

曰："然则王之所大欲可知已，欲辟土地，朝秦楚，莅中国而抚四夷也。以若所为，求若所欲，犹缘木^⑭而求鱼也。"

王曰："若是其甚与？"

曰："殆有甚焉！缘木求鱼，虽不得鱼，无后灾。以若所为，求若所欲，尽心力而为之，后必有灾。"

曰："可得闻与？"

曰："邹人与楚人战，则王以为孰胜？"

曰："楚人胜。"

曰："然则小固不可以敌大，寡固不可以敌众，弱固不可以敌强。海内之地，方千里者九，齐集有其一。以一服八，何以异于邹敌楚哉？盖亦反其本^⑮矣。今王发政施仁，使天下仕者皆欲立于王之朝，耕者皆欲耕于王之野，商贾皆欲藏于王之市，行旅皆欲出于王之涂，天下之欲疾其君者，皆欲赴愬于王。其若是，孰能御之？"

王曰："吾惛^⑯，不能进于是矣。愿夫子辅吾志，明以教我。我虽不敏，请尝试之。"

曰："无恒产而有恒心者，惟士^⑰为能。若民，则无恒产，因无恒心。苟无恒心，放辟邪侈^⑱，无不为已。及陷于罪，然后从而刑之，是罔民⑲也。焉有仁人在位，罔民而可为也？是故明君制民之产⑳，必使仰足以事父母，俯足以畜妻子，乐岁终身饱，凶年免于死亡。然后驱而之善，故民之从之也轻。今也制民之产，仰不足以事父母，俯不足以畜妻子，乐岁终身苦，凶年不免于死亡。此惟救死而恐不赡，奚暇治礼义哉？王欲行之，则盍反其本矣：五亩之宅，树之以桑，五十者可以衣帛矣。鸡豚狗彘之畜，无失其时，七十者可以食肉矣。百亩之田，勿夺其时，八口之家，可以无饥矣。谨庠序之教，申之以孝悌之义，颁白者不负戴于道路矣。老者衣帛食肉，黎民不饥不寒，然而不王者，未之有也。"

【注释】①齐宣王：姓田，名辟疆，齐国国君，公元前319—前301年在位。　②齐桓、晋文：齐桓公，姓姜，名小白，晋文公，姓姬，名重耳，他们是春秋时的霸主。　③王（wàng）：名词动用，称王天下。　④胡齕（hé）：齐宣王的近臣。　⑤衅（xìn）钟：古代新钟铸成，需杀牲口血祭，取畜血涂于钟的缝隙。　⑥觳觫（hú sù）：吓得浑身发抖。　⑦戚戚：心动的样子，即因合己意而感到心动。　⑧复：禀告。　⑨钧：三十斤为一钧；秋毫：鸟兽秋天换毛，新长的毛细，尖端尤其细小，叫秋毫；舆薪：车子装着的木柴。　⑩太山：泰山；超：跳过；北海：渤海。　⑪折枝：有三种解释，折取树枝；弯腰行礼；按摩搔痒；取第三种意思的注者略多。　⑫刑于寡妻：刑，同型，示范、榜样；寡妻，正妻、嫡妻。　⑬便嬖（pián bì）：左右受宠之人。　⑭缘木：缘，沿、循，缘木，爬到树上。　⑮反其本：回到根本上。⑯惛：同昏。　⑰士：这里指读书明理之人。　⑱放辟邪侈：放荡，歪门邪道，不守法纪，胡作非为。　⑲罔：同网；罔民，让百姓陷入罗网。　⑳制民之产：规定老百姓的产业。

【译文】齐宣王问道："齐桓公和晋文公的事业，可讲给我听听吗？"

孟子回答说："孔子的门徒是不谈齐桓公和晋文公事业的，所以后世没有流传下来，我不曾听过。如果一定要我说，就谈谈称王天下吧？"

宣王问："要具备怎样的德行才可以称王天下呢？"

孟子答道："安抚民众就可以称王天下，那是没有什么力量能够阻挡的。"

宣王问："像我这样的人，能安抚民众吗？"

孟子说："可以。"

宣王又问："凭什么知道我可以呢？"

孟子回答："我听您的近臣胡龁说，有一次大王坐在堂上，有人牵着牛从堂下经过，大王见了便问：'牵牛上哪儿去？'那人说：'准备杀了它祭钟。'大王说：'放了它吧！我不忍心见它吓得发抖的样子，就像没有罪而被处死似的。'那人问道：'那么，就不要祭钟了吗？'您说：'怎么能不祭呢？拿只羊代替吧！'不知道有没有这回事？"

宣王说："有这回事。"

孟子说："有这种好心就足以称王天下了。百姓们都以为大王吝啬，我却知道大王是于心不忍。"

宣王说："对，果真有老百姓这么想，齐国虽然狭小，我还不至于舍不得一头牛吧？我就是不忍心见它吓得发抖的样子，就像没有罪而被处死似的，所以才用羊去代替。"

孟子说："大王莫怪老百姓以为您吝啬。拿小的羊去换下大的牛，他们怎么会知道您的真正用心呢？大王要是真可怜它们无罪而被处死，那牛与羊之间又有什么区别呢？"

宣王不禁发笑说："真不知道这是什么心理在起作用？但我确实不是吝惜钱财才拿羊去换牛的，也难怪老百姓要说我吝啬。"

孟子说："没关系，这正是表现仁爱的一种方法，因为当时大王只见到牛没见到羊。君子对于那些禽兽，看到它们活着，就不忍心看着它们死去；听到它们哀叫的声音，便不忍心吃它们的肉。所以，君子总是远离厨房。"

宣王听后高兴地说："《诗经·小雅·巧言》里讲：'别人有想法，我能揣摩得到。'这话好像就是在说先生似的。我做了这件事，回过头来问自己为什么要这样做，却说不出个所以然来。经先生这么一讲，我心里有些触动和明白了。那么，这种心思为什么就能适合于称王天下呢？"

孟子说："有个人向大王禀告：'我的力气能够举起三千斤重的东西，却拿不起一根羽毛；我的目力能够看清秋天里刚换过的鸟兽毛的末梢，却看不见一车木柴。'大王会同意他这种说法吗？"

宣王说："不会。"

孟子接着说："现在大王的恩惠已达到禽兽的身上，却不能让老百姓得到好处，这又是什么原因？这样看来，一根羽毛拿不起来，是因为不愿用力气；一车木柴看不见，是因为不愿用目力；老百姓得不到安抚，是因为不愿施行恩惠。所以大王不能称王天下，只是不肯做，并不是没有能力做。"

宣王问："不肯做和没有能力做，有什么不同的区别？"

孟子说："将泰山挟在腋下跳过渤海，对别人说：'我没能力做。'这确实是没能力做。替年迈的长辈按摩肢体，对别人说：'我没能力做。'这是不肯做，不是没能力做。所以大王不能称王天下，不是属于将泰山挟在腋下跳过渤海一类的事；大王不能称王天下，是属于不肯替年迈的长辈按摩肢体一类的事。尊敬自家的长辈，进而也尊敬人家的长辈；爱抚自家的小辈，进而也爱抚人家的小辈。那么，治理天下就像在手掌上转动一件小东西那样容易了。《诗经·大雅·思齐》里说：'先教育自己的妻子，再教育自己的兄弟，然后推行到自己的封邑和国家。'这不过是说拿自己的好心推广运用到别人的身上而已。所以，能推广恩惠，就能保有天下；不能推广恩惠，连自己的妻儿也保护不了。古代的圣贤明君之所以能远远胜过一般人，没有别的什么，只不过善于推己及人罢了。现在大王的恩惠能施及到禽兽身上，而老百姓却得不到好处，这又是什么原因呢？称一称，然后才知道轻重；量一量，然后才知道长短。什么东西都是这样的，而人的心思尤其需要这样。请大王仔细衡量一下吧！难道大王非要兴师动众，使您的臣下和士兵冒危险，与诸侯结下怨仇，然后才感到痛快吗？"

宣王说："不，我对此有什么痛快呢？我只是谋求我非常想得到的东西。"

孟子问道："大王非常想得到的东西，可以说来听听吗？"

宣王只是笑，不回答。

孟子问道："是为了肥美的食物不够吃？还是又轻又暖的衣服不够穿？或者是艳丽的美色不够看？美妙的音乐不够听？侍奉左右的亲近宠臣不够使唤？这些，大王的臣下都能充分供给，大王难道为的是这些吗？"

宣王说："不，我不是为这些。"

孟子说："那么，大王非常想得到的东西就可以知道了：您是想扩张国土，使秦、楚等大国都来朝见，自己君临整个中原，安抚四方不同部族的地区。照您现在的所作所为，去追求您想得到的东西，简直好比爬到树上去抓鱼一样。"

宣王问："有这么严重吗？"

孟子说："恐怕还更严重呢！爬到树上去抓鱼，虽然抓不到鱼，却不会带来什么灾祸；照您的所作所为，去追求您想得到的东西，要是尽心竭力去做，一定会有灾祸在后面。"

宣王说："能把这道理讲给我听吗？"

孟子问道："假如邹国人跟楚国人开战，那么大王认为谁会得胜？"

齐宣王回答："楚国人会得胜。"

孟子说："这样说来，小国本来就不敌大国，人数少的本来就不敌人数多的，力量弱的本来就不敌力量强的。四海之内，拥有千里见方土地的国家一共有九个，齐国也只不过是其中一个。拿九分之一去征服九分之八，这和邹国与楚国对敌又有什么两样呢？为什么不回到根本上来解决问题？现在大王如果发布命令，施行仁政，使天下想做官的人们都愿意在大王的朝中任职，农民都愿意在大王的田野里耕种，商人们都愿意到大王的集市上做生意，来往旅客都愿取道于大王的道路，各国那些对自己国君不满的人民都愿来到大王面前来控诉。真能做到这样，又有谁能阻挡得了呢？"

宣王说："我头脑糊涂，不能做到这种程度。希望先生帮助我坚定意志，明确地教导我。我虽然不够聪明，请让我试着做吧。"

孟子说："没有固定的产业，而能坚持向善之心的，只有读书明理的人才能做到。至于一般老百姓，如果没有固定的产业，就不会有一贯向善的心思。假如没有一贯向善的心思，那歪门邪道，不守法纪，胡作非为，什么都干得出来。等到他们犯了罪，然后施加刑罚，这等于设下网罗陷害百姓。哪有仁爱之君在位，可以干出陷害百姓的事呢？所以贤明的国君规定民众的产业，一定要使他们上足以赡养父母，下足以养活妻儿；遇上好年成能够温饱，即使凶年饥岁也不至于饿死；然后引导他们走向善的正道，民众也就容易听从了。现在规定民众的产业，上不足以赡养父母，下不足以养活妻儿；即使年成好也一年到头困苦，遇上凶年饥岁更免不了要饿死。像这样，连救性命都来不及，哪还有闲工夫去讲究礼义道德？大王既然想称王天下，何不回到根本上来呢：在五亩的宅田上，种植桑树，上五十岁的人就能穿丝织的衣服了；鸡和猪狗之类家畜，不失时节地繁殖饲养，上七十岁的人就能经常吃肉了。每户所种的百亩田地能不耽误耕种时节，八口之家就不会饿肚子。认真做好乡校教育，反复讲明孝敬长辈的道理，须发花白的老人就不会肩挑背扛地出现在路上。年老的人穿丝绸、吃肉食，老百姓不少食缺衣，做到了这样还不能得到人民拥戴而成为王者，那还从来没有过。"

梁惠王下

【评述】《梁惠王》下篇凡十六章，基本上都是反映孟子政治思想的内容。

前面十一章是孟子与齐宣王的谈话，其中比较集中地阐发了孟子关于"与民同乐"的主张，还包括治国、用人、政治革命的合法性等问题，以及当时齐、燕战争的问题。第十二章是孟子与邹穆公的一次谈话，内容是当政者如何待民，民也将如何待当政者。第十三至十五章是孟子与滕文公的谈话，话题集中在作为弱小之国将如何自处。卒章记孟子游鲁国时，受臧仓之沮而不得见鲁平公之事。

2.1 庄暴①见孟子，曰："暴见于王，王语暴以好乐，暴未有以对也。"曰："好乐何如？"

孟子曰："王之好乐甚，则齐国庶几②乎！"

他日，见于王曰："王尝语庄子以好乐，有诸？"

王变乎色，曰："寡人非能好先王之乐也，直好世俗之乐耳。"

曰："王之好乐甚，则齐其庶几乎。今之乐，由③古之乐也。"

曰："可得闻与？"

曰："独乐乐④，与人乐乐，孰乐？"

曰："不若与人。"

曰："与少乐乐，与众乐乐，孰乐？"

曰:"不若与众。"

"臣请为王言乐。今王鼓乐⑤于此,百姓闻王钟鼓之声,管籥⑥之音,举疾首蹙频⑦而相告曰:'吾王之好鼓乐,夫何使我至于此极⑧也,父子不相见,兄弟妻子离散?'今王田猎于此,百姓闻王车马之音,见羽旄⑨之美,举疾首蹙频而相告曰:'吾王之好田猎,夫何使我至于此极也,父子不相见,兄弟妻子离散?'此无他,不与民同乐也。今王鼓乐于此,百姓闻王钟鼓之声,管籥之音,举欣欣然有喜色而相告曰:'吾王庶几无疾病与,何以能鼓乐也?'今王田猎于此,百姓闻王车马之音,见羽旄之美,举欣欣然有喜色而相告曰:'吾王庶几无疾病与,何以能田猎也?'此无他,与民同乐也。今王与百姓同乐,则王矣。"

【注释】①庄暴:齐国的臣子,即下文中"庄子"。 ②庶几:差不多,意指不错了,即齐国能治理好。 ③由:通犹,像的意思。 ④乐乐:前乐字是动词读(lè),指快乐、爱好;后乐字读(yuè),是名词,指音乐;下同。 ⑤鼓乐:奏乐。 ⑥管籥(yuè):笙箫类乐器。 ⑦举:都;疾首:头痛;蹙频:皱眉状。 ⑧极:穷困。 ⑨羽旄:本指用五彩羽毛和旄牛尾做成的旗饰,这里指旗帜。

【译文】庄暴去见孟子,说:"我朝见宣王时,宣王告诉我他喜欢音乐,我不知道用什么话来应答。"他问孟子:"(国君)喜欢音乐怎么样?"

孟子说:"宣王要是非常喜欢音乐,那齐国差不多就可治理好了啊!"

后来有一天,孟子去见齐宣王时,问道:"大王曾经告诉庄暴喜欢音乐,有这回事吗?"

宣王听后有点惭愧,脸都变色了,说:"我喜欢的并不是先代帝王遗留下来的古乐，只不过是一些世俗流行的音乐罢了。"

孟子说："大王要是非常喜欢音乐，那齐国差不多就会治理得好。时下流行的音乐和古代的音乐都一样嘛。"

宣王说："可以把这道理讲给我听听吗？"

孟子问道："独自一个人听音乐的乐趣，和与别人一起听音乐的乐趣，哪一种更快乐些？"

宣王说："不如与别人一起听音乐更快乐。"

孟子继续问道："与少数人一起听音乐的乐趣，和与多数人一起听音乐的乐趣，哪一种更快乐些？"

宣王说："不如与多数人一起听音乐更快乐。"

孟子说："就让我为大王讲讲娱乐吧。假如现在大王在这里演奏音乐，老百姓听到大王钟鼓之声和箫管之音，大家都感到头痛，皱着眉头，互相议论道：'我们大王喜欢听音乐，怎么把我们弄到这样困苦不堪的地步呢？父亲和儿子不能相见，兄弟和妻儿天各一方。'假如现在大王在这里打猎，老百姓听到大王车马的声音，看到装饰华美的旗帜，大家都感到头痛，皱着眉头，互相议论道：'我们大王喜欢打猎，怎么把我们弄到这样困苦不堪的地步呢？父亲和儿子不能相见，兄弟和妻儿天各一方。'这没有别的原因，只是由于不与百姓一同娱乐的缘故。假如现在大王在这里演奏音乐，老百姓听到大王的钟鼓之声和箫管之音，大家都喜形于色，奔走相告，说：'我们大王大概没有什么疾病吧，要不怎么能奏乐呢？'假如现在大王在这里打猎，老百姓听到大王车马的声音，看到装饰华美的旗帜，大家都喜形于色，奔走相告，说：'我们大王大概没有什么疾病吧，要不怎么能打猎呢？'这没有别的原因，只是由于与百姓一同娱乐的缘故。倘若现在大王能与百姓一同娱乐，就能受到民众的拥戴，称王天下了。"

2.2　齐宣王问曰："文王之囿①，方七十里，有诸？"

孟子对曰："于传②有之。"

曰："若是其大乎？"

曰："民犹以为小也！"

曰："寡人之囿，方四十里，民犹以为大，何也？"

曰："文王之囿，方七十里，刍荛者③往焉，雉兔者④往焉，与民同之。民以为小，不亦宜乎？臣始至于境，问国之大禁，然后敢入。臣闻郊关⑤之内，有囿方四十里，杀其麋鹿者，如杀人之罪，则是方四十里为阱⑥于国中。民以为大，不亦宜乎？"

【注释】①囿（yòu）：花园。　②传（zhuàn）：本指解释经典的著作，这里泛指古书。　③刍荛（chú ráo）者：刍，饲料，荛，柴火；刍荛者即割草打柴的人。　④雉（zhì）兔者：雉，野鸡；雉兔者即捕鸟打猎的人。　⑤郊关：远郊。　⑥阱（jǐng）：捕兽用的陷阱。

【译文】齐宣王问孟子："据说周文王养禽兽、种花木的园子方圆有七十里，有这回事吗？"

孟子答道："古书上是这么记载的。"

宣王说："真有这么大吗？"

孟子说："老百姓还觉得它小呢！"

宣王说："我的园子方圆只有四十里，老百姓还觉得它大，这是为什么？"

孟子说："周文王的园子，方圆七十里，割草打柴的人能去，捕鸟打猎的人也能去，文王与百姓同享园子之利。老百姓认为它小了，不是很自然吗？我刚踏上齐国边境，先打听齐国有哪些重大禁令，然后才敢入境。我听说国都远郊有个方圆四十里的园子，如射杀园中的麋鹿，如同犯了杀人罪一样，这不就等于在国中设了个方圆四十里的大陷阱。老百姓因此嫌它大了，不也是很自然吗？"

2.3　齐宣王问曰:"交邻国有道乎?"

孟子对曰:"有。惟仁者为能以大事小,是故汤事葛①,文王事昆夷②。惟智者为能以小事大,故太王事獯鬻③,勾践事吴④。以大事小者,乐天者也;以小事大者,畏天者也。乐天者保天下,畏天者保其国。《诗》云:'畏天之威,于时保之⑤。'"

王曰:"大哉言矣!寡人有疾,寡人好勇。"

对曰:"王请无好小勇。夫抚剑疾视曰:'彼恶敢当我哉!'此匹夫⑥之勇,敌一人者也。王请大之!《诗》云:'王赫斯怒,爰整其旅,以遏徂莒,以笃周祜,以对于天下⑦。'此文王之勇也。文王一怒而安天下之民。《书》曰:'天降下民,作之君,作之师,惟曰其助上帝宠之。四方有罪无罪惟我在,天下曷敢有越厥志⑧?'一人衡行⑨于天下,武王耻之。此武王之勇也。而武王亦一怒而安天下之民。今王亦一怒而安天下之民,民惟恐王之不好勇也。"

【注释】①汤事葛:汤,商汤;事,事奉;葛,国名;汤事葛,见《孟子·滕文公下》第五章。　②文王事昆夷:昆夷,有作串夷或混夷,西戎国名;文王事昆夷,据唐孔颖达《毛诗正义》引《帝王世纪》谓:昆夷侵扰周国,周文王忍让不战,"不废交邻之礼",具体事已不可考。　③太王事獯鬻(xūn yù):太王亦作大王,即古公亶父;獯鬻,古代北方少数民族,周朝时叫猃狁,秦朝开始称匈奴,即本篇十五章中的"狄人";见本篇第十五章。　④勾践事吴:勾践,越王;据《左传》《史记》《国语》等记载,吴王夫差打败越国,勾践派人求和,对吴称臣,然后卧薪尝胆,最终复仇。　⑤《诗》:指《诗经·周颂·我将》;于时:于是。　⑥匹夫:平民、常人。　⑦《诗》:指《诗经·大雅·皇矣》;王赫斯怒:王:指文王,赫:发怒的样子;爰(yuán):于是;

旅：军队；徂：往伐；莒（jǔ）：国名；笃：增加；祜（hù）：福祉；对：回答。 ⑧《书》：指《尚书·泰誓上》（今通行本疑为伪书），文字与孟子所引有出入；惟曰其助上帝宠之：意即君和师的职责在于帮助上帝慈爱下民；我：指周武王自己；厥：其。 ⑨衡行：衡通横，即横行。

【译文】齐宣王问道："跟邻国交往有原则吗？"

孟子回答："有的。只有仁爱的君主才能以大国事奉小国，所以商汤事奉过葛伯、周文王事奉过混夷。只有明智的君主才能以小国事奉大国，所以周太王古公亶父事奉过獯鬻族、越王勾践事奉过吴王夫差。以大国事奉小国，是顺应天理的人；以小国事奉大国，是敬畏天理的人。顺应天理的人就能够保有天下，敬畏天理的人则能够保有他的国家。《诗经·周颂·我将》中说：'敬畏上天的威严，于是保有了国家。'"

宣王说："说得太好了！可是我有个毛病，我喜爱勇武。"

孟子答道："那请大王不要喜爱小勇。一个人手按佩剑、圆睁双目说：'他怎敢抵挡我！'这只是寻常之人的勇，它只能敌对一个人。请大王把喜爱的勇武扩大开去！《诗经·大雅·皇矣》中说：'周文王勃然大怒，于是整顿好军队，阻击侵犯莒国的敌人，以增强周人的福祉，并对天下人作了交代。'这就是文王的勇武。文王一旦勃然大怒，便能使天下的民众得到安定。《尚书》中说：'上天降生下民，替他们立了君主，也替他们安排了老师，君主和老师的责任就是帮助天帝慈爱下民。所以四方的人有罪或无罪，由我（周武王）来负责。天下有谁敢违背上天的意志起来作乱呢？'只要有一个人敢在天下横行霸道，武王便认为是自己的耻辱。这就是武王的勇武。武王也只要一旦发怒，便能使天下的民众得到安定。现在大王要是也做到一旦发怒，便能使天下的民众得到安定，那民众惟恐您大王不喜爱勇武哩。"

2.4　齐宣王见孟子于雪宫①。王曰：“贤者亦有此乐乎？”

孟子对曰：“有。人不得，则非其上矣。不得而非其上者，非也②；为民上而不与民同乐者，亦非也。乐民之乐者，民亦乐其乐；忧民之忧者，民亦忧其忧。乐以天下，忧以天下，然而不王者，未之有也。昔者齐景公问于晏子③曰：‘吾欲观于转附、朝儛，遵海而南，放于琅邪④。吾何修而可以比于先王观也？’晏子对曰：‘善哉问也！天子适诸侯曰巡狩；巡狩者，巡所守也。诸侯朝于天子曰述职；述职者，述所职也。无非事者。春省耕而补不足，秋省敛而助不给⑤。夏谚曰：吾王不游，吾何以休？吾王不豫⑥，吾何以助？一游一豫，为诸侯度。今也不然，师行而粮食，饥者弗食，劳者弗息。睊睊胥谗，民乃作慝⑦。方命虐民，饮食若流⑧。流连荒亡，为诸侯忧。从流下而忘反谓之流，从流上而忘反谓之连，从兽⑨无厌谓之荒，乐酒无厌谓之亡。先王无流连之乐，荒亡之行。惟君所行也。’景公悦，大戒于国，出舍于郊⑩。于是始兴发，补不足，召大师曰：‘为我作君臣相说之乐⑪！’盖《徵招》《角招》是也。其诗曰：‘畜君何尤⑫？’畜君者，好君也。”

【注释】①雪宫：齐国离宫名，即供齐王出巡时用的行宫别墅。②前一个“非”指非议、埋怨；后一个“非”指不对。　③齐景公：春秋时齐国国君，姓姜，名杵臼；晏子：名婴，齐景公时的贤相。④观：游；转附、朝儛（cháo wǔ）：都是山名；遵：循，沿；放：到；琅邪：齐国东南边境的邑名。　⑤省（xǐng）：视察；补不足：补助农具、种子不足的农户；敛：收割；助不给：帮助劳力、口粮不足的农户。　⑥豫：闲游。　⑦睊睊（juàn）：侧目而视状；胥：都；谗：谤毁。慝（tè）：邪恶。　⑧方命：方通放，即放弃先王教导。若流：像流水一般。 ⑨从兽：田猎。 ⑩戒：准备；舍：居。 ⑪大师：太师，即乐官；说：同悦。 ⑫畜：制止；尤：过错。

【译文】齐宣王在自己的离宫——雪宫会见孟子。宣王说："贤德之人也有这种享乐吗？"

孟子答道："有的。人们得不到这种享乐，就会埋怨他们的君主。得不到这种享乐便埋怨他们的君主，是不对的；作为民众的君主却不与民众一同享受这种快乐，也是不对的。以民众的快乐为自己的快乐的人，民众也会以他的快乐为他们的快乐；以民众的忧愁为自己忧愁的人，民众也会以他的忧愁为他们的忧愁。乐与天下同乐，忧与天下同忧，这样还不能使天下归心而称王，还从未有过。从前齐景公问晏婴说：'我打算到转附和朝儛两座山去游览一番，然后沿海岸向南走，直达琅邪。我该怎样做才能与古代圣王的巡游相比拟呢？'晏婴答道：'问得好呀！天子到诸侯的国家去叫作巡狩；巡狩就是巡视诸侯所守的疆土。诸侯去朝见天子叫作述职；述职就是汇报自己所担负职守的情况。这些活动没有不是结合着政事进行的。春天视察耕种，借此补助贫困的农户；秋天视察收割，借此补助缺粮的农户。夏朝的谚语说：'我们大王不出游，我们怎能获休息？我们大王不闲逛，我们从何得救助？我们大王出游与闲逛，足为诸侯学习与效法。'现在就不同了，国君出游，兴师动众费粮食，闹到饥饿的人没饭吃，劳作的人不得息。人们侧目而视，怨声载道，民众都要被迫作恶了。这是放弃先王教导，虐害百姓，大吃大喝如流水。这种流连荒亡，诸侯也为之担忧。（什么叫流连荒亡呢？）顺流而下游乐忘返叫作流，逆流而上游乐忘返叫作连，打猎没个厌倦叫作荒，酗酒没个节制叫作亡。古代圣王没有这种流连的游乐、荒亡的行为。大王自己选择哪一种做法吧。'景公听了很高兴，在都城内做准备，然后到郊外去驻扎。于是拿出钱粮，补助缺衣少食的穷人。并把乐官召来，说：'替我创作君臣同乐歌吧！'那就是《徵招》和《角招》。歌词中说，'制止君主的物欲有何不对？'制止君主的物欲，正是爱护君主呀。"

2.5　齐宣王问曰："人皆谓我毁明堂，毁诸，已乎①？"

孟子对曰："夫明堂者，王者之堂也。王欲行王政，则勿毁之矣。"

王曰："王政可得闻与？"

对曰："昔者文王之治岐也，耕者九一，仕者世禄，关市讥而不征，泽梁无禁，罪人不孥②。老而无妻曰鳏，老而无夫曰寡，老而无子曰独，幼而无父曰孤。此四者，天下之穷民而无告③者。文王发政施仁，必先斯四者。《诗》云：'哿矣富人，哀此茕独④！'"

王曰："善哉言乎！"

曰："王如善之，则何为不行？"

王曰："寡人有疾，寡人好货⑤。"

对曰："昔者公刘⑥好货，《诗》云：'乃积乃仓，乃裹糇粮，于橐于囊，思戢用光。弓矢斯张，干戈戚扬，爰方启行⑦。'故居者有积仓，行者有裹囊，然后可以爰方启行。王如好货，与百姓同之，于王何有？"

王曰："寡人有疾，寡人好色。"

对曰："昔者大王好色，爰厥妃⑧。《诗》云：'古公亶父，来朝走马，率西水浒，至于岐下。爰及姜女，聿来胥宇⑨。'当是时也，内无怨女，外无旷夫⑩。王如好色，与百姓同之，于王何有？"

【注释】①明堂：本是古代天子宣明政教之地。齐宣王所言明堂，原是周天子东巡狩时接受诸侯朝见的处所，在齐国境内泰山下，汉朝时遗址尚存；已：止。　②岐：周的旧国，在今陕西岐山一带。耕者九一：传说是周代井田制度中的税收制度，即公家征收了农民九分之一的税，参见《滕文公上》第三章。仕者世禄：为官者子孙世袭其父祖的土地、俸禄。关市讥而不征：关：关卡；市：市场；讥：稽查；征：抽税。泽梁无禁：泽，湖泊；梁，拦水捕鱼的水堰。罪人不孥（nú）：孥，妻儿；不孥，不株连妻儿。　③无告：无所告诉。　④《诗》：指《诗经·小雅·正月》；哿（gě 或 kě）：可；茕（qióng）：孤单。⑤货：财货。　⑥公刘：周朝开创者。　⑦《诗》：指《诗经·大雅·公刘》；积：露天积粮食处；糇（hóu）粮：干粮；橐（tuó）：小而无底的口袋；囊：大而有底的口袋；戢（jí）：安集；用：以；光：大；干戈戚扬：四种武器名。　⑧厥妃：他的妃子。　⑨《诗》：指《诗经·大雅·绵》；率：沿；水浒：水边；姜女：大王的妃子，名太姜；聿：语助词；胥：视察；宇：房舍。　⑩怨女：没有丈夫的女子。旷夫：没有妻子的男人。

【译文】齐宣王问道："人们都劝我拆毁明堂，是拆毁呢，还是不拆？"

孟子答道："明堂这种建筑，是称王天下者的殿堂。大王如果想要实行王道政治，就不要拆毁它了。"

宣王说："关于王道政治，可以讲给我听听吗？"

孟子回答说："当年文王治理岐周时，对耕田的人只抽九分之一的税，做官的人给予世代承袭俸禄，关卡和市场仅稽查而不征税，在湖泊里捕鱼没有禁令，对犯罪者处罚不牵连妻儿。年老而无妻子的人叫作鳏，年老而无丈夫的人叫作寡，年老而无儿子的人叫作独，年幼而无父亲的人叫作孤。这四种人，是世间最无依无靠的穷苦人。文王发布政令、施行仁政时，一定把这四种人作为优先抚恤的对象。《诗经·小雅·正月》中说：'过得不错的还要数富人，最可哀怜的就是这些孤独者！'"

宣王说："这话说得真好啊！"

孟子说："大王如果认为好，那为什么不实行呢？"

宣王说："我有个毛病，我贪爱财货。"

　　孟子答道:"从前公刘也贪爱财货,《诗经·大雅·公刘》中说:'收拾好露囤和内仓,包裹好干粮,装进大小口袋中。人民安集,国威光大。备好弓箭,拿起干戈与戚扬,于是动身向前方。'所以,要做到留下的人仓里有积谷,出征的人囊橐里有干粮,这样军队才可以出发。如果大王贪爱财货。能与老百姓一同享用,这对于实行王道政治又有什么不可以呢?"

　　宣王又说:"我还有个毛病,我贪好女色。"

　　孟子回答说:"从前太王也贪好女色,宠爱他的妃子。《诗经·大雅·绵》中说:'古公亶父为立家,一大清早跨骏马,傍着西水边上走,一直来到岐山下,同来还有姜氏女,视察居处好安家。'在那个时候,内室里没有找不到丈夫的女子,外边也没有娶不到妻子的光棍。如果大王贪好女色,也能满足老百姓这方面的需求,这对于实行王道政治又有什么不可以呢?"

2.6　孟子谓齐宣王曰:"王之臣,有托其妻子于其友而之①楚游者,比②其反也,则冻馁③其妻子,则如之何?"

　　王曰:"弃之。"

　　曰:"士师不能治士④,则如之何?"

　　王曰:"已⑤之。"

　　曰:"四境之内不治,则如之何?"

　　王顾左右而言他。

【注释】①之:往。　②比(bì):及。　③馁:饥饿。　④士师:狱官;士,狱官的下属。　⑤已:罢免。

【译文】孟子对齐宣王说:"大王的某个臣子,把妻儿托付给他的朋友照看,而自己去游楚国了。等他回来时,他的妻儿却在受冻挨饿,那该怎么办呢?"

宣王说："与他绝交。"

孟子又问："监狱官如果不能管理他的属下，那该怎么办呢？"

宣王说："撤他的职。"

孟子进一步问："一个国家假如不能治理好，那又该怎么办呢？"

宣王回过头去东张西望，把话题扯到别的事上去了。

2.7 孟子见齐宣王曰："所谓故国①者，非谓有乔木②之谓也，有世臣③之谓也。王无亲臣矣，昔者所进，今日不知其亡④也。"

王曰："吾何以识其不才而舍之？"

曰："国君进贤，如不得已，将使卑逾尊，疏逾戚，可不慎与？左右皆曰贤，未可也；诸大夫皆曰贤，未可也；国人皆曰贤，然后察之；见贤焉，然后用之。左右皆曰不可，勿听；诸大夫皆曰不可，勿听；国人皆曰不可，然后察之；见不可焉，然后去之。左右皆曰可杀，勿听；诸大夫皆曰可杀，勿听；国人皆曰可杀，然后察之；见可杀焉，然后杀之。故曰国人杀之也。如此，然后可以为民父母。"

【注释】 ①故国：历史悠久之国。　②乔木：年代久远的高大树木。③世臣：累世建功的臣子。　④亡：去职。

【译文】 孟子去见齐宣王，说："我们平常说的历史悠久的国家，不是说它有年代久远的高大树木，而是说有累世功勋的老臣的意思。大王现在没有亲信的臣子了，过去所进用的人，现在想不到都失去了职位。"

宣王说："我怎样才能识别无能之人而不用他呢？"

孟子说："国君进用贤才，如果万不得已，要使卑贱者超过尊贵者，疏远者超过亲近者，对这种事能不慎重吗？因此，左右亲信都说此人贤能，不足凭信；各位大夫都说此人贤能，不足凭信；全国的人都说此人贤能，然后对他进行考察，发现他确实贤能，再起用他。左右亲信都说此人不行，不足听信；各位大夫都说此人不行，也别听信；全国的人都说此人不行，然后对他进行调查，发现他确实不行，再罢免他。左右亲信都说此人可杀，不足听信；各位大夫都说此人可杀，也别听信；全国的人都说此人可杀，然后对他进行调查，发现他确实可杀，再杀掉他。所以说，这是全国人杀的。这样，才可以真正做百姓的父母。"

2.8 齐宣王曰："汤放桀[①]，武王伐纣[②]，有诸？"

孟子对曰："于传有之。"

曰："臣弑君可乎？"

曰："贼[③]仁者谓之贼，贼义者谓之残。残贼之人，谓之一夫[④]。闻诛一夫纣矣，未闻弑君也。"

【注释】 ①汤放桀：汤，商朝开国君主；桀，夏朝末世暴君；放，流放，《尚书》载"成汤放桀于南巢"。　②武王伐纣：商朝末纣王无道，周武王姬发出兵伐纣，纣王兵败自焚。　③贼：损害。　④一夫：独夫。

【译文】 齐宣王问孟子："商汤流放夏桀，周武王讨伐商纣，有这回事吗？"

孟子答道："古书上是这么记载的。"

宣王说："为臣的人杀掉他的君主，行吗？"

孟子答道："损害仁的人叫做'贼'，损害义的人叫作'残'，残贼之人，叫作'独夫'。我只听说周武王杀了独夫商纣，没听说过杀掉君主。"

2.9 孟子见齐宣王曰:"为巨室,则必使工师①求大木。工师得大木,则王喜,以为能胜其任也。匠人斲②而小之,则王怒,以为不胜其任矣。夫人幼而学之,壮而欲行之,王曰:'姑③舍女④所学而从我。'则何如?今有璞⑤玉于此,虽万镒⑥,必使玉人雕琢之。至于治国家,则曰:'姑舍女所学而从我。'则何以异于教玉人雕琢玉哉?"

【注释】①工师:管理工匠的官吏。 ②斲(zhuó):砍,削。③姑:暂且。 ④女:通汝,即你。 ⑤璞:含玉的石头,或未经琢磨的玉。 ⑥镒:古代重量单位,合二十两(一说二十四两)万镒,极言其贵重。

【译文】孟子去见齐宣王,说:"要建造大房子,就一定要打发工匠长去寻求大木料。工匠长找到了大木料,大王就高兴,认为他很称职。一旦工匠把木料砍小了,大王便要发怒,认为他不称职。有人从小学习一门专业,长大后打算实行,大王却说,'暂且抛开你所学的东西,照我的话去做',那会怎么样呢?现在这里有块没有经过雕琢的璞玉,虽然价值很昂贵,也一定要请玉匠雕琢加工。至于治理国家,你却(对学治天下术的人)说,'暂且抛开你所学的东西,照我的话去做'!那与你去教玉匠雕琢玉石又有什么两样呢?"

2.10 齐人伐燕①,胜之。宣王问曰:"或谓寡人勿取,或谓寡人取之。以万乘之国伐万乘之国,五旬而举之②,人力不至于此③。不取,必有天殃。取之何如?"

孟子对曰:"取之而燕民悦,则取之。古之人有行之者,武王是也④。取之而燕民不悦，则勿取。古之人有行之者，文王是也⑤。以万乘之国伐万乘之国，箪食壶浆⑥以迎王师，岂有他哉？避水火也。如水益深，如火益热，亦运⑦而已矣。"

【注释】①齐人伐燕：齐宣王五年（公元前315年），燕国由于王位问题发生内乱，齐国趁机出兵伐燕，并很快取得胜利。 ②举之：攻克，占领。 ③人力不至于此：意即齐师速胜，不是光凭人力，而是合乎天意。 ④武王是也：指武王取商而商民悦的情况。 ⑤文王是也：指文王因商有贤臣微子、箕子和比干，取商恐商民不服，故不取。⑥箪（dān）食壶浆：箪，盛饭之器；食，食物；浆，饮料。 ⑦运：徙、行，有走避的意思。

【译文】齐国攻打燕国，获胜。齐宣王问道："有人叫我不要吞并燕国，有人却叫我吞并它。以一个有万辆兵车的国家去攻打另一个有万辆兵车的大国，五十天便攻了下来，光凭人力是做不到的。如不吞并它，一定会遭到老天的惩罚。吞并它怎么样？"

孟子答道："如果吞并它而使燕国民众高兴，就吞并它。古人有这样做的，周武王便是。要是吞并它而使燕国民众不高兴，就不要吞并它。古人有这样做的，周文王便是。以一个有万辆兵车的国家去攻打另一个有万辆兵车的大国，老百姓用筐盛着饭、用酒壶盛着酒浆来迎接大王的军队，还会有别的用意吗？不过是想避免那种水深火热的生活罢了。如果让老百姓蒙受的灾难更加深重，那他们就只好走避他方了。"

2.11 齐人伐燕，取之。诸侯将谋救燕。宣王曰："诸侯多谋伐寡人，何以待之？"

孟子对曰:"臣闻七十里为政于天下者,汤是也。未闻以千里畏人者也。《书》曰:'汤一征,自葛始①。'天下信之,东面而征西夷怨;南面而征北狄怨,曰:'奚②为后我?'民望之,若大旱之望云霓③也。归市④者不止,耕者不变,诛其君而吊⑤其民,若时雨降,民大悦。《书》曰:'徯我后,后来其苏⑥。'今燕虐其民,王往而征之,民以为将拯己于水火之中也,箪食壶浆以迎王师。若杀其父兄,系累⑦其子弟,毁其宗庙,迁其重器,如之何其可也?天下固畏齐之强也,今又倍地而不行仁政,是动天下之兵也。王速出令,反其旄倪⑧,止其重器,谋于燕众,置君而后去之,则犹可及止也。"

【注释】①《书》:《尚书》,孟子所引为逸《书》,下面引文同;一征:初征;葛:古国名。 ②奚:疑问代词;奚为,为什么。 ③霓:大气中与虹同时出现的一种光的现象,颜色比虹淡,也叫副虹,这里可解为虹。 ④归市:趋向市集。 ⑤吊:抚慰。 ⑥徯(xī):等待;后:君主。苏:复活。 ⑦系累:捆绑。 ⑧旄(mào)倪:旄同耄,老人;倪,小孩。

【译文】齐国攻打燕国,吞并了它,别的诸侯国正谋划援救燕国。齐宣王道:"许多诸侯谋划来讨伐我,怎样来对付他们呢?"

孟子答道:"我只听说以方圆七十里疆土来统一天下的,商汤便是。没听说拥有方圆千里疆土而畏惧他人的。《尚书》中说:'商汤当初的征讨,是从葛国开始的。'天下人都信赖他,当他东向征讨,西面的夷人就埋怨,当他南向征讨,北面的狄人也埋怨,都说,'为什么把我们放在后面?'民众盼望他,如同大旱时盼望出现预示天将下雨的云霓一样。(他的军队所到之处,)赶集的不停止买卖,种田的照常下田,诛杀残暴之君而安抚那里的民众,就像下了及时雨一样。老百姓十分高兴。《尚书》中说：'等待我们的君王，君王一到，我们就得救了！'如今燕王虐待他的民众，大王前去讨伐，民众以为您将把他们从水深火热中拯救出来，所以他们用筐盛着饭、用酒壶盛着酒浆来迎接大王的军队。如果您杀死他们的父兄，俘虏他们的子弟，毁坏他们的祖庙宗祠，抢走他们的传国宝器，这样怎么行呢？天下的诸侯本来就畏惧齐国的强大，现在齐国土地扩大了一倍，而且不行仁政，这就不免要挑动天下诸侯兴兵动武了。大王现在赶快发布命令，释放他们的老小，停止运走他们的宝器，与燕国大众商议拥立新的燕王，然后撤出军队，那还来得及阻止各国的兴兵。"

2.12 邹与鲁鬨①。穆公②问曰："吾有司③死者三十三人，而民莫之死也。诛之，则不可胜诛；不诛，则疾视④其长上之死而不救，如之何则可也？"

孟子对曰："凶年饥岁，君之民老弱转⑤乎沟壑，壮者散而之四方者，几⑥千人矣；而君之仓廪实，府库充，有司莫以告，是上慢而残下也。曾子⑦曰：'戒之戒之！出乎尔者，反乎尔者也。'夫民今而后得反之也。君无尤⑧焉。君行仁政，斯民亲其上，死其长矣。"

【注释】①鬨（hòng）：同哄，本指战斗声，这里喻冲突。②穆公：邹国君。③有司：古代设官分职，各有专管，叫有司；这里喻官员。④疾视：仇视，这里是眼看着的意思。⑤转：弃。⑥几（jī）：几乎，近乎。⑦曾子：孔子弟子，名参。⑧尤：责怪。

【译文】邹国与鲁国发生了冲突。邹穆公问道："（这次冲突中）我的官员被打死了三十三个人，可民众却没有一个为他们死的。如果杀了这些人吧，（人太多）杀也杀不完；要是不杀吧，他们眼睁睁看着长官去死而不加救助（实在可恨！），怎么办才行呢？"

孟子答道:"在灾荒的年月里,您的百姓,年老体弱的弃尸于山沟荒野,年轻力壮的则四出逃荒,都将近千把人了;而您的粮仓盈实,库房充足,有关官员却不把这种情况上报,他们高高在上,不仅不关心民众,而且还残害他们。曾子说过:'要警惕啊,要警惕啊! 你怎样对待别人,别人也会怎样回报你的。'民众如今才得到机会回报。您就别责怪他们了。如果您能施行仁政,那老百姓便会亲近他们的长官,也情愿为他们的长官去死的。"

2.13 滕①文公问曰:"滕,小国也,间于齐、楚。事齐乎? 事楚乎?"

孟子对曰:"是谋,非吾所能及也。无已,则有一焉:凿斯池②也,筑斯城也,与民守之,效死③而民弗去,则是可为也。"

【注释】①滕:国名,在今山东滕县。 ②池:护城河。 ③效死:献出生命。

【译文】滕文公问道:"滕是个小国,处于齐、楚二大国之间。是事奉齐国好呢,还是事奉楚国好?"

孟子答道:"这种策略,不是我的力量所能解决的。如果不得已要我说的话,那只有一个办法:把这护城河掘深了,把这城墙加固了,与老百姓一起来守卫它,民众哪怕献出生命也不愿离去,那就有办法了。"

2.14 滕文公问曰:"齐人将筑薛①,吾甚恐,如之何则可?"

孟子对曰:"昔者大王居邠②,狄人③侵之,去之岐山之下居焉。非择而取之,不得已也。苟为善,后世子孙必有王者矣。君子创业垂统④,为可继也。若夫⑤成功,则天也。君如彼何哉? 强为善而已矣。"

【注释】①薛：本是毗邻滕国一个小国，后被齐国所灭；筑薛，齐国在薛地筑城墙。　②邠（bīn）：同豳，在今陕西彬县一带。③狄人：即獯鬻。　④垂统：世代不绝叫统，垂统，续于后代。　⑤若夫：至于。

【译文】滕文公问道："齐国人准备修筑薛地的城墙，我感到很担心，怎么办才好呢？"

孟子答道："从前太王在邠地，狄人来侵犯，他便离开那里迁到岐山下定居。这不是他经过选择后的做法，实在是不得已啊。如果一个国君肯行善政，他后世的子孙一定会有称王天下的。君子创立事业，传给后代，正是为了能世代继承下去。至于成功与否，那就要看天意了。现在您又能拿齐国怎么样呢？也只有努力行善政罢了。"

2.15　滕文公问曰："滕，小国也；竭力以事大国，则不得免焉，如之何则可？"

孟子对曰："昔者大王居邠，狄人侵之。事之以皮币①，不得免焉；事之以犬马，不得免焉；事之以珠玉，不得免焉。乃属其耆老②而告之曰：'狄人之所欲者，吾土地也。吾闻之也：君子不以其所以养人者害人。二三子③何患乎无君？我将去之。'去邠，逾梁山，邑于岐山之下居焉。邠人曰：'仁人也，不可失也。'从之者如归市。或曰：'世守④也，非身之所能为也。效死勿去。'君请择于斯二者。"

【注释】 ①皮币：皮，兽皮；币，丝织物。 ②属（zhǔ）：集合；耆（qí）老，六十岁以上叫耆，耆老，泛称老年人。 ③二三子：诸位，你们。 ④世守：世代相守，即世代居住于此。

【译文】 滕文公问道："滕是个小国，即使尽力去事奉周围的大国，也还是不能免于祸害，怎么办才好呢？"

孟子答道："从前太王在邠地，狄人来侵犯。太王拿皮毛和丝绸去事奉他们，不能免去他们的侵扰；拿良犬好马去事奉他们，不能免去他们的侵扰；拿珠宝玉器去事奉他们，不能免去他们的侵扰。于是太王召集了国内的长老们，告诉他们说：'狄人所想要的，无非是我的土地。我听说，一个有德之人不能以用来养活人的东西去害人。诸位何必担心没有君主呢？我打算离开这里。'于是他离开了邠地，越过梁山，在岐山下面筑城定居下来。邠地的老百姓说：'这是个仁德之人，我们不能失去他啊。'如同赶集一样的人群自愿跟随他。但也有人说：'这是世代相守的基业，不是我个人能擅自做出处理的。哪怕牺牲生命也不能离开它。'您可以在这两种办法中任择一种。"

2.16 鲁平公①将出，嬖人②臧仓者请曰："他日君出，则必命有司所之③。今乘舆已驾矣，有司未知所之，敢请④。"

公曰："将见孟子。"

曰："何哉，君所为轻身以先于匹夫者？以为贤乎？礼义由贤者出，而孟子之后丧逾前丧⑤。君无见焉。"

公曰："诺。"

乐正子⑥入见，曰："君奚为不见孟轲也？"

曰："或告寡人曰：'孟子之后丧逾前丧'，是以不往见也。"

曰："何哉，君所谓逾者？前以士，后以大夫；前以三鼎，而后以五鼎与⑦?"

曰："否。谓棺椁衣衾⑧之美也。"

曰："非所谓逾也，贫富不同也。"

乐正子见孟子，曰："克告于君，君为来见也。嬖人有臧仓者沮⑨君，君是以不果来也。"

曰："行，或使之；止，或尼⑩之。行止，非人所能也。吾之不遇鲁侯，天也。臧氏之子焉能使予不遇哉?"

【注释】①鲁平公：鲁国君，名叔。　②嬖人：宠臣。　③所之：要去的地方。　④敢请：冒昧来请示。　⑤后丧逾前丧：丧（sāng），办丧事；后丧，指孟子为母亲办丧事；前丧，指孟子为父亲办丧事。⑥乐正子：乐正，复姓；子，男子的尊称。乐正子名克，孟子学生，当时正在鲁国做官。　⑦三鼎：古礼士祭用三鼎；五鼎：古礼大夫祭用五鼎。　⑧棺椁（guǒ）衣衾（qīn）：椁，套在棺材外的大棺材；衣衾，装殓死者的衣被。　⑨沮：阻止。　⑩尼（nì）：阻止。

【译文】鲁平公准备外出，他那个名叫臧仓的宠臣请示说："平日大王外出，必定把所去的地方告知管事的臣下。现在车马都已备好了，可管事的臣下还不知道您要去哪里，我冒昧来请示一下。"

平公说："将要去见孟子。"

臧仓说："您不尊重自己身份而先去拜访一个普通人，为了什么呢？是认为孟子贤德吗？贤德之人的行为应该符合礼义，而孟子办母亲的丧事超过先前办父亲的丧事。您就别去见他了。"

平公说："好吧。"

乐正子去见平公，说："您为什么不见孟轲了?"

平公说:"有人告诉我说:'孟子办母亲的丧事超过先前办父亲的丧事',所以我不去见他了。"

乐正子说:"您所说的超过,指的是什么?是说前面办父亲的丧事用士礼、后面办母亲的丧事用大夫礼?还是说前面设三鼎的供品祭父、后面设五鼎的供品祭母?"

平公说:"不,是指装殓的棺椁衣衾的精美。"

乐正子说:"这不能说是超过,只是前后贫富不同嘛。"

乐正子去见孟子,说:"我对鲁君说了,鲁君准备来见你。可有个名叫臧仓的宠臣阻止了他,鲁君因此没能来。"

孟子说:"要来,是有某种力量在促使;不来,也是有某种力量在阻止。来与不来,不是光凭人力所能决定的。我不能与鲁君相见,是出于天意。姓臧的那个人又怎能使我不与鲁君相遇呢?"

公孙丑上

【评述】本篇基本是孟子第二次游齐时的一些言行记录，但上下篇的分工似乎非常明显，上篇都是孟子与学生的对话或直接对学生的宣讲，下篇则有各方面的内容。

本篇上篇凡九章，除了第一、二章是与弟子公孙丑的对话外，其余七章均是孟子的语录，听者的对象似乎是孟子的弟子，具体是谁已不得而知。在这九章中，孟子主要谈了"王霸之辨""养气""知言"，以及作为"仁政"之所以能够成立的思想基础，即"不忍人之心"和"四端"说。这些内容在孟子的整个思想体系中占有十分重要的地位。

3.1　公孙丑^①问曰："夫子当路于齐，管仲、晏子之功，可复许乎^②？"

孟子曰："子诚齐人也，知管仲、晏子而已矣。或问乎曾西曰：'吾子与子路孰贤^③？'曾西蹴然曰：'吾先子之所畏也^④。'曰：'然则吾子与管仲孰贤？'曾西艴然^⑤不悦，曰：'尔何曾比予于管仲！管仲得君，如彼其专也；行乎国政，如彼其久也；功烈，如彼其卑也。尔何曾比予于是！'"曰："管仲，曾西之所不为也，而子为我愿之乎？"

曰："管仲以其君霸，晏子以其君显。管仲、晏子，犹不足为与?"

曰:"以齐王,由反手⑥也。"

曰:"若是,则弟子之惑滋甚。且以文王之德,百年而后崩,犹未洽于天下;武王、周公继之,然后大行。今言王若易然,则文王不足法与?"

曰:"文王何可当也! 由汤至于武丁,贤圣之君六七作⑦,天下归殷久矣,久则难变也。武丁朝诸侯,有天下,犹运之掌也。纣之去武丁未久也,其故家遗俗,流风善政。犹有存者;又有微子、微仲、王子比干、箕子、胶鬲,皆贤人也,相与辅相之,故久而后失之也。尺地莫非其有也,一民莫非其臣也。然而文王犹方百里起,是以难也。齐人有言曰:'虽有智慧,不如乘势;虽有镃基⑧,不如待时。'今时则易然也。夏后⑨、殷、周之盛,地未有过千里者也,而齐有其地矣;鸡鸣狗吠相闻,而达乎四境,而齐有其民矣。地不改辟矣,民不改聚矣,行仁政而王,莫之能御也。且王者之不作,未有疏于此时者也;民之憔悴于虐政,未有甚于此时者也。饥者易为食,渴者易为饮。孔子曰:'德之流行,速于置邮而传命⑩。'当今之时,万乘之国行仁政,民之悦之,犹解倒悬也。故事半古之人,功必倍之,惟此时为然。"

【注释】①公孙丑:姓公孙,名丑,孟子弟子。 ②当路:当权;管仲:名夷吾,曾辅佐齐桓公建立霸业;晏子:晏婴,字平仲,齐景公的贤相;复许:复兴。 ③曾西:赵岐注作曾参的孙子,但清儒有认为是曾参的儿子;子路:孔子弟子仲由的字。 ④蹵(cù)然:不安或肃然起敬状;先子:亡故的祖父或父亲。 ⑤艴(fú或bó)然:恼怒状。 ⑥反手:易如反掌。 ⑦汤、武丁:商代的贤君;作:兴起;汤至武丁中经太甲、太戊、祖乙、盘庚等君。　⑧镃基（zī jī）：大锄。　⑨夏后：禹国号夏，也称夏后氏。　⑩置邮传命：置邮，驿站；传命，传递书命。

【译文】公孙丑问道："老师如果在齐国当政，管仲、晏婴的功业能复兴吗？"

孟子答道："你真是个齐国人，只知道管仲、晏婴而已。曾有人问曾西：'您与子路哪个更贤能？'曾西不安地说：'子路是我先人所敬畏的人啊。'那人又问：'那您与管仲哪个又更贤能呢？'曾西怒形于色，说：'你怎么竟拿我和管仲来相比呢？管仲得到国君的信赖是那样的专一，主持国政的时间又是那样的长久，可成就的功业却是那样的微不足道，你怎么竟拿我和他来相比呢！'"孟子又说："管仲是连曾西都不愿效仿的人，你以为我愿学他的样吗？"

公孙丑说："管仲辅佐齐桓公建立了霸业，晏婴辅佐齐景公使他名扬天下。难道管仲、晏婴这样的人都不值得效仿吗？"

孟子说："以齐国这样的条件来称王天下，就像手掌翻个面一样容易。"

公孙丑说："您这样说，学生就更不明白了。像周文王那样的德行，又活了近百岁才去世，都还没有做到天下一致；周武王、周公继承他的事业，然后才使王道政治大行。现在您把实行王政说得那么容易，难道文王还不足以效仿吗？"

孟子说："怎么可以与文王相比呢！从商汤到武丁，共有六七个圣贤的君主兴起，天下人归服殷商已经很久了，时间一久要变就难了。武丁使诸侯来朝见，一统天下，就像在手心里转动东西一样。商纣王与武丁相隔没多久，那些勋旧世家、传统习俗、良好作风、善政德教，当时还存留着；又是微子、微仲、王子比干、箕子和胶鬲这些贤德君子共同辅佐，所以过了很久才失去天下。那时，没有一尺土地不是殷王所有，没有一个民众不是殷王臣下，然而文王凭借方圆百里的国土起事，所以是很艰难的。齐国人有句俗话说：'纵然有聪明，不如趁形势；纵然有锄头，不如待农时。'现今的时机容易称王天下。夏、商、周三代最盛时，国土都没有超过方圆千里的，而齐国却有那么广阔的辖地；（三代极盛时）鸡鸣狗叫的声音，从首都直到四方边境，处处可闻，而齐国就有那么多的民众。（在齐国目前这样的条件下）土地不必再开辟了，民众也不必再增多了，如果推行仁以称王天下，那是没有谁能阻挡的。况且，称王天下的贤君不出现，时间没有比现在更久的了；民众被暴政的摧残迫害，没有比现在更厉害的了。饥饿的人不挑剔食物，口渴的人不苛求饮料。孔子说过：'德政的推行，比驿站传递政令还要迅速。'现在这个时候，一个拥有万乘兵车的大国出来推行仁政，那民众的高兴，就如一个倒挂着的人被解救下来一样。所以，只要做古人一半的事，必定获得比古人多一倍的功效，这也只有现在这个时候才做得到。"

3.2 公孙丑问曰："夫子加①齐之卿相，得行道焉，虽由此霸、王，不异矣。如此则动心否乎？"

孟子曰："否。我四十不动心。"

曰："若是，则夫子过孟贲②远矣。"

曰："是不难，告子③先我不动心。"

曰："不动心有道乎？"

曰："有。北宫黝之养勇也，不肤桡，不目逃，思以一毫挫于人，若挞之于市朝；不受于褐宽博，亦不受于万乘之君；视刺万乘之君，若刺褐夫；无严诸侯，恶声至，必反之④。孟施舍⑤之所养勇也，曰：'视不胜犹胜也。量敌而后进，虑胜而后会，是畏三军者也。舍岂能为必胜哉？能无惧而已矣。'孟施舍似曾子，北宫黝似子夏⑥。夫二子之勇，未知其孰贤，然而孟施舍守约也。昔者曾子谓子襄⑦曰：'子好勇乎？吾尝闻大勇于夫子矣，自反而不缩，虽褐宽博，吾不惴焉⑧；自反而缩，虽千万人，吾往矣。'孟施舍之守气，又不如曾子之守约也。"

曰："敢问夫子之不动心与告子之不动心，可得闻与？"

"告子曰：'不得于言，勿求于心；不得于心，勿求于气。'不得于心，勿求于气，可；不得于言，勿求于心，不可。夫志，气之帅也；气，体之充也。夫志至焉，气次焉，故曰：'持其志，无暴其气⑨。'"

"既曰'志至焉，气次焉'；又曰：'持其志，无暴其气'者，何也？"

曰："志壹则动气，气壹则动志也。今夫蹶者、趋者⑩，是气也，而反动其心。"

"敢问夫子恶乎长？"

曰："我知言，我善养吾浩然之气。"

"敢问何谓浩然之气？"

曰："难言也。其为气也，至大至刚，以直养而无害，则塞于天地之间。其为气也，配义与道；无是，馁也。是集义所生者，非义袭而取之也。行有不慊⑪于心，则馁矣。我故曰告子未尝知义，以其外之也。必有事焉而勿正，心勿忘，勿助长也。无若宋人然：宋人有闵其苗之不长而揠之者⑫，芒芒然归，谓其人曰：'今日病矣！予助苗长矣⑬！'其子趋而往视之，苗则槁矣。天下之不助苗长者寡矣。以为无益而舍之者，不耘苗者也；助之长者，揠苗者也。非徒无益，而又害之。"

"何谓知言？"

曰："诐辞知其所蔽，淫辞知其所陷，邪辞知其所离，遁辞知其所穷⑭。生于其心，害于其政；发于其政，害于其事。圣人复起，必从吾言矣。"

"宰我、子贡善为说辞；冉牛、闵子、颜渊善言德行⑮；孔子兼之，曰：'我于辞命，则不能也。'然则夫子既圣矣乎？"

曰："恶！是何言也！昔者子贡问于孔子曰：'夫子圣矣乎？'孔子曰：'圣则吾不能，我学不厌而教不倦也。'子贡曰：'学不厌，智也；教不倦，仁也。仁且智，夫子既圣矣。'夫圣，孔子不居。是何言也！"

"昔者窃闻之：子夏、子游、子张⑯皆有圣人之一体，冉牛、闵子、颜渊则具体而微，敢问所安？"

曰："姑舍是。"

曰："伯夷、伊尹⑰何如？"

曰："不同道。非其君不事，非其民不使；治则进，乱则退，伯夷也。何事非君，何使非民；治亦进，乱亦进，伊尹也。可以仕则仕，可以止则止，可以久则久，可以速则速，孔子也。皆古圣人也，吾未能有行焉。乃所愿，则学孔子也。"

"伯夷、伊尹于孔子，若是班乎⑱？"

曰："否。自有生民以来，未有孔子也。"

曰："然则有同与？"

曰："有。得百里之地而君之，皆能以朝诸侯、有天下；行一不义、杀一不辜而得天下，皆不为也。是则同。"

曰："敢问其所以异。"

曰："宰我、子贡、有若，智足以知圣人，汙不至阿其所好⑲。宰我曰：'以予观于夫子，贤于尧舜远矣。'子贡曰：'见其礼而知其政，闻其乐而知其德，由百世之后，等百世之王，莫之能违也。自生民以来，未有夫子也。'有若曰：'岂惟民哉？麒麟之于走兽，凤凰之于飞鸟，太山之于丘垤，河海之于行潦⑳，类也。圣人之于民，亦类也。出于其类，拔乎其萃，自有生民以来，未有盛于孔子也。'"

【注释】①加：居、处。　②孟贲（bēn）：当时著名的勇士。③告子：赵岐说，"名不害，兼治儒墨之道者，尝学于孟子，而不能纯彻性命之理"，但历来学界对此有不同意见。　④北宫黝（yǒu）：姓北宫，名黝，齐国勇士；不肤桡（náo）：肌肤被刺不退缩；不目逃：目被刺不转睛；市朝：市场、公共场所；不受于：不受辱于；褐宽博：褐（hè）：毛布；穿粗布宽大衣服的人；即卑贱之人，下"褐夫"同；无严：不畏。　⑤孟施舍：事迹已不可考，亦是勇士。　⑥子夏：卜商，孔子弟子。　⑦子襄：曾子弟子。　⑧夫子：孔子；自反：自己反省；缩：直，义；惴：恐惧。　⑨持其志，无暴其气：持，保持；暴，乱。

⑩蹶者、趋者：蹶（jué），跌倒；趋，疾行。　⑪慊（qiè）：足。⑫闵：悯，忧虑；揠（yà）：拔。　⑬芒芒然：疲劳状；病：累。⑭诐（bì）：偏颇；蔽：遮蔽；淫：过分；陷：沉溺，失误。邪：邪僻。离：叛离；遁：逃避；穷：理屈。　⑮宰我：宰予；子贡：端木赐；冉牛：冉耕；闵子：闵损；颜渊：颜回；他们都是孔子的弟子。　⑯子游：言偃；子张：颛孙师；都是孔子的弟子。　⑰伯夷：商末孤竹君长子，与其弟叔齐因互让王位而出逃，武王灭商后，与叔齐隐居首阳山，不食周粟而死。伊尹：商初名臣，曾放逐太甲。　⑱若是班乎：班，同等。　⑲有若：字子有，孔子弟子；汙：通洿，这里假借为"夸"。⑳垤（dié）：蚂蚁窝；行潦（lǎo）：路上积水。

【译文】公孙丑问道："老师如果官居齐国卿相，能实现自己的抱负，即使成就霸业和王业，也不足为怪。如果这样，您是否会动心呢？"

孟子说:"不会。我四十岁时就做到不动心了。"

公孙丑说:"如此看来,老师比孟贲强多了。"

孟子说:"这并不难,告子不动心比我还早。"

公孙丑说:"做到不动心有方法吗?"

孟子说:"有。北宫黝培养勇气的方法是:肌肤被刺不退缩,眼睛被刺不转睛,别人动了他一根毫毛,他便看作如在大庭广众之下被人鞭打一样;他既不愿受普通平民的侮辱,也不愿受大国君主的侮辱;他把刺杀大国的君主,看成和刺杀普通平民一样;他不畏惧国君王侯,谁骂他一句,他就一定要回敬一句。孟施舍培养勇气的方法,据他自己说:'我对待不能战胜的敌人和对待能够战胜的敌人一样。如果估量对方的力量后才前进,考虑有必胜的把握才交锋,这种人见了数量众多的敌军是会畏惧的。我孟施舍怎能够稳操胜算吗?我只是能够无所畏惧而已。'孟施舍有点像曾子,北宫黝有点像子夏。这两人的勇气,我也说不准到底谁更强,但孟施舍的方法较为简约。从前曾子对子襄说:'你爱好勇敢吗?我曾经在老师孔子那里听到过关于大勇的论述:自我反省,自己不在理上,哪怕对方是普通平民,我也不能去恐吓人家;自我反省,自己有理,哪怕面对千军万马,我也勇往直前。'孟施舍所守的是无所畏惧的勇气,这又不如曾子所守的原则来得简约。"

公孙丑说:"我斗胆问一声,老师的不动心和告子的不动心,能说给我听听吗?"

孟子答道:"告子说:'对对方语言的意思有弄不清的地方,不要再在心里反复琢磨;对于某事的道理心里没底,不要再去求助于气。'对于某事的道理心里没底,不要再去求助于气,这是可以的;而对对方语言的意思有弄不清的地方,不要再在心上反复琢磨,那是不可以的。志是气的主帅,气是充满人身体的。志到哪里,气也随之到哪里,所以说:'应该坚定自己的志,不要滥用自己的气。'"

公孙丑说:"您既然说'志到哪里,气也随之到哪里';又说'应该坚定自己的志,不要滥用自己的气',这是什么道理呢?"

孟子说:"因为,志如果专一了就会影响到气,气如果专一了也会影响到志。现在我们看那些摔倒和奔跑的人,这都只是气,可是却反过来影响了他们的志(使他们心浮了)。"

公孙丑说:"我斗胆地问老师擅长于什么?"

孟子说:"我善于分析了解别人的言辞,我善于培养我的浩然之气。"

公孙丑说:"我再斗胆问一句,什么叫作浩然之气?"

孟子说:"这个很难说清楚。它作为一种气,是最大最刚的,用正直去培养而不伤害它的话,它就会充满于天地之间。它作为一种气,与义和道是紧密配合的,否则,就会软弱无力。这种气是积累了义而产生的,不是靠偶然用义突袭一下就能取得的。只要行为使自己感到问心有愧,这气就会变得疲软了。我所以说告子从来不懂得什么是义,因为他把义看成是外在的东西。一定要在平日有所作为时自然合乎义,而不要故意做作,每时每刻都不要忘记此事,但也不要勉强去帮助它成长。不要像宋国人一样:有个宋国人,担心他的禾苗长不长,而把苗拔高了,他拖着疲惫的身子回到家中,对家里人说:'今天累坏了!我帮助禾苗生长了!'他儿子赶快跑去一看,禾苗全都枯萎了。世上不帮助禾苗生长的人实在很少。那些认为培养工作没好处而放弃的,就是不锄草的人;那些不按照规律硬去帮助生长的,就是拔苗的人。这非但没有好处,而且还害了它。"

公孙丑又问:"什么叫作善于分析了解别人的言辞呢?"

孟子说:"听到偏颇的言辞,我知道哪里片面了;听到过分的言辞,我知道哪里失误了;听到邪僻的言辞,我知道哪里背离正道了;听到躲闪的言辞,我知道哪里理屈词穷了。这四种言辞,如果从内心产生,便会在政治上产生危害;如果体现于政治举措上,便会妨害国家各种事务。即使圣人再出现,也必定会赞同我说的这些话的。"

公孙丑说:"宰我、子贡擅长讲说言辞;冉牛、闵子和颜渊善于阐述道德;孔子兼有他们的长处,但他还是说:'我对于辞令,并不擅长。'那么老师(既知言,又善养浩然在之气)已经是圣人了吗?"

孟子说："哎！这是什么话！以前子贡问孔子道：'老师已经是圣人了吗？'孔子说：'圣人，我还不能做到，我能做到的只是学习不感到满足、教人不知疲倦罢了。'子贡说：'学习不满足，那是智的表现；教人不知疲倦，那是仁的表现。既仁又智，老师已经称得上是圣人了。'圣人的称号，孔子都不敢自居。你这是什么话！"

公孙丑说："过去我听说过，子夏、子游和子张都各有孔子一方面的长处，冉牛、闵子和颜渊大体接近于孔子，但比不上他博大。请问老师自居于哪一种呢？"

孟子说："暂且不谈这个。"

公孙丑说："伯夷和伊尹怎么样呢？"

孟子说："他们处世之道不同。不是他认可的君主不事奉，不是他认可的民众不使唤，世道太平就出来做官，世道昏乱便退而隐居，这是伯夷的处世态度。什么君主都可以事奉，什么民众都可以使唤，世道太平也做官，世道昏乱也做官，这是伊尹的处世态度。应该做官就做官，应该退隐就退隐，应该长久就长久，应该短暂就短暂，这是孔子的处世态度。他们都是过去的圣人，我没能做到他们那样。至于我个人的愿望，则是要学习孔子。"

公孙丑问："伯夷、伊尹与孔子，他们能相提并论吗？"

孟子答道："不。自有人类以来，没有能比得上孔子的。"

公孙丑又问："那么他们有相同的地方吗？"

孟子说："有的。如果他们得到方圆百里的国土而成为君主，他们都能使诸侯来朝见，天下统一。要他们做一件不合道理的事、杀一个无辜的人来得到天下，他们都不会干。这是他们相同的地方。"

公孙丑再问："请问他们的不同在什么地方？"

孟子说："宰我、子贡和有若，他们的智慧足以了解孔子，即使夸张一点，也不至对所喜爱的人虚加赞扬。宰我说：'以我来看老师，比尧、舜高明得多。'子贡说：'见到一个国家的礼制，就了解这个国家的政治；听到一个国家的音乐，就了解这个国家的道德。哪怕从百世以后来评价百世以来的君主，没有一个能违背孔子的主张。自有人类以来，没有能比得上孔子的。'有若说：'难道只有民众如此吗？麒麟相对于走兽，凤凰相对于飞鸟，泰山相对于土堆，河海相对于路上的那些小水潭，都是同类。圣人相对于众民，也是同类，但却远远地超过了他的同类，大大高出他的同类。自有人类以来，没有哪一个能像孔子那样伟大的。'"

3.3　孟子曰："以力假①仁者霸②，霸必有大国。以德行仁者王③，王不待大，汤以七十里，文王以百里④。以力服人者，非心服也，力不赡⑤也。以德服人者，中心悦而诚服也，如七十子⑥之服孔子也。《诗》⑦云：'自西自东，自南自北，无思不服。'此之谓也。"

【注释】①假：假借。　②霸：称霸，即行霸道政治。　③王：名词动用，称王，即行王道政治。　④汤以七十里，文王以百里：二句都省去了"而王"，因上文有"王不待大"。　⑤赡：足。　⑥七十子：指孔子门下七十个左右优秀弟子，泛指孔门弟子。　⑦《诗》：指《诗经·大雅·文王有声》，意思是四方的人被周文王德政感化，没有不衷心服从周王朝的。

【译文】孟子说："凭着自己的实力，假借仁义之名者，可以称霸于诸侯，称霸一定要凭借国家实力的雄厚强大；依靠道德的力量，推行仁政者，可以称王天下，称王天下不一定要求国家强大，商汤以方圆七十里，周文王以方圆百里（都实行了王道）。倚仗势力来使人服从的，别人并不是从心里服从他，而只是因为自己实力不足。依靠道德来使人服从的，别人就会心悦诚服，就如孔子门下七十二个贤弟子拜服孔子一样。《诗经·大雅·文王有声》中说：'从西到东，从南到北，无不心悦诚服。'说的正是这层意思。"

3.4 孟子曰："仁则荣，不仁则辱。今恶辱而居不仁，是犹恶湿而居下也。如恶之，莫如贵德而尊士，贤者在位，能者在职。国家闲暇，及是时，明其政刑，虽大国，必畏之矣。《诗》云：'迨天之未阴雨，彻彼桑土，绸缪牖户。今此下民，或敢侮予①？'孔子曰：'为此诗者，其知道乎！能治其国家，谁敢侮之？'今国家闲暇，及是时，般乐怠敖②，是自求祸也。祸福无不自己求之者。《诗》云：'永言配命，自求多福③。'《太甲》曰：'天作孽，犹可违；自作孽，不可活。'此之谓也④。"

【注释】①《诗》：指《诗经·豳风·鸱鸮》；迨（dài）：趁；彻：取；桑土：桑树根的皮；绸缪（móu）：捆绑牢固；下民：下面的人，鸟住在树上，故称在地面上的人为下人。 ②般（pán）乐怠敖：般，乐，般乐是同义复音词；怠，怠惰；敖同遨，出游。 ③《诗》：指《诗经·大雅·文王》；永言配命：人应该念念不忘与天命配合。④《太甲》：本为《尚书》中的篇名，但在《古文尚书》和《今文尚书》中都已不传，也不在《逸书》之列，所以赵岐注中仅讲"殷王太甲言"，但《礼记·缁衣》有此引文，略有出入，所以还应是《尚书》的内容。违：避；活：《礼记·缁衣》作"逭"（huàn），逃，"活"字当"逭"字假借。

【译文】孟子说："国君如能施行仁政就会有荣耀；不施行仁政就将遭屈辱。现在这些人既厌恶屈辱，可仍然安于不仁的现状，这好比讨厌潮湿却甘心居住在低下的地方。如果真的厌恶屈辱，不如以德为贵而尊重士人，使贤德的人治理国家，让有才能的人担任官职。国家安定，趁这个时机，修明政教法典，哪怕是大国，也一定会对此感到畏惧了。《诗经·豳风·鸱鸮》中说：'趁着天还没阴雨，剥取桑根上的皮，把那门窗修理好。那住在下面的人，又有谁敢欺侮我？'孔子说：'作这首诗的人，懂得治国的道理啊！能治理好他的国家，谁还敢欺侮他们？'现在国家安定，趁这个时机，追求享乐，怠惰游玩，这简直是自取祸害。祸和福没有不是自己找来的。《诗经·大雅·文王》中说：'应该念念不忘与天命配合，自己去多寻求点幸福。'《尚书·太甲》中说：'天降祸害，还可以躲避；自己作孽，逃也没法逃。'说的正是这个意思。"

3.5　孟子曰："尊贤使能，俊杰在位，则天下之士皆悦，而愿立于其朝矣。市，廛而不征^①，法而不廛^②，则天下之商皆悦，而愿藏于其市矣。关，讥而不征，则天下之旅皆悦，而愿出于其路矣。耕者，助^③而不税，则天下之农皆悦，而愿耕于其野矣。廛，无夫里之布^④，则天下之民皆悦，而愿为之氓^⑤矣。信能行此五者，则邻国之民，仰之若父母矣。率其子弟，攻其父母，自有生民以来，未有能济者也。如此，则无敌于天下。无敌于天下者，天吏也。然而不王者，未之有也。"

【注释】①廛（chán）而不征：廛，货栈；廛而不征，提供货栈而不征租税。　②法：贸易法；法而不廛，按法定价格收购。　③助：耕种公田。　④廛，无夫里之布：这里的廛指百姓的住宅；无夫里之布，这里指没有额外的赋税徭役。　⑤氓：通民，与民略有区别，多指从别处迁来的百姓。

【译文】孟子说："尊重有道德的人，使用有能力的人，让杰出的人为官来治理国家，那么天下的士人都会高兴，愿意到这样的朝廷里来做官；市场上，提供藏货的货栈而不征税，遇上货物滞销按法定价格征购，不让它们长期积压在货栈中，那么天下的商人都会高兴，愿意把货物存放到这样的市场上；关卡上，只稽查而不征税，那么天下的旅客都会高兴，愿意取道于这样的国家；耕田的人，只须帮着耕种公田而不必另交租税，那么天下的农民都会高兴，愿意到这样的田里来耕种；居民不必缴纳额外的赋税和服额外的徭役，那么天下民众都会高兴，愿意到这样的地方来居住。要是真能做到上面五点，那么邻国的老百姓，便会对这样的国君像对父母般的仰慕了。（邻国之君如想侵犯这样的国家，就好比）率领儿女们去攻打自己的父母，这种事从有人类以来，还没有谁成功过。这样，就是无敌于天下。无敌于天下的人，就叫作'天吏'。做到这样而不能称王天下，还从来没有过。"

3.6　孟子曰："人皆有不忍人之心。先王有不忍人之心，斯有不忍人之政矣。以不忍人之心，行不忍人之政，治天下可运之掌上。所以谓人皆有不忍人之心者，今人乍见孺子将入于井，皆有怵惕恻隐①之心。非所以内交②于孺子之父母也，非所以要誉于乡党朋友也③，非恶其声而然也。由是观之，无恻隐之心，非人也；无羞恶之心，非人也；无辞让之心，非人也；无是非之心，非人也。恻隐之心，仁之端④也；羞恶之心，义之端也；辞让之心，礼之端也；是非之心，智之端也。人之有是四端也，犹其有四体⑤也。有是四端而自谓不能者，自贼者也；谓其君不能者，贼其君者也。凡有四端于我者，知皆扩而充之矣，若火之始然⑥，泉之始达⑦。苟能充之，足以保四海；苟不充之，不足以事父母。"

【注释】①怵惕恻隐：怵惕（chù tì），惊惧；恻隐，哀痛，这里是对别人的不幸表示怜悯、同情。　②内交："内"通"纳"，内交有结交的意思。　③要（yāo）誉：谋求好名声；乡党：乡里。　④端：开始，起点。 ⑤四体：四肢。 ⑥然：通燃。 ⑦达：突出。

【译文】孟子说："人人都有怜悯他人之心。古代帝王有这种怜悯别人的心，这样才有怜悯百姓的仁政。拿这种怜悯别人之心，去施行怜悯百姓的仁政，治理天下就像在手掌上转动一件小东西那样容易。我之所以说人人都有怜悯他人之心，（譬如）现在人们突然看见小孩将要掉入井里去，都会立即产生一种惊惧同情之心。这不是为了想跟孩子的父母攀交情，不是为了要在邻里朋友中获得好名声，也不是由于厌恶孩子的啼哭声才这样做的。由此看来，（任何一个人）没有同情之心，不能算是人；没有羞耻之心，不能算是人；没有礼让之心，不能算是人；没有是非之心，不能算是人。同情之心，是仁的开端；羞耻之心，是义的开端；礼让之心，是礼的开端；是非之心，是智的开端。人有这四个开端，就如同他有四肢一样。有这四个开端却自认不行的人，是自己损害自己；说他的国君不行的人，是损害他的国君。凡是具有这四个开端的人，要是知道把它们都扩充起来，那就会像火刚开始点着，泉水刚开始流出一样。如果能够扩充它们，就足以安定天下；如果不去扩充它们，那就连自己的父母也无法事奉。"

3.7 孟子曰："矢人岂不仁于函人哉①？矢人唯恐不伤人，函人唯恐伤人。巫、匠②亦然。故术不可不慎也。孔子曰：'里③仁为美，择不处仁，焉得智？'夫仁，天之尊爵也，人之安宅也④。莫之御⑤而不仁，是不智也。不仁不智，无礼无义，人役⑥也。人役而耻为役，由弓人而耻为弓，矢人而耻为矢也。如耻之，莫如为仁。仁者如射，射者正己而后发，发而不中，不怨胜己者，反求诸己而已矣。"

【注释】①矢人：造箭的人；函人：造甲的人。 ②巫：巫人，这里指为人祈福禳灾者；匠：木匠，这里指为人制作棺材者。 ③里：居住之地。 ④尊爵：尊贵的爵位；安宅：安逸的住宅。 ⑤御：阻碍。 ⑥人役：被人所役使的人。

【译文】孟子说："造箭的人难道比制甲的人更不仁吗？造箭的人唯恐自己造的箭不锋利而不能射伤人，制甲的人却唯恐自己制的甲不坚固而让人受伤。专为人求福的巫人和专为人制棺材的匠人也一样。所以一个人选择职业不可不谨慎。孔子说：'居住的地方要有仁厚之风才算美好，选择住处而不知选有仁厚风俗的地方，怎能说是明智呢？'仁，是上天最尊贵的爵位，是人们最安逸的住宅。没有什么阻碍却不去行仁，这便是不明智。不仁、不智、无礼、无义，这种人只能做别人的仆役。当了仆役又以供人役使为耻，那就像造弓的人以造弓为耻，造箭的人以造箭为耻一样。要是觉得可耻，就不如去行仁。行仁就好比射箭一样：射箭的人都是先端正自己射箭的姿势然后发箭，如果射不中，不去埋怨胜过自己的同行，只是反回来从自身去找原因罢了。"

3.8 孟子曰："子路，人告之以有过则喜，禹闻善言则拜。大舜有大焉①，善与人同，舍己从人，乐取于人以为善。自耕稼、陶、渔以至为帝②，无非取于人者。取诸人以为善，是与人为善者也。故君子莫大乎与人为善。"

【注释】①大舜有大焉：有同"又"；焉，语助词。 ②耕稼陶渔：据《史记·五帝本纪》记，舜为帝前曾从事过种地、烧制陶器和捕鱼等各种劳动。

【译文】孟子说："子路，别人指出他的过错他很高兴；禹听到有益的话就向人拜谢。大舜比他们两个又更伟大，他愿与别人一起行善，能舍弃自己的不足，听从别人对的，乐于吸取别人的优点来行善。他从种田、制陶、打鱼一直到被推举为领袖，没有一项优点不是从别人那里吸取来的。吸取别人的优点来行善，就是与别人一起行善。所以，君子的所作所为没有比与别人一同行善更伟大了。"

3.9　孟子曰："伯夷，非其君不事，非其友不友；不立于恶人之朝，不与恶人言；立于恶人之朝，与恶人言，如以朝衣、朝冠坐于涂炭①。推恶恶②之心，思与乡人立，其冠不正，望望然③去之，若将浼④焉。是故诸侯虽有善其辞命而至者，不受也。不受也者，是亦不屑就已。柳下惠⑤不羞汙君，不卑小官；进不隐贤，必以其道；遗佚⑥而不怨，阨穷⑦而不悯。故曰：'尔为尔，我为我，虽袒裼裸裎⑧于我侧，尔焉能浼我哉？'故由由⑨然与之偕而不自失焉，援而止之⑩而止。援而止之而止者，是亦不屑去已。"

孟子曰："伯夷隘，柳下惠不恭。隘与不恭，君子不由也。"

【注释】①涂炭：涂，污泥；炭，炭灰。喻污秽不堪之地。　②恶（wù）恶（è）：厌恶。　③望望然：不高兴的样子。　④浼（měi）：污秽。　⑤柳下惠：姓展，名获，字禽，春秋时鲁国大夫，其封地在柳下，谥号"惠"。　⑥遗佚：被遗弃，不被重用。　⑦阨（ài）穷：为穷所困。　⑧袒裼（xī）裸裎（chéng）：袒裼，露臂；裸裎，露身。　⑨由由：自得的样子。　⑩援而止之：挽留。

【译文】孟子说："伯夷，不是他认可的君主不事奉，不是他认可的朋友不结交；不在恶人的朝廷里做官，不与恶人讲话；在恶人的朝廷里做官，与恶人讲话，（他认为）就像穿着礼服、戴着礼帽坐在污泥和炭灰上。把这种憎恶坏人的心思推广开去，他感到和一个乡下人站在一起，要是那人帽子没戴正，他便会愤然离去，就像自己会被玷污似的。所以，当时各国国君尽管用好言好语来聘他去做官，他却不接受。他之所以不接受，就是由于他（认为那些国君不干净而）不屑于接受。柳下惠却不以事奉肮脏的君主为耻，也不嫌弃做小官；进到朝廷不隐瞒自己的才干，但一定根据自己的原则办事；不被上面任用也无怨言，困于贫穷也不忧伤。所以他说：'你是你，我是我。哪怕你在我旁边赤身露体，你又怎能玷污我呢？'因此他怡然自得地与他人共处而不失常态，别人挽留他叫他留下，他便留下。他之所以被挽留就留下，就是由于他（认为自己能洁净自好而）不屑于离去。"

孟子说："伯夷狭隘，柳下惠不够恭敬。狭隘和不恭敬，君子是不会这样的。"

公孙丑下

【评述】《公孙丑》下篇凡十四章，其中一半以上内容牵涉孟子在齐国最后一段时间的经历、言行，及离开齐国路上发生的事情。此外的记述，内容颇广，如讨论打赢战争的条件、接受别人馈赠的标准、做官的职责等。其间还穿插孟子两次外出，一是到滕国去吊丧，一是去鲁国葬母。

4.1　孟子曰：“天时不如地利，地利不如人和。三里之城，七里之郭①，环而攻之而不胜。夫环而攻之，必有得天时者矣；然而不胜者，是天时不如地利也。城非不高也，池非不深也，兵革非不坚利也，米粟非不多也；委而去之，是地利不如人和也。故曰：域民②不以封疆之界，固国③不以山谿之险，威天下不以兵革之利。得道者多助，失道者寡助。寡助之至，亲戚畔之；多助之至，天下顺之。以天下之所顺，攻亲戚之所畔，故君子有不战，战必胜矣。”

【注释】①郭：外城。　②域民：限制民众居住在一定的区域内。③固国：使国防坚固。

【译文】孟子说：“得天时不如得地利好，得地利又不如得人和好。譬如有座内城方圆三里、外城方圆七里的城邑，敌人包围攻打却无法取胜。既能围攻，

57

一定有得天时之处；可却无法取胜，这说明得天时不如得地利好。再譬如，有一座城邑，它的城墙不是不高，护城河不是不深，守城的武器装备不是不锐利坚固，粮食也不是不多，可是军民们弃城不守而逃，这说明得地利又不如得人和好。所以说，限制民众不必靠国家的疆界，巩固国防不必凭山河的险要，威服天下不必恃武器装备的锐利。拥有正义的人援助就多，失掉正义的人援助便少。援助少到极点时，连自己的亲戚也会背叛他；援助多到极点时，整个天下的人都顺从他。让天下都顺从他的人，去攻打连亲戚也背叛他的人，所以那些圣君不用战争，若要战争就一定取胜。"

4.2 孟子将朝王，王使人来曰："寡人如①就见者也，有寒疾，不可以风；朝将视朝②，不识可使寡人得见乎？"

对曰："不幸而有疾，不能造朝。"

明日，出吊于东郭氏③。公孙丑曰："昔者辞以疾，今日吊，或者不可乎？"

曰："昔者疾，今日愈，如之何不吊？"

王使人问疾，医来。孟仲子④对曰："昔者有王命，有采薪之忧，不能造朝。今病小愈，趋造于朝，我不识能至否乎⑤？"使数人要⑥于路，曰："请必无归，而造于朝。"

不得已而之景丑氏⑦宿焉。景子曰："内则父子，外则君臣，人之大伦也。父子主恩，君臣主敬。丑见王之敬子也，未见所以敬王也。"

曰："恶，是何言也！齐人无以仁义与王言者，岂以仁义为不美也？其心曰，'是何足与言仁义也'云尔，则不敬莫大乎是⑧。我非尧舜之道不敢以陈于王前，故齐人莫如我敬王也。"

景子曰："否，非此之谓也。《礼》曰：'父召，无诺；君命召，不俟驾⑨。'固将朝也，闻王命而遂不果，宜与夫礼若不相似然。"

曰："岂谓是与？曾子曰：'晋、楚之富，不可及也。彼以其富，我以吾仁；彼以其爵，我以吾义，吾何慊乎哉！'夫岂不义而曾子言之？是或一道也。天下有达尊⑩三：爵一，齿一，德一。朝廷莫如爵，乡党莫如齿，辅世长民莫如德。恶得有其一以慢其二哉！故将大有为之君，必有所不召之臣，欲有谋焉则就之。其尊德乐道，不如是，不足与有为也。故汤之于伊尹，学焉而后臣之，故不劳而王；桓公之于管仲，学焉而后臣之，故不劳而霸。今天下地丑⑪德齐，莫能相尚⑫。无他，好臣其所教，而不好臣其所受教。汤之于伊尹，桓公之于管仲，则不敢召。管仲且犹不可召，而况不为管仲者乎！"

【注释】①如：将。　②朝将视朝：前一个朝，指孟子去朝见，读（zhāo）；后一个朝，指齐宣王将上朝堂视事，读（cháo）。③东郭氏：齐国姓东郭的某位大夫。　④孟仲子：孟子的堂兄弟，学于孟子。　⑤采薪之忧：本指有病不能上山打柴，当时士大夫交往中用来代疾病的谦词。　⑥要（yāo）：拦阻。　⑦景丑氏：齐大夫景丑。⑧莫大乎是：没有比这更严重。　⑨诺：应答；驾：马车。　⑩达尊：最受尊重的事。　⑪地丑：丑，类似。地丑，意即土地的大小类似，德教的好坏差不多。　⑫莫能相尚：不能超过。

【译文】孟子正打算去朝见齐王，却碰上齐王派人来传话说："我本应该来看望你的，但得了感冒，不能吹风；如果你来朝见，我便临朝听政，不知道能让我见到你吗？"

孟子答道："我也不幸得了点病，不能上朝堂来。"

第二天，孟子到齐国大夫东郭氏家去吊丧。公孙丑说："昨天刚托病不去朝见，今天却去吊丧，也许不大合适吧？"

孟子答道："昨天有病，今天病好了，怎么不能去吊丧呢？"

齐王派人来询问病情，医生也来了。孟仲子只能应付说："昨天王命召见，恰好先生病了，不能上朝。今天病稍好了点，已上朝去了，我不知道他能否到达朝中？"于是派了几个人到路上拦住孟子说："请您一定别回家，上朝去一趟吧！"

（孟子）没办法，只得到景丑氏家借住一宿。景丑说："在家有父子，在外有君臣，这是最重大的人与人关系。父子之间以慈爱为主，君臣之间以尊敬为主，我只看到齐王对你的尊敬，却没有看到你怎样尊敬齐王。"

孟子说："哎！这是什么话！齐国人没有一个拿仁义之道去跟齐王谈论的，难道真认为仁义不好吗？他们只是心里在想：'他哪里配得上谈仁义之道呢？'没有比这种态度更不尊敬齐王了。而我，不是尧舜之道不敢在齐王前面陈述，所以齐国人中没有比我更尊敬齐王的了。"

景丑说："不，我说的不是这个。《礼》书中说：'父亲召唤不等答应便立即起身；君命召唤，不等套好马车立即动身。'你本来准备上朝，听到齐王传唤反而不去了，似乎与礼不相合吧。"

孟子说："原来你说的是这个呀？曾子说过：'晋国和楚国的富有，是我们无法比的。但他们仗的是财富，我仗的是仁；他们仗的是爵位，我仗的是义，我又有什么可遗憾的呢！'这话如果不合义，曾子会这么说吗？这也许是有道理的。天下有三个东西是为人们所普遍尊敬的：爵位是一个，年龄是一个，德行是一个。朝廷上没有比爵位更重的，乡里没有比年龄更重的，辅佐君王统治百姓没有比德行更重的。怎能仗着自己有爵位就轻视怠慢其他二项呢！因此，将要大有作为的君主，一定有他不敢召唤的臣子，要是有重大国事须商议，就亲自去请教。国君重视德行、乐行仁政，如果不是这样，就不足以与他有所作为。所以，商汤对于伊尹，先向他学习，然后用他为臣，因此能不费辛劳就称王天下；桓公对于管仲，也先向他学习，然后再用他为臣，因此能不费辛劳就称霸天下。现在天下的大国，土地大小差不多，国君的德行也不相上下，谁也超不过谁。没有别的原因，就是因为他们喜欢用听从自己的人为臣，而不喜欢用能够教导他的人为臣。商汤对于伊尹，齐桓公对于管仲，就不敢召唤，管仲这样的人都不可以召唤，更何况不屑做管仲的人呢！"

4.3　陈臻①问曰："前日于齐，王馈兼金一百②而不受；于宋，馈七十镒而受；于薛③，馈五十镒而受。前日之不受是，则今日之受非也；今日之受是，则前日之不受非也。夫子必居一于此矣。"

孟子曰："皆是也。当在宋也，予将有远行，行者必以赆④；辞曰'馈赆'。予何为不受？当在薛也，予有戒心⑤；辞曰'闻戒，故为兵馈之。'予何为不受？若于齐，则未有处也，无处而馈之，是货之也。焉有君子而可以货取乎？"

【注释】①陈臻：孟子弟子。　②王馈兼金一百：馈，赠送；兼金，好金，其价比一般金高出一倍；一百，百镒（yì）。古时以一镒一金。镒等于二十两；又古代所说的金，多指铜，非今之黄金。　③薛：是齐国靖郭君田婴封邑，不是春秋的薛国。　④赆（jìn）：临别时赠送的财物。　⑤戒心：据说当时有人想暗害孟子，孟子为防不测，所以做了必要的戒备。

【译文】陈臻问道："前些日子在齐国，齐王赠送给您上等金一百镒您不肯接受。后来在宋国，宋君赠七十镒金您却接受了；在薛地，薛君赠五十镒金您也接受了。如果前些日子不接受是对的，那现今接受就不对了；如果现今接受是对的，那前些日子不接受就不对了。先生在两种做法中，一定有一个是错的。"

孟子说："都是对的。当在宋国时，我将要出门旅行，对出门旅行的人一定要送点盘缠，宋君当时说是送盘缠，我为什么不接受呢？而当在薛地时，我得有所戒备，薛君当时听我说要做戒备（以防人暗算），因此送点钱给我购置武器，我又为什么不接受呢？至于在齐国，就没有说明什么用途，不说明用途却要送钱给我，这是想收买我。哪有君子可以用钱财收买的呢？"

4.4 孟子之平陆①，谓其大夫②曰："子之持戟之士，一日而三失伍③，则去之否乎？"

曰："不待三。"

"然则子之失伍也亦多矣。凶年饥岁，子之民，老羸转于沟壑，壮者散而之四方者，几千人矣。"

曰："此非距心之所得为也。"

曰："今有受人之牛羊而为之牧之者，则必为之求牧与刍④矣。求牧与刍而不得，则反诸其人乎？抑亦立而视其死与？"

曰："此则距心之罪也。"

他日，见于王曰："王之为都者⑤，臣知五人焉。知其罪者，惟孔距心。"为王诵之⑥。

王曰："此则寡人之罪也。"

【注释】①平陆：齐国边境县邑名。　②大夫：指平陆的最高行政长官，即下文中的孔距心。　③持戟之士：即战士；失伍：擅自离开队伍。　④牧：牧地；刍：草料。　⑤为都者：治理都邑的官吏。　⑥为王诵之：诵，复述。

【译文】孟子到平陆，对那里的地方官孔距心说："你手下的战士，如果一天之内三次擅离职守，是不是要将他开除呢？"

地方官说："不必等待三次才开除他。"

孟子紧接上去说："可是，你失职的地方也有不少，在饥荒的年岁里，你治下的老百姓们，老弱病残辗转抛尸于山沟中的，体力较强些的青壮年散走四方的，几乎近千人了。"

地方官说："这不是我孔距心力所能办到的事。"

孟子说："现在假如有个人接受了替人牧放牛羊的任务，他就一定要替人家找到牧地和草料。万一找不到牧地和草料，那么，是把牛羊送还给人家呢，还是站在那里眼看着牛羊死去呢？"

地方官说："这就是我孔距心的罪过了。"

过了些时日，孟子朝见齐王，说："大王的地方长官，我结识了五个，其中能认识自己失职罪过的，只有孔距心一人。"于是把自己与孔距心的谈话对齐王复述了一遍。

齐王听后说："这也是我的罪过。"

4.5　孟子谓蚳鼃[1]曰："子之辞灵丘而请士师，似也[2]，为其可以言也。今既数月矣，未可以言与？"

蚳鼃谏于王而不用，致为臣[3]而去。

齐人曰："所以为蚳鼃则善矣；所以自为，则吾不知也。"

公都子[4]以告。

曰："吾闻之也，有官守者，不得其职则去，有言责者，不得其言则去。我无官守，我无言责也，则吾进退，岂不绰绰然有余裕哉？"

【注释】①蚳鼃（chí wā）：齐国大夫。　②辞灵丘而请士师：辞去灵丘邑的官职去做治狱官；似也：是说所做的事近似有理。③致为臣：辞职引退。　④公都子：孟子弟子。

【译文】孟子对蚔鼃说："你辞掉灵丘的官职，请求去做治狱官，这事做得似乎有道理，因为治狱官可以向君上进言。现在你当治狱官已经几个月了，还不可以进言么?"

蚔鼃向齐王进了言却没有被采纳，便辞职离去了。

齐国有人议论此事道："(孟子)替蚔鼃打算是好的，可为自己打算得怎样，我就不知道了。"

公都子把这些话告诉了孟子。

孟子说："我听说过:有官职的人，不能覆行他的职责，可以辞职不干;有进言责任的人，进了言上边不采纳，也可以辞职不干。我既没有官职，也没有进言的责任，那我的出处进退，难道不是宽宽绰绰、有很大的余地吗?"

4.6 孟子为卿于齐，出吊于滕①，王使盖大夫王驩为辅行②。王驩朝暮见，反齐滕之路，未尝与之言行事也。

公孙丑曰："齐卿之位，不为小矣;齐滕之路，不为近矣，反之而未尝与言行事，何也?"

曰："夫既或治之，予何言哉?"

【注释】①出吊于滕:滕文公去世，齐王派作为客卿的孟子吊丧。
②王驩(huān):齐王的宠臣，当时为盖(gě)邑大夫;辅行，即副使。

【译文】孟子在齐国为卿，奉命出使滕国去吊丧，齐王还派盖邑的大夫王驩做副使。王驩早晚同孟子在一块，但在往返于齐滕的路上，孟子却从未和他讨论过公事。

公孙丑问道："齐国国卿的职位，不算小了;从齐到滕的路程，也不算近了；来回一整趟您却从不曾和（王驩）讨论过公事，这是什么缘故？"

孟子说："他既然已独断专行，我还说什么呢？"

4.7 孟子自齐葬于鲁，反于齐，止于嬴①。

充虞②请曰："前日不知虞之不肖，使虞敦匠事③。严④，虞不敢请。今愿窃有请也：木若以美然⑤。"

曰："古者棺椁无度，中古棺七寸，椁称之⑥。自天子达于庶人，非直为观美也，然后尽于人心。不得⑦，不可以为悦；无财，不可以为悦。得之为有财⑧，古之人皆用之，吾何为独不然？且比化者无使土亲肤⑨，于人心独无恔⑩乎？吾闻之也，君子不以天下俭其亲。"

【注释】①孟子自齐葬于鲁：孟子在齐国为官，母亲去世，归葬于鲁；嬴：齐国南面的一个都邑。 ②充虞：孟子弟子。 ③不肖（xiào）：不贤、不中用，这是充虞自谦之词；敦：督办；匠：指木工。 ④严：急、无暇。 ⑤木：棺木；以：太。 ⑥棺：内棺；椁：外棺；度：厚薄尺寸；中古：赵岐注为"周公制礼以来"，清儒孔广森认为当在周公之前；称：相称。 ⑦不得：法制规定不得当。 ⑧得之为有财：意为法制规定得当且又有钱办得起；其中"为"字，王念孙认为作"与"。 ⑨比：为；化者：死者。 ⑩恔（xiào）：快意。

【译文】孟子从齐国将母亲归葬到鲁国后，重返齐国，在嬴邑停留。

充虞请问道："前些日子蒙您不嫌我能力差，让我督办棺木。当时事忙，不敢请示。现在我想私下请教一下：棺木似乎过于华美了点。"

孟子说："古时棺椁的尺寸没有什么规定，中古以来规定内棺厚七寸，外棺的厚薄与之相称。上起天子，下到百姓，（讲究棺椁）不仅是为了好看，而是要这样然后算尽了人子的孝心。受礼法限制，不得用好棺木，当然不称心；限于财力，不能用好棺木，同样也难以称心。只要礼法允许而财力又能办到，古人都会用好棺木，我为什么独独不能这样做呢？而且为了让死者的遗体不接触泥土，人子之心难道就不欣慰吗？我听说过：君子绝不因为要为天下人节俭而在自己父母身上省钱。"

4.8 沈同^①以其私问曰："燕可伐与？"

孟子曰："可。子哙不得与人燕，子之不得受燕于子哙^②。有仕^③于此而子悦之，不告于王而私与之吾子之禄爵；夫士也，亦无王命而私受之于子，则可乎？何以异于是？"

齐人伐燕。

或问曰："劝其伐燕，有诸？"

曰："未也。沈同问'燕可伐与'，吾应之曰'可'，彼然而伐之也。彼如曰：'孰可以伐之？'则将应之曰：'为天吏^④，则可以伐之。'今有杀人者，或问之曰：'人可杀与？'则将应之曰'可'。彼如曰：'孰可以杀之？'则将应之曰：'为士师，则可以杀之。'今以燕伐燕^⑤，何为劝之哉？"

【注释】①沈同：齐国大臣。 ②子哙、子之：参见《梁惠王下》第十章"评述"。 ③仕：通"士"。 ④天吏：参见《公孙丑上》第五章，这里可指得天意的王者。 ⑤以燕伐燕：意指与燕国一样无道的齐国去伐燕国，就如同以燕伐燕。

【译文】沈同以他个人的身份问孟子道："燕国可以讨伐吗？"

孟子说："可以。子哙不能擅自把燕国交给他人，子之也不能擅自从子哙那里接受燕国。假如有个人你对他有好感，不向国君报告，便把自己的俸禄和官爵都私自让给他；而那个人呢，也没有得到国君的任命，便从你那里私自接受了，这样做行吗？（燕国的事）与这又有什么不同呢？"

齐人出兵讨伐燕国。

有人问孟子道："听说你曾劝齐国讨伐燕国，有这事吗？"

孟子说："没有。沈同问'燕国可以讨伐吗？'，我回答他说'可以'，他们就这样去打燕国了。他如果进一步问：'谁可以去讨伐燕国？'那我就会说：'只有上得天意的王者才可以去讨伐它。'假如现在有个杀人的人，有人问：'这个杀人犯可以杀吗？'那我会说'可以。'他如果再问：'谁可以杀他呢？'那我将回答道：'做治狱官的，就可以杀他。'现在以一个与燕国一样无道的国家去讨伐燕国，我为什么要劝他们呢？"

4.9　燕人畔①。王曰："吾甚惭于孟子。"

陈贾②曰："王无患焉。王自以为与周公孰仁且智？"

曰："恶！是何言也！"

曰："周公使管叔监殷，管叔以殷畔③。知而使之，是不仁也；不知而使之，是不智也。仁智，周公未之尽也，而况于王乎？贾请见而解之。"

见孟子，问曰："周公何人也？"

曰："古圣人也。"

曰："使管叔监殷，管叔以殷畔也，有诸？"

曰："然。"

曰："周公知其将畔而使之与？"

曰："不知也。"

"然则圣人且有过与？"

曰："周公，弟也；管叔，兄也。周公之过，不亦宜乎？且古之君子④，过则改之；今之君子，过则顺之。古之君子，其过也，如日月之食，民皆见之；及其更也，民皆仰之。今之君子，岂徒顺之，又从为之辞。"

【注释】①畔：同"叛"。　②陈贾：齐大夫。　③管叔：周武王之弟，周公之兄；使管叔监殷，管叔以殷畔：武王战胜商纣后，封纣子武庚为诸侯，派管叔、蔡叔监督武庚。武王死，成王年幼，周公代行国政，管叔和武庚反叛周朝，周公出兵讨伐并诛杀了他们（事可参见《史记·管蔡世家》）。　④此段话中的"君子"一词，有身居高位者之意。

【译文】燕国人背叛齐国。齐王说："我对孟子感到很惭愧。"

陈贾说："大王别难过。您觉得自己与周公比哪个更仁爱而又聪明呢？"

齐王说："哎！你这是什么话！"

陈贾说："周公派管叔去监督殷国，管叔却领着殷人起来反叛。如果周公知道管叔会叛乱却要派他去，这就是不仁了；如果不知道而派他去，这便是他的不智了。仁和智，连周公都没能完全做到，何况大王呢？请让我去见孟子作些解释。"

陈贾来见孟子，问道："周公是怎样的人？"

孟子说："是古代的圣人。"

陈贾说："他派管叔监督殷国，管叔率领殷人反叛，有这件事吗？"

孟子说："不错。"

陈贾说："周公是预先知道他将会反叛却仍派他去的吗？"

孟子说："并不知道。"

陈贾又问："那么说，圣人也会有过错？"

孟子答道："周公是弟弟，管叔是哥哥，周公的过错，不也是合乎情理的吗？况且，古代身居高位的君子，有过就改；现在身居高位的君子，明知错了，还将错就错。古代身居高位的君子，他们的过错，像日食月食一样，百姓都看得到，当他们改正错误时，百姓都仰望着他们。现在身居高位的君子，非但将错就错，而且还千方百计找借口来为自己的错误作辩护。"

4.10　孟子致为臣①而归。王就见孟子，曰："前日愿见而不可得，得侍同朝，甚喜②。今又弃寡人而归，不识可以继此而得见乎？"

对曰："不敢请耳，固所愿也。"

他日，王谓时子③曰："我欲中国而授孟子室，养弟子以万钟，使诸大夫国人皆有所矜式，子盍为我言之④！"

时子因陈子⑤而以告孟子，陈子以时子之言告孟子。

孟子曰："然。夫时子恶知其不可也？如使予欲富，辞十万⑥而受万，是为欲富乎？季孙曰：'异哉子叔疑⑦！使己为政，不用，则亦已矣，又使其子弟为卿。人亦孰不欲富贵，而独于富贵之中有私龙断焉⑧。'古之为市也，以其所有易其所无者，有司者治之耳。有贱丈夫⑨焉，必求龙断而登之，以左右望，而罔市利。人皆以为贱，故从而征⑩之。征商自此贱丈夫始矣。"

【注释】①致为臣：辞去官职。　②前日：指孟子未到齐国时；得侍同朝：齐王的谦词，指与孟子得为君臣，同朝共处。　③时子：齐臣。　④中国：国都之中；万钟：六万四千石；矜式：效法；盍(hé)：何不。　⑤陈子：孟子弟子陈臻。　⑥十万：是个约数，指孟子在齐为官的俸禄总数。　⑦季孙、子叔疑：赵岐注为孟子弟子，朱熹注曰："不知何时人。"　⑧龙断：龙同垄。一作陇，垄断，指平地耸立突出而又四面隔绝的土丘；作动词用，有网罗市利之意。　⑨丈夫：成年男子；贱丈夫，低贱、受人鄙视的男子。　⑩征：征税。

【译文】孟子辞去官职准备返回故乡。齐王登门去见孟子，说："以前我希望见到你都不可能，后来有幸能和你同朝共事，我很高兴。现在你又将抛下我而要回故乡去了，不知以后我们还能相见吗？"

孟子答道："我只是不敢提出这样的要求罢了，其实这本是我很希望的。"

另一天，齐王对时子说："我想在国都的中心地区送幢房子给孟子，用万钟粟米来养活他的弟子们，使我国的官员和百姓都有所效法。你何不替我向孟子说说！"

时子托陈臻转告孟子，陈臻将时子的话告诉了孟子。

孟子说："哦，那位时子又哪里知道这种事情做不得呢？假如我想发财，辞去十万钟粟米的官俸却去接受这万钟的赐予，这是想发财吗？季孙说过：'子叔疑这人真奇怪！自己去做官，别人不用，也就罢了，还让他的儿子、兄弟去做国卿。谁不想做官发财，而他却独独想把做官发财私下垄断起来。'古代的集市贸易，人们都是把自己有的东西，去交换自己没有的东西，有关部门对此加以管理罢了。有个低贱的男人，一定要找个唯一突出的高丘登上去，以便四面张望，把集市上贸易的赢利都网罗过来。人们都觉得此人卑鄙下贱，因此便对他征税。向商人征税，就是从这个卑鄙低贱的男人开始的。"

4.11　孟子去齐，宿于昼①。有欲为王留行者，坐而言②。不应，隐几而卧。

客不悦曰："弟子齐宿③而后敢言，夫子卧而不听，请勿复敢见矣。"

曰："坐！我明语子。昔者鲁缪公无人乎子思之侧，则不能安子思④；泄柳、申详⑤无人乎缪公之侧，则不能安其身。子为长者虑，而不及子思。子绝长者乎？长者绝子乎？"

【注释】①昼：齐国西南近邑。　②坐而言：这里的"坐"字与下面"坐，我明语子"中的"坐"字不同。古人席地而坐有两种坐法：一是跪坐，又叫危坐，即两膝着地，腰和大腿伸直；一是安坐，即两膝着地，屁股贴着脚后跟；后者是比较舒适的一种坐。这里"坐而言"是跪坐，下面"坐，我明语子"是安坐。　③齐宿：齐同斋，齐宿即先一日斋戒，以示严肃恭敬。　④鲁缪公："缪"同"穆"，名显，在位三十三年；子思：孔子孙，名伋；朱熹注此句："缪公尊礼子思，常使人候伺，道达诚意于其侧，乃能安而留之也。"　⑤泄柳：即《告子下》第六章中的子柳，鲁缪公时贤人；申详：孔子弟子子张的儿子，子游的女婿。

【译文】孟子离开齐国，在昼邑住宿。有个来想替齐王挽留孟子的人，恭坐着劝说孟子。孟子不加理会，靠在小桌子上打盹。

那人不高兴地说："学生先一天斋戒存敬然后才敢前来进言。先生却睡而不听，这我就不再敢求见您了。"

孟子说："坐下！我明白地告诉你。从前，鲁缪公如果没有人留在子思身边，就不能够使子思安心；泄柳和申详如果没有人在鲁缪公身边，他们也就不能安下身来。你为我这个长辈打算，还及不上鲁缪公对待子思。是你与长辈决绝呢，还是我这个长辈与你决绝呢？"

4.12　孟子去齐。尹士①语人曰："不识王之不可以为汤、武，则是不明也；识其不可，然且至，则是干泽②也。千里而见王，不遇故去，三宿而出昼，是何濡滞也？士则兹不悦③。"

高子④以告。

曰:"夫尹士恶知予哉?千里而见王,是予所欲也;不遇故去,岂予所欲哉?予不得已也。予三宿而后出昼,于予心犹以为速,王庶几改之!王如改诸,则必反予。夫出昼而王不予追也,予然后浩然有归志。予虽然,岂舍王哉?王由足用为善⑤。王如用予,则岂徒齐民安,天下之民举安。王庶几改之,予日望之!予岂若是小丈夫然哉?谏于其君而不受则怒,悻悻然见于其面,去则穷日之力而后宿哉?"

尹士闻之,曰:"士诚小人也。"

【注释】①尹士:齐国人。 ②干泽:干,求;泽,禄。 ③兹不悦:倒装句,即不悦此。 ④高子:齐国人,孟子弟子。 ⑤王由足用为善:"由"同"犹";"足用",足以;此句意为齐王还不算太坏,足以做点好事。

【译文】孟子离开了齐国。尹士对别人说:"不知道齐王成不了商汤、周武那样的圣君,那是(孟子)缺乏眼力;知道他不行,可还是要来,那就是(孟子)贪图富贵。不远千里来见齐王,不相融洽而离去,却在昼邑留宿三夜才走,为什么这样慢腾腾的呢?我就对这一点不高兴。"

高子把这些话告诉了孟子。

孟子说:"那个尹士又哪里了解我呢?不远千里来见齐王,这是我的愿望;不相融洽而离去,难道是我的愿望吗?我是不得已啊。我在昼邑留宿三夜才走,从我内心来说还认为快了点,(当时我想,)齐王也许会改变态度吧!齐王如果改变了态度,就一定会把我召回去。我走出昼邑而齐王不来追我回去,然后我才有了难以抑止的回乡念头。我尽管如此,难道愿意舍弃齐王吗?齐王还是可以办好政事的。齐王如果用我,何止是齐国百姓能得到安居乐业,天下的百姓都能得到安居乐业。齐王也许会改变态度,我天天盼望他能如此!我难道会像那种心地狭窄的小人一样吗？向他的国君进谏没被采纳就大发脾气，怒容满面，一旦离开就竭尽全力走上一天才住宿吗？"

尹士听到这些话后，说："我真是个小人。"

4.13 孟子去齐，充虞路问曰："夫子若有不豫色然。前日虞闻诸夫子曰：'君子不怨天，不尤人。'"

曰："彼一时，此一时也。五百年必有王者兴，其间必有名世者①。由周而来，七百有余岁矣。以其数，则过矣；以其时考之，则可矣。夫天未欲平治天下也；如欲平治天下，当今之世，舍我其谁也？吾何为不豫哉？"

【注释】①名世者：赵岐注为"次圣之才"；朱熹注为"其人德业闻望可名于一世者"。

【译文】孟子离开齐国，充虞在路上问道："先生好像有点不愉快的样子。以前我听先生说过：'一个有道德修养的人是不埋怨天、不责怪人的。'"

孟子说："那时是那时，现在是现在。每五百年一定会有称王天下的人兴起，其间一定有以才德闻名于时的人出现。从周朝开国以来，已有七百多年了。论年数，已超过了（五百年）；以时势来考察，该有圣贤出现了。上天大概还不想让天下太平和治理；要是想使天下太平和治理，那当今世上，除了我还有谁（能担当这重任）呢？我为什么不愉快呢？"

4.14 孟子去齐，居休①。公孙丑问曰："仕而不受禄，古之道乎？"

曰："非也。于崇②，吾得见王，退而有去志，不欲变，故不受也。继而有师命③，不可以请。久于齐，非我志也。"

【注释】①休：地名，在今山东滕县北，离孟子家已不远。　②崇：齐国地名。　③师命：师旅之命，即作战的命令。

【译文】孟子离开齐国，在休地住下。公孙丑问道："做官却不受俸禄，这是古代的规范吗？"

孟子说："不是的。在崇地时，我见到了齐王，回来后便有了离开的念头，我不想改变这种念头，所以不受俸禄。接着齐国发生战事，不能请求离去。长久留在齐国，并不是我的意愿。"

滕文公上

【评述】本篇内容涉及孟子在宋、滕等国游历时的一些对话和辩论。孟子对农家、墨家、杨朱、纵横家等的批判，多集中于本篇。

本篇上篇凡五章，基本上是孟子对滕世子、后来的滕文公的游说，以及孟子在滕国的一些遭遇。其中包括孟子对滕世子言性善、劝行尧舜治国之道，教世子行儒家丧礼，谈"王道仁政"具体构想及井田制度等。在滕遇到农家代表许行的弟子陈相，孟子与之展开辩论。卒章则是对墨家学者夷之思想的一些批判。

5.1 滕文公为世子①，将之楚，过宋而见孟子。孟子道性善，言必称尧舜。

世子自楚反，复见孟子。孟子曰："世子疑吾言乎？夫道一而已矣。成覸②谓齐景公曰：'彼丈夫也，我丈夫也，吾何畏彼哉？'颜渊曰：'舜何人也，予何人也，有为者亦若是。'公明仪③曰：'文王我师也；周公岂欺我哉？'今滕，绝长补短④，将五十里也，犹可以为善国。《书》⑤曰：'若药不瞑眩，厥疾不瘳⑥。'"

【注释】①世子：天子或诸侯的嫡长子。 ②成覸（jiàn）：齐景公时的勇臣。 ③公明仪：曾子弟子。 ④绝长补短：当时丈量土地时的常用语。　⑤《书》：指《商书·说命篇》，但今本为东晋梅赜所上伪古文《尚书》；按：此两句见于《国语·楚语》引武丁所之书，学者疑为梅氏取之于此。　⑥瞑眩（miàn xuàn）：头晕目眩；瘳（chōu）：痊愈。

【译文】滕文公在做世子时，将要去楚国，路过宋国，去看望孟子。孟子讲了人性本善的观点，言谈之中不离尧舜。

世子从楚国回来，又去见了孟子。孟子说："世子怀疑我的话吗？真理只有一个罢了。成覸曾对齐景公说：'他是男子汉大丈夫，我也是男子汉大丈夫，我干吗要怕他呢？'颜渊说过：'舜是什么样的人，我也是什么样的人，有作为的人也像他一个样子。'公明仪曾说：'文王是我的老师，周公难道会骗我吗？'现在的滕国，把土地截长补短（进行丈量），将近有五十里见方，还是能治理成一个好国家。《尚书》中说：'如果药服了后不使人头晕目眩的话，那病是不会痊愈的。'"

5.2　滕定公薨①，世子谓然友②曰："昔者孟子尝与我言于宋，于心终不忘。今也不幸至于大故，吾欲使子问于孟子，然后行事。"

然友之邹问于孟子。

孟子曰："不亦善乎！亲丧，固所自尽③也。曾子曰：'生，事之以礼；死，葬之以礼，祭之以礼，可谓孝矣。'诸侯之礼，吾未之学也。虽然，吾尝闻之矣：三年之丧，齐疏之服，飦粥之食④，自天子达于庶人，三代共之。"

然友反命，定为三年之丧。父兄百官皆不欲，曰："吾宗国⑤鲁先君莫之行，吾先君亦莫之行也，至于子之身而反之，不可。且《志》曰⑥：'丧祭从先祖。'曰：'吾有所受之也。'"

谓然友曰："吾他日未尝学问，好驰马试剑。今也父兄百官不我足也，恐其不能尽于大事，子为我问孟子。"

然友复之邹问于孟子。

孟子曰："然，不可以他求者也。孔子曰：'君薨，听于冢宰⑦。'歠粥，面深墨⑧，即位而哭，百官有司莫敢不哀，先之也。上有好者，下必有甚焉者矣。君子之德，风也；小人之德，草也。草尚⑨之风，必偃。是在世子。"

然友反命。

世子曰："然，是诚在我。"

五月居庐⑩，未有命戒。百官族人可，谓曰知。及至葬，四方来观之，颜色之戚，哭泣之哀，吊者大悦。

【注释】 ①滕定公：滕文公之父；薨（hōng）：周朝时，天子死曰崩，诸侯死曰薨。　②然友：世子的师傅。　③自尽：竭尽自己的心力。　④三年之丧：子女为父母、臣下为君子的守丧期；齐（zī）疏之服：用粗麻布缝制成的丧服；飦（zhān）粥之食：稀饭薄粥之类食品。　⑤宗国：滕、鲁都是文王的后代所封之国，鲁的祖先周公为长，兄弟宗之，故滕称鲁为宗国。　⑥《志》曰：志，记的意思，这里指国家史官掌管的记事之书。　⑦冢宰：六卿之长。　⑧歠（chuò）：喝，饮；深墨：深黑色，指丧居内心哀痛，面不洗，忧形于色。　⑨尚：通"上"，一说为"加也"，亦可通。　⑩五月居庐：古礼，诸侯死后五个月葬。未葬之前，孝子应住在庐中。

【译文】 滕定公去世了，世子对师傅然友说："前些时候孟子在宋国曾与我交谈过，我心里始终不能忘记。现在不幸遭遇到这样的大变故，我想派你去问问孟子，然后再举办丧事。"

然友到邹国去向孟子请教。

孟子说："这不是很好吗！父母的丧事，本来就应该竭尽自己的心力。曾子说过：'（父母）在世时，依礼去奉侍；去世时，依礼去安葬、去祭祀，这可说是尽孝了。'有关诸侯的礼仪，我没有学习过。但我曾听说过：守丧期三年，穿缝了边的粗麻布丧服，喝稀粥，从天子到老百姓，夏、商、周三代都是一样的。"

然友回去复命，于是定为三年丧期。滕国的父老百官都不愿意，说："我们的宗国鲁国的历代国君都没有实行过，我们的历代国君也没有实行过，到你这里却要改变祖先的做法，这事不能做。何况《志》书里说过：'丧葬和祭祀要照祖先的成规办事。'这样就可说：'我们是上有所承的。'"

世子对然友说："我以前不曾学礼问仪，而喜欢跑马击剑；现在父老百官们都对我不满，恐怕这次丧事不能做到尽心竭力了，你再替我去问问孟子吧。"

然友又到邹国去向孟子请教。

孟子说："是呀，这事不能求之于别人的。孔子说过：'国君去世，（太子）将一切朝事委托首相去办理，喝稀粥，面色深黑，一临孝子之位便痛哭，大小官吏便没有敢不悲哀的，因为太子带了头。'在上位者有什么爱好，下面的人便一定会爱好得更厉害。君子的德，是风；小人的德，是草；风吹到草上，草一定会随风而倒。这事取决于世子。"

然友回去复命。

太子说："对，这事的确取决于我。"

于是世子住在丧庐里整整五个月，不曾发号施令。朝中百官和族中亲属都表示满意，说世子懂礼。等到下葬时，四方的人都来观礼，世子容颜的悲伤，哭泣的哀痛，使前来吊丧的客人都十分满意。

5.3 滕文公问为国。

孟子曰："民事不可缓也。《诗》云：'昼尔于茅，宵尔索绹，亟其乘屋，其始播百谷。'①民之为道也，有恒产者有恒心，无恒产者无恒心。苟无恒心，放辟邪侈，无不为已。及陷乎罪，然后从而刑之，是罔民也。焉有仁人在位，罔民而可为也？是故贤君必恭俭礼下，取于民有制。阳虎②曰：'为富不仁矣，为仁不富矣。'夏后氏五十而贡，殷人七十而助，周人百亩而彻，其实皆什一也③。彻者，彻也；助者，藉也④。龙子⑤曰：'治地莫善于助，莫不善于贡。'贡者，挍⑥数岁之中以为常。乐岁，粒米狼戾⑦，多取之而不为虐，则寡取之；凶年，粪其田而不足，则必取盈焉。为民父母，使民盻盻然⑧，将终岁勤动，不得以养其父母，又称贷而益之⑨，使老稚转乎沟壑，恶在其为民父母也？夫世禄，滕固行之矣。《诗》⑩云：'雨我公田，遂及我私。'惟助为有公田。由此观之，虽周亦助也。设为庠序学校以教之。庠者，养也；校者，教也；序者，射也。夏曰校，殷曰序，周曰庠，学则三代共之，皆所以明人伦也。人伦明于上，小民亲于下。有王者起，必来取法，是为王者师也。《诗》⑪云：'周虽旧邦，其命惟新。'文王之谓也。子力行之，亦以新子之国！"

使毕战问井地⑫。

孟子曰："子之君将行仁政，选择而使子，子必勉之！夫仁政必自经界⑬始。经界不正，井地不钧，谷禄不平。是故暴君汙吏必慢其经界。经界既正，分田制禄可坐而定也。夫滕，壤地褊小，将为君子焉，将为野人⑭焉；无君子，莫治野人；无野人，莫养君子。请野九一而助，国中什一使自赋。卿以下必有圭田⑮，圭田五十亩，余夫⑯二十五亩。死徙无出乡，乡田同井，出入相友，守望相助，疾病相扶持，则百姓亲睦。方里而井，井九百亩，其中为公田。八家皆私百亩，同养公田。公事毕，然后敢治私事，所以别野人也。此其大略也。若夫润泽之，则在君与子矣。"

【注释】①《诗》：指《豳风·七月》；昼尔于茅：白天去取茅草；索绹：搓绳；亟其乘屋：赶紧修缮房屋。 ②阳虎：鲁国季氏的家臣，与孔子同时，字货。 ③"夏后氏五十而贡"三句：是孟子假托古史来阐述自己的理想，事实恐怕不一定这样；什一：十分取一。 ④彻：赵岐注为"彻取"，即抽取；郑玄以为有"通"之意，即"为天下之通法"；藉：借，意为借民力耕种公田。 ⑤龙子：古贤人。 ⑥挍（jiào）：通校，计量，比较。 ⑦狼戾：狼藉。 ⑧盻盻然：勤苦不休息的样子。 ⑨称贷：借债；益：补足。 ⑩《诗》：指《小雅·大田》第三章。 ⑪《诗》：指《大雅·文王》第一章；命：天命。 ⑫毕战：滕国之臣；井地，井田。 ⑬经界：对土地丈量、分界。 ⑭为：有；君子：统治者；野人，百姓。 ⑮圭：洁白；圭田：以供祭祀的田叫圭田。 ⑯余夫：剩余劳动力。

【译文】滕文公询问治国的事情。

孟子说："与百姓有关的事是刻不容缓的。《诗经》上说：'白天赶紧割茅草，晚上要把绳索搓，快快修缮旧房舍，开春就把谷种播。'老百姓的一般规律是：有固定的产业就会有一贯向善的心思，没有固定的产业就不会有一贯向善的心思。假如没有一贯向善的心思，那歪门邪道，不守法纪，胡作非为，什么都干得出来。等到他们犯了罪，然后施加刑罚，这等于设下网罗陷害人民。哪有仁爱之君在位，可以干出陷害人民的事呢？所以贤明的君主务必恭谨俭朴，对臣下有礼，向百姓征收赋税有定制。阳虎曾说过：'要想发财就别讲仁爱，要讲仁爱就别想发财。'夏朝每家五十亩而行'贡'法，商朝每家七十亩而行'助'法，周朝每家一百亩而行'彻'法，实际征的税率都是十分抽一。彻是抽取的意思；助是借助的意思。龙子说：'管理土地没有比助法更好的，没有比贡法更不好的。'贡法就是计量、比较几年的收成而定出一个税收的定数。丰收之年，粮食到处抛撒，多征收一点也不算苛暴，却征得不多；凶年饥岁，田里的收获连购买来年的肥料都不够，却一定要征足这个定数。作为百姓父母的国君，而使百姓整年地辛勤劳动，结果却无法养活自己的父母，还得靠借贷来凑足纳税的数字，以致使老老小小弃尸于山沟荒野之中，哪里还算得上是百姓的父母呢？官员世代承袭田租收入的'世禄'制度，滕国早就实行了。《诗经》上说：'首先降雨到公田，然后再把私田泽。'只有实行助法才会有公田，从这篇《诗》来看，就是周朝，也是实行助法的。（百姓的生活问题基本解决后）要设立'庠''序''学''校'等来教育他们。'庠'是教养的意思，'校'是含有教导的意思，'序'是训导的意思。夏朝叫校，殷朝叫序，周朝叫庠。至于（大）学三代都叫'学'，（它们）都是用来向学生阐明并教导他们明白人与人之间的各种伦常关系的。在上位者明白人与人的伦常关系，小百姓们在下面自然也就亲密无间了。如有能称王天下的人兴起，一定会来学习仿效的，这样就成为了称王天下者老师了。《诗经》上说：'岐周虽是个古老之国，接受的天命却是常新的。'这是赞美文王的。你努力干下去，也可以使你的国家焕然一新。"

滕文公派毕战来询问井田制度。

孟子说："你的国君将要实行仁政，经过挑选择派你来问我，你要努力呀！要实行仁政，必须要从划分和理清田界开始。田界没有划分理清，井田的大小就不均衡，作为俸禄所分的谷物就不能做到公平。因此，那些暴君和贪吏总是要千方百计把正确的田界搞乱。田界如果划分理清了，分配田地给老百姓，制定俸禄，便可不费气力决定下来了。滕国国土狭窄，但也要有执政的君子，也要有种田的百姓。没有执政的君子，便不能治理种田的百姓；没有种田的百姓，便不能养活执政的君子。建议你们在郊野实行九分抽一的助法，在都城实行自行缴纳十分之一的赋税。国卿以下的官吏各一定要有供祭祀用的圭田，圭田为五十亩；剩余劳动力就每人另给田二十五亩。（这样，）埋葬或搬家都不用走出乡里，每个乡同耕一井之田，平日出入互相友爱，防守盗贼互助互帮，一家有病人大家照顾，那百姓间便真正友爱团结了。（办法是）每一里见方的土地为一个井田，一个井田共有九百亩，中间百亩是公田，八家各耕一百亩为私田，八家须共同耕种好公田；公田里的活完了，然后才敢去干私田的活，这样做就是为了使老百姓跟官吏有所区别。这只是井田制的大概情况；至于怎样做得更完善，更理想，那就得靠你的国君和你了。"

5.4 有为神农之言者许行①，自楚之滕，踵门而告文公曰："远方之人闻君行仁政，愿受一廛而为氓。"②

文公与之处。其徒数十人，皆衣褐，捆屦、织席以为食③。

陈良之徒陈相与其弟辛，负耒耜而自宋之滕④，曰："闻君行圣人之政，是亦圣人也，愿为圣人氓。"

陈相见许行而大悦，尽弃其学而学焉。

陈相见孟子，道许行之言曰："滕君则诚贤君也。虽然，未闻道也。贤者与民并耕而食，饔飧而治。今也滕有仓廪府库，则是厉民而以自养也，恶得贤⑤？"

孟子曰："许子必种粟而后食乎？"

曰："然。"

"许子必织布而后衣乎？"

曰："否。许子衣褐。"

"许子冠乎？"

曰："冠。"

"奚冠？"

曰："冠素。"

曰："自织之与？"

曰："否。以粟易之。"

曰："许子奚为不自织？"

曰："害于耕。"

曰："许子以釜甑爨、以铁耕乎⑥？"

曰："然。"

"自为之与？"

曰："否。以粟易之。"

"以粟易械器者，不为厉陶冶。陶冶亦以其械器易粟者，岂为厉农夫哉？且许子何不为陶冶，舍⑦皆取其宫中而用之？何为纷纷然与百工交易？何许子之不惮烦？"

曰："百工之事固不可耕且为也。"

"然则治天下独可耕且为与？有大人之事，有小人之事。且一人之身，而百工之所为备，如必自为而后用之，是率天下而路⑧也。故曰：或劳心，或劳力。劳心者治人，劳力者治于人；治于人者食人，治人者食于人，天下之通义也。当尧之时，天下犹未平，洪水横流，泛滥于天下，草木畅茂，禽兽繁殖，五谷不登，禽兽偪⑨人，兽蹄鸟迹之道交于中国。尧独忧之，举舜而敷治⑩焉。舜使益掌火，益烈山泽而焚之，禽兽逃匿。禹疏九河，瀹济、漯而注诸海，决汝、汉，排淮、泗而注之江⑪，然后中国可得而食也。当是时也，禹八年于外，三过其门而不入，虽欲耕，得乎？后稷教民稼穑，树艺五谷，五谷熟而民人育。人之有道也，饱食、煖衣、逸居而无教，则近于禽兽。圣人有忧之，使契为司徒，教以人伦：父子有亲，君臣有义，夫妇有别，长幼有序，朋友有信⑫。放勋曰⑬：'劳之来之，匡之直之，辅之翼之，使自得之，又从而振德之。'圣人之忧民如此，而暇耕乎？尧以不得舜为己忧，舜以不得禹、皋陶⑭为己忧。夫以百亩之不易⑮为己忧者，农夫也。分人以财谓之惠，教人以善谓之忠，为天下得人者谓之仁。是故以天下与人易，为天下得人难。孔子曰：'大哉尧之为君！惟天为大，惟尧则之，荡荡乎民无能名焉！君哉舜也！巍巍乎有天下而不与焉！'⑯尧舜之治天下，岂无所用其心哉？亦不用于耕耳。吾闻用夏变夷者，未闻变于夷者也。陈良，楚产也，悦周公、仲尼之道，北学于中国。北方之学者，未能或之先也。彼所谓豪杰之士也。子之兄弟事之数十年，师死而遂倍⑰之。昔者孔子没，三年之外，门人治任⑱将归，入揖于子贡，相向而哭，皆失声，然后归。子贡反，筑室于场，独居三年，然后归。他日，子夏、子张、子游以有若似圣人，欲以所事孔子事之，强曾子。曾子曰：'不可。江汉以濯之，秋阳以暴之，皓皓乎不可尚已。'今也南蛮鴃舌⑲之人，非先王之道，子倍子之师而学之，亦异于曾子矣。吾闻出于幽谷迁于乔木者，未闻下乔木而入于幽谷者。《鲁颂》曰：'戎狄是膺，荆舒是惩⑳。'周公且方膺之，子是之学，亦为不善变矣。"

"从许子之道，则市贾不贰，国中无伪，虽使五尺之童适市，莫之或欺。布帛长短同，则贾相若；麻缕丝絮轻重同，则贾相若；五谷多寡同，则贾相若；屦大小同，则贾相若。"

曰："夫物之不齐，物之情也。或相倍蓰，或相什百，或相千万㉑。子比而同之，是乱天下也。巨屦小屦同贾，人岂为之哉？从许子之道，相率而为伪者也，恶能治国家？"

【注释】①神农之言：神农是上古传说人物，一说即炎帝，相传他是中国农耕的发明者；神农之言：诸子百家中农家内部的一派，《汉书·艺文志》著录有《神农》二十篇，或为此派的典籍；许行，楚人，孟子同时代的农家代表人物，不见于他书记载。　②踵门：踵本指脚后跟，这里作动词，解作到、登，踵门即登门；廛：住所；氓：旧注作野民，即百姓。　③褐（hè）：粗麻织成的衣服；捆屦（kǔn jù）：编织麻、草鞋。　④陈良：楚国的儒者；耒耜（lěi sì）：古代的农具。

⑤饔飧（yōng sūn）：熟食，早餐叫饔，晚餐叫飧，这里是指自己弄饭吃；厉：损害。　⑥釜：金属炊具；甑（zèng）：陶土炊具；爨（cuàn）：烧火煮饭；铁：铁制农具。　⑦舍：同啥，什么。　⑧路：名词动用，奔走于道路，得不到休息之意。　⑨偪：古逼字。　⑩敷治：分治。　⑪益、禹：舜的臣子；九河：古代黄河下游的九条支流，名徒骇、太史、马颊、覆釜、胡苏、简、絜、钩盘、鬲津；瀹（yuè）：疏通；济、漯（tà）、汝、汉、淮、泗：均是水名。　⑫后稷：相传名弃，为周朝始祖，尧时掌管农事之职；契（xiè）：舜的臣子，商朝的祖先。　⑬放（fǎng）勋：尧之名；曰：清代考据学家认为当作"日"，因与"曰"字形近而误，可通；惟字误已久，译文仍用"曰"。　⑭皋陶（gāo yáo）：一作咎繇，传说是虞舜时的司法官。　⑮易：治。

⑯孟子引孔子赞颂尧舜的话见于《论语·泰伯》，但有所去取。　⑰倍：同背。　⑱治任：收拾行李。　⑲鴃（jué）舌：鴃即伯劳鸟，鸣叫声难听，孟子以"鴃舌之人"喻许行这个南方人说话难听懂，其中含贬意。

⑳诗句引自《诗经·鲁颂·閟宫》；膺：攻打；荆：楚国；舒：附楚的邻近小国。　㉑蓰（xǐ）：五倍；什、伯、千、万：都是指倍数。

【译文】有位主张神农学说的人叫许行，从楚国来到滕国，登门求见，对滕文公说："我这个远方来的人听说您实行仁政，希望得到一个住所并做您的百姓。"

滕文公给了他住所。他的门徒有几十个，都穿着粗麻织成的衣服，靠编草鞋、织麻席谋生。

陈良的门徒陈相和他的弟弟陈辛，背着农具从宋国来到滕国，对滕文公说："听说您实行圣人的政治，那您也是圣人了，我们愿意做圣人的百姓。"

陈相见到许行十分高兴，全部抛弃他原来所学的东西而向许行学习。

陈相来见孟子，转述许行的话说："滕君确实是个贤明的国君。不过，他还不曾听到真正的道理。贤者应该跟百姓一起耕种获取口粮，自己做饭，兼理国事。现在滕国有粮仓财库，那是损害百姓来养活自己，这怎么算得上贤明呢？"

孟子说："许子一定自己种庄稼才吃饭吗？"

陈相说："是的。"

孟子说："许子一定自己织布才穿衣服吗？"

陈相说："不。许子穿粗麻编织的衣服。"

孟子说："许子戴帽子吗？"

陈相说："戴的。"

孟子说："戴什么帽子？"

陈相说："戴白绢帽子。"

孟子说："自己织的吗？"

陈相说："不，用粟米换来的。"

孟子说："许子为什么不自己织呢？"

陈相说："那会妨碍耕种。"

孟子说："许子用锅甑做饭、用铁器耕地吗？"

（陈相）说："是的。"

孟子说："是自己制作的吗？"

陈相说："不，用粟米换来的。"

孟子说："农夫用粟米换炊具和农具，不能算是损害陶工、铁匠；陶工、铁匠也用他们的炊具和农具换粟米，难道能说是损害了农夫吗？而且，许子为什么不自己做陶工、铁匠，什么东西都可储备在家中随时取用呢？为什么还要这样忙碌地与各种工匠去交换呢？为什么许子这样不怕麻烦？"

陈相说："各种工匠的活本来就不可能一边种地一边兼做的。"

孟子说："那么，治理天下的事难道独独可以一边种地一边兼做的吗？有官吏做的事情，有百姓做的事情。而且，一个人所需用的东西，各种工匠的制品都不可缺少，如果件件东西一定要自己制造的才去用，这是率领天下的人疲于奔命。所以说：有的人动脑筋，有的人卖力气，动脑筋的人统治别人，卖力气的人受别人统治；受人统治的人养活别人，统治人的人被别人养活，这是天下通行的法则。当尧在位时，天下还不安定，洪水横流，到处泛滥，草木生长茂盛，禽兽成群繁殖，谷物没有收成，禽兽危害人们，它们的足迹遍布中原各地。尧独自对此情况忧虑，选拔舜出来分别治理。舜派益掌管火政，益放火焚烧山野沼泽地带，禽兽四处奔逃躲避。禹疏通了九河，治理济水、漯水，让河水流入海中，开掘汝水、汉水，疏通淮水、泗水，把水导入江中，然后中原大地的民众才能种上庄稼有饭吃。在那个时候，禹在外面忙了八年，三次经过家门都没进去，即使他想亲自耕种，能做到吗？后稷教导百姓耕种收割，栽培谷物；谷物成熟了才能养育百姓。人有其生活规律，吃饱了、穿暖了、住得舒服了，要是没有教化，那也会与禽兽差不多。圣人又为此忧虑，便派契做掌管教育的司徒，教育人们懂得人与人之间相处的道德关系：父子之间要相亲相爱，君臣之间要有道义，夫妇之间要有内外之别，长幼之间要有尊卑次序，朋友之间要有诚信。尧说过：'要鼓励他们，纠正他们，帮助他们，使他们各得其所，又从而加以提携与施以恩德。'圣人这样为百姓思虑担忧，还有空余时间耕种吗？尧以得不到舜这样的人作为自己的忧虑，舜也以得不到禹和皋陶这样的人看作为自己的忧虑。而以一百亩农田没有种好作为自己的忧虑，那是农夫。把财物分给别人叫作惠，教导别人行善叫作忠，为天下民众求得人才叫作仁。所以，把天下让给别人容易，为天下民众求得人才难。孔子说：'尧作为君主真是伟大啊！只有天最伟大，只有尧能够效法天，对尧的广阔无边的圣德，百姓们简直找不到适当的词来形容它！舜也不愧为是个真正的君主！他拥有天下而不占有它，真是崇高伟大！'尧舜治理天下，难道不用他们的心思吗？只是不用在耕田上去罢了。我只听说以中土的文化习俗去影响改变边远落后民族的事，没听说过被边远落后民族影响改变的。陈良，原是生长在楚国的，因喜爱周公、孔子的学说，跑到北方来向中土学习。北方的学者，还没有能够超过他的。他真算得上个杰出的人物。你们兄弟向他学习了几十年，老师死了竟背叛他的学说。从前孔子去世，守丧三年已满，弟子们整理行李将要各自回去，进屋向子贡行礼告别，相对痛哭，都泣不成声，然后才回去。子贡又回到墓地筑屋，在那里独住了三年，这才回去。过了些日子，子夏、子张和子游因为有若长得有点像孔子，想用事奉孔子的礼节事奉他，强求曾子同意。曾子说：'不行；就如用江汉的水洗濯过那样，用盛夏的太阳暴晒过那样，老师的那种纯净洁白是无法达到的。'现在许行这个说话像鸟叫的南方蛮子，居然指责我们古圣先王之道，你们却背叛自己的老师向他学习，这与曾子就完全不同了。我只听说鸟儿总是从幽暗的山谷飞迁到高大的树木上去，却没听说过从高大的树木上飞迁下来到幽暗的山谷中去。《鲁颂》上说：'攻击戎狄，痛惩荆舒。'周公还是要攻击他们，你们却赞同他们的学说，这真是越变越坏了。"

陈相说："听从许子的学说，就可以使市场上物价一律，都市中没有弄虚作假的，哪怕是身高五尺的孩子去市场，也不会有人欺骗他。布匹和丝绸长短一样，价钱也就一样；麻线和丝絮的轻重一样，价钱也就一样；各种谷物的多少一样，价钱也就一样；鞋的大小一样，价钱也就一样。"

孟子说："货物的品种质量不一致，是货物本然的情形；有的相差一倍五倍，有的相差十倍百倍，有的相差千倍万倍。你强把它们等同起来，这是要淆乱天下。好鞋坏鞋一样价钱，又有谁肯干呢？听从许子的学说，就是引导大家去弄虚作假，这怎么能治理国家呢？"

5.5 墨者夷之因徐辟而求见孟子①。孟子曰："吾固愿见，今吾尚病，病愈。我且往见。"夷子不来②。

他日，又求见孟子。孟子曰："吾今则可以见矣。不直，则道不见，我且直之。吾闻夷子墨者，墨之治丧也，以薄为其道也③。夷子思以易天下，岂以为非是而不贵也？然而夷子葬其亲厚，则是以所贱事亲也。"

徐子以告夷子。

夷子曰："儒者之道，古之人若保赤子④，此言何谓也？之则以为爱无差等⑤，施由亲始。"

徐子以告孟子。

孟子曰："夫夷子信以为人之亲其兄之子为若亲其邻之赤子乎？彼有取尔也。赤子匍匐将入井，非赤子之罪也。且天之生物也，使之一本，而夷子二本故也。盖上世尝有不葬其亲者，其亲死，则举而委之于壑。他日过之，狐狸食之，蝇蚋姑嘬之⑥。其颡有泚⑦，睨而不视。夫泚也，非为人泚，中心达于面目，盖归反虆梩⑧而掩之。掩之诚是也，则孝子仁人之掩其亲，亦必有道矣。"

徐子以告夷子。夷子怃然⑨，为间⑩，曰："命之⑪矣。"

【注释】①墨者：即墨家学派中人；夷之：事迹不可考；徐辟：孟子弟子。　②夷子不来：赵岐注为"夷子闻孟子病，故不来"，这是记一个事实，但后来的通行解释为是孟子说的话，即夷子不必来了；这里从赵岐解。　③此句言墨家主张薄葬，反对厚葬。　④"若保赤子"：语见《尚书·康诰》。　⑤爱无差等：即墨家主张的"兼爱"思想。⑥蚋（ruì）：蚊类昆虫；姑（gǔ）：同盬，吮吸；嘬（chuài）：咬、吃。　⑦泚（cǐ）：出汗的样子。　⑧虆梩（léi lí）：虆，盛土的器具；梩，铲土的锹。　⑨怃（wǔ）然：然，茫然若失的样子。　⑩为间：停了片刻。　⑪命：教也；之：夷之自指。

【译文】墨家信徒夷之通过徐辟的关系求见孟子。孟子说："我本来愿意见他，但现在我还病着，病好了，我将要去看他。"夷子就没去。

过了些日子，夷之又来求见孟子。孟子说："我现在可以和他见面了。不直率地说，道理就显现不出，我就直率地说吧。我听说夷子是墨家的信徒，墨家办丧事，以节俭作为他们的准则。夷子想拿它来改变天下的礼俗，难道以为不这样就不足贵吗？可是夷子却厚葬他父母，这是拿自己看不起的东西来事奉父母亲。"

徐子把这些话告诉了夷子。

夷子说："按儒家信徒的说法，古代的君王对待百姓如同爱护婴儿一般，这话是什么意思呢？我认为就是爱人没有亲疏厚薄的差别，只是实施却从自己的父母开始罢了。"

徐子又把这些话转告孟子。

孟子说："夷子难道真的认为人们爱他侄儿与爱他邻居的婴儿是一样的吗？他只是抓住了这一点：婴儿在地上爬着快要掉进井里去时，这并不是婴儿的罪过。上天生养万物，使它们都只有一个根源，而夷子（这么说）是认为有两个本源的缘故。大概上古时曾有过不埋葬父母的人，父母死了，就把尸体抬到山沟里扔了。后来路过那里，看见狐狸在吃尸体，苍蝇蚊子在叮咬尸体。那人额角直冒汗，斜着眼睛不敢正视。那人的流汗，不是流给别人看的，而是内心愧疚难过而自然流露在面目上的，可能他回去取了畚箕和铁锹掩埋了尸体。掩埋尸体确实是对的，那么孝子仁人埋葬自己的父母亲，一定也是有道理的。"

徐子把孟子的话告诉了夷子。夷子茫然若有所失，过了片刻，说："孟子教育了我。"

滕文公下

【评述】《滕文公》下篇凡十章，内容都是一些对话，涉及方面包括：关于士人对诸侯的应有立场、出仕为官与坚持原则的关系、"谋道"与"谋食"的关系；行"善政"与国家大小、与用人、与执行的程度及时间等的关系；此外还有对纵横家、杨朱、墨翟的批判和对所谓特立之士的评价。

6.1 陈代①曰："不见诸侯，宜若小然。今一见之，大则以王，小则以霸。且《志》曰：'枉尺而直寻，'宜若可为也。"

孟子曰："昔齐景公田，招虞人以旌，不至，将杀之②。'志士不忘在沟壑，勇士不忘丧其元。'孔子奚取焉？取非其招不往也。如不待其招而往，何哉？且夫枉尺而直寻者，以利言也。如以利，则枉寻直尺而利，亦可为与？昔者赵简子使王良与嬖奚乘③，终日而不获一禽。嬖奚反命曰：'天下之贱工也。'或以告王良。良曰：'请复之。'强而后可，一朝而获十禽。嬖奚反命曰：'天下之良工也。'简子曰：'我使掌与女乘。'谓王良，良不可，曰：'吾为之范④我驰驱，终日不获一；为之诡遇⑤，一朝而获十。《诗》云："不失其驰，舍矢如破。"⑥我不贯⑦与小人乘，请辞。'御者且羞与射者比⑧，比而得禽兽，虽若丘陵，弗为也。如枉道而从彼，何也？且子过矣，枉己者，未有能直人者也。"

【注释】 ①陈代：孟子弟子。　②田：田猎；虞人：看守山林、苑囿的小吏；旌：饰有五色羽毛的旗子。"招虞人以旌，不至"：古代君王或诸侯有所召唤，需有相当的信物，旌是召大夫的，弓是召士的，皮冠才是召虞人的，现在用旌，所以他不应召。　③赵简子：赵鞅，春秋时晋国的正卿；王良：晋国驾车的能手；嬖奚：赵简子的一个名叫奚的宠臣；乘：这里指驾车打猎。　④范：按规范驾车。　⑤诡遇：不按规范驾车。　⑥《诗》：指《小雅·车攻》；舍矢：放箭；破：杀伤、中的。　⑦贯：通惯。　⑧比：合。

【译文】 陈代说："不愿去见诸侯，好像有点拘泥于小节吧。如今一去见诸侯，大可以实行'王道'而称王天下；小也可以富国强兵而称霸于世。况且以前的《志》书中说过：'屈曲一尺而所伸直的却是八尺，'似乎是可以见一见的。"

孟子说："从前齐景公去打猎，拿饰有羽毛装饰的旌旗召唤管山林苑囿的小吏，小吏没有去，景公要杀掉他。（孔子得知后说）'志士不怕弃尸山沟，勇士不怕丢掉脑袋。'孔子的赞赏是取他哪一点呢？就是取他敢于对不合乎礼仪的召唤不接受。如果我不待诸侯以礼相招便去见他们，那算什么呢？而且你所谓的屈曲一尺而所伸直的却是八尺，那只是从利益观点出发说的。要是专从利益方面考虑，如果屈曲八尺而所伸直的却是一尺也有利益，难道它也能做吗？从前，赵简子派王良替他一个名叫奚的宠臣赶车（出去打猎），一整天也没有打到一只鸟。奚回来向赵简子汇报说：'（王良简直）是世上最拙劣的车手。'有人把这话告诉了王良。王良说：'请让我们再来一次吧。'奚经过勉强劝说后才答应，一个早上就打到了十只鸟。奚回来又汇报说：'（王良真）是世上最出色的车手。'赵简子说：'那我就派他专门替你赶车。'他告诉了王良，王良不答应，说：'我按照驾车的规矩替他赶车，一整天打不到一只鸟；不按驾车的规矩赶车，一个早上便打到十只鸟。可《诗经》上说："不失规范而奔驰，箭一发出便射中。"我不习惯于为小人驾车，请不要让我干这份差事。'车手尚且羞于与坏的射手合作；即使合作后打到的禽兽堆积如山，也不屑做。如果损害原则去屈从那些诸侯，那又算什么呢？而且你也错了，自己不正直的人，从来没有能使别人正直的。"

6.2　景春①曰："公孙衍、张仪②岂不诚大丈夫哉？一怒而诸侯惧，安居而天下熄。"

孟子曰："是焉得为大丈夫乎？子未尝学礼乎？丈夫之冠③也，父命之；女子之嫁也，母命之，往送之门，戒之曰：'往之女家，必敬必戒，无违夫子！'以顺为正者，妾妇之道也。居天下之广居，立天下之正位，行天下之大道④；得志，与民由之；不得志，独行其道。富贵不能淫，贫贱不能移，威武不能屈，此之谓大丈夫。"

【注释】①景春：与孟子同时，习纵横术。　②公孙衍：字犀首，魏国人，是当时的纵横家著名人物，曾任秦国大良造，并佩五国相印。张仪：魏国人，与苏秦并称的纵横家名人，曾说六国连横以奉秦国。③冠（guàn）：行冠礼，古时男子年二十行冠礼，以示成年。　④这里的"广居""正位""大道"，按朱熹的注释："广居，仁也；正位，礼也；大道，义也。"这是义解，译文只仅就字面而言。

【译文】景春说："孙衍、张仪这样的人难道不是真正的大丈夫呢？他们一发怒，诸侯们便害怕；他们安静下来，天下便太平无事。"

孟子说："这又怎么能算大丈夫呢？你没有学过礼吗？男子成人行冠礼时，由父亲给予训导；女子出嫁时，母亲训导她，送她到门口，告诫说：'到了婆家，必须恭敬，必须谨慎，不要违背丈夫！'以顺从为准则，那是做女人的道理。住在天下最宽大的住宅里，站在天下最正确的位置上，走在天下最广阔的大道上；能实现志向时，与百姓一起去实现；不能实现志向时，独自施行这个原则；富贵不能诱惑，贫贱不能动摇，威武不能屈服，这才称得上是大丈夫。"

6.3 周霄①问曰："古之君子仕乎？"

孟子曰："仕。《传》曰：'孔子三月无君，则皇皇如也；出疆必载质②。'公明仪曰：'古之人三月无君，则吊③。'"

"三月无君则吊，不以急乎？"

曰："士之失位也，犹诸侯之失国家也。《礼》曰：'诸侯耕助以供粢盛④，夫人蚕缲⑤以为衣服。牺牲不成⑥，粢盛不洁，衣服不备，不敢以祭。惟士无田，则亦不祭。'牲杀、器皿、衣服不备，不敢以祭，则不敢以宴，亦不足吊乎？"

"出疆必载质，何也？"

曰："士之仕也，犹农夫之耕也，农夫岂为出疆舍其耒耜哉？"

曰："晋国亦仕国也，未尝闻仕如此其急。仕如此其急也，君子之难仕，何也？"

曰："丈夫生而愿为之有室，女子生而愿为之有家，父母之心，人皆有之。不待父母之命，媒妁⑦之言，钻穴隙相窥，逾墙相从，则父母国人皆贱之。古之人未尝不欲仕也，又恶不由其道。不由其道而往者，与钻穴隙之类也。"

【注释】①周霄：魏国人。 ②《传》：不详何书；皇皇：通惶惶，不安之意；质：同贽、挚，古人初相见时所带的礼物。 ③吊：慰问。 ④耕助：连绵动词，与下文"蚕缲"相对成文；"助"即"藉"，古时天子、诸侯需"藉田",即每年春耕之始到田边去扶犁耕地,实仅是个仪式;粢盛(zī chéng):可以盛在器皿中的谷物叫"粢",已盛于器皿中的谷物叫"盛"。 ⑤夫人:专指诸侯的正妻;蚕缲(sāo):养蚕抽茧出丝,这里所指亦仅是个仪式。 ⑥牺牲:祭祀用的牛羊猪等牲畜,亦称"牲杀";不成:不肥硕。 ⑦媒妁(shuò):这里泛指媒人。

【译文】周霄问道:"古代的君子做官吗?"

孟子说:"做官的。记载上说:'孔子只要三个月没有君主任用他,就感到心神不安;离开国境时,一定要携带与别国君主初次见面的礼物。'公明仪说:'古代的人三个月没有君主任用,便要去安慰他。'"

周霄问:"三个月没有君主的任用便要安慰他,不也太急了点吗?"

孟子说:"士人失去职位,就像诸侯失去了国家。《礼》书上说:'诸侯亲自耕种农田以生产祭品,诸侯夫人带头养蚕缲丝以制作祭服。祭祀用的牲畜不肥硕,祭祀用的谷物不洁净,祭祀用的衣服不完备,不敢用来祭祀。士人要是没有供祭祀用的田地,那也不能祭祀。'(祭祀用的)牲畜、器皿、衣服不完备,不敢用来祭祀,也就不能举行宴会,这难道还不该去安慰吗?"

周霄又问:"离开国境一定要携带与别国君主初次见面的礼物,又是什么道理呢?"

孟子说:"士人去做官,就和农夫去耕田一样,农夫难道会因为离开国境而抛下他的农具吗?"

周霄说:"魏国也是一个有官可做的国家,我从未听说过想做官竟有如此急切的。想做官如此急切,君子却这样难于做官,这又是为什么呢?"

孟子说:"男孩子一生下来,父母便希望替他找妻室,女孩子一生下来,父母便希望替她找婆家。父母的这种心情,人人都有。可是不经过父母的许可、媒人的介绍,便钻洞扒缝、互相偷看,爬过墙去进行幽会,那么父母和社会上的人都会瞧不起他们。古代的人不是不想做官,但又讨厌做官不择手段的行径。

不通过正当途径而去做官的人，就与钻洞扒缝差不多。"

6.4 彭更①问曰："后车数十乘，从者数百人，以传食②于诸侯，不以泰乎？"

孟子曰："非其道，则一箪食不可受于人；如其道，则舜受尧之天下，不以为泰。子以为泰乎？"

曰："否。士无事而食，不可也。"

曰："子不通功易事，以羡③补不足，则农有余粟，女有余布；子如通之，则梓、匠、轮、舆④皆得食于子。于此有人焉，入则孝，出则悌，守先王之道，以待⑤后之学者，而不得食于子；子何尊梓、匠、轮、舆而轻为仁义者哉？"

曰："梓、匠、轮、舆，其志将以求食也；君子之为道也，其志亦将以求食与？"

曰："子何以其志为哉？其有功于子，可食而食之矣。且子食志乎？食功乎？"

曰："食志。"

曰："有人于此，毁瓦画墁⑥，其志将以求食，则子食之乎？"

曰："否。"

曰："然则子非食志也，食功也。"

【注释】①彭更：孟子弟子。 ②传（zhuàn）食：意为转食。③羡：多余。 ④梓、匠：木工；轮：制车轮的；舆：制车的。⑤待：读持，扶持之意。 ⑥画墁（màn）：在新粉饰的墙壁上刻划。

【译文】彭更问道："后面随着几十辆车，身边跟着几百个人，在各诸侯国辗转而接受款待，这不有点过分了吗？"

孟子说："要是不合理，就是一箪饭也不可以接受；要是合理，就是舜接受尧的天下，也不算过分。你认为过分了吗？"

彭更说："我不是这个意思；（我认为）读书人不工作却吃人家的，是不可以的。"

孟子说："你如果不互通各人的成果，交换各自的产品，以多余的去补足不够的，那么农民就会有剩余的粮食，妇女就会有剩余的布匹（别人却缺衣少食）；你要是能互通有无，那么木匠、车工就都能从你那里得到吃的。现在这里有个人，在家里孝顺父母，出外尊敬长上，谨守古代圣王的道义，以此来扶持、培养后来的学者，却不能从你那里得到吃的；你为什么尊重木匠、车工，却轻视行仁义的人呢？"

彭更说："木匠、车工，他们的动机就在于解决吃饭问题；君子们学习和施行道义，动机难道也是为了解决吃饭问题吗？"

孟子说："你为什么要论他们的动机呢？他们对你有功绩，可以给予吃的才给他们吃的。况且，你是根据动机给予吃的呢？还是根据功绩给予吃的呢？"

彭更说："根据动机。"

孟子说："现在这里有个人，干活时打碎屋上的瓦、划破刚粉刷好的墙，他的动机在于解决吃饭问题，那你给他吃吗？"

彭更说："不给。"

孟子说："那你就不是根据动机，而是根据功绩了。"

6.5　万章①问曰："宋小国也，今将行王政，齐、楚恶而伐之，则如之何？"

孟子曰："汤居亳②，以葛为邻，葛伯放③而不祀。汤使人问之曰：'何为不祀？'曰：'无以供牺牲也。'汤使遗之牛羊，葛伯食之，又不以祀。汤又使人问之曰：'何为不祀？'曰：'无以供粢盛也。'汤使亳众往为之耕。老弱馈食。葛伯率其民，要其有酒食黍稻者夺之，不授者杀之。有童子以黍肉饷，杀而夺之。《书》曰：'葛伯仇饷④。'此之谓也。为其杀是童子而征之，四海之内皆曰：'非富天下也，为匹夫匹妇复雠也。''汤始征，自葛载'，十一征而无敌于天下。东面而征西夷怨，南面而征北狄怨，曰：'奚为后我?'民之望之，若大旱之望雨也，归市者弗止，芸者不变。诛其君，吊其民，如时雨降。民大悦。《书》曰：'徯我后，后来其无罚。'⑤'有攸不惟臣，东征，绥厥士女。篚厥玄黄，绍我周王见休，惟臣附于大邑周⑥。'其君子实玄黄于篚，以迎其君子；其小人箪食壶浆，以迎其小人。救民于水火之中，取其残而已矣。《太誓》曰：'我武惟扬，侵于之疆，则取于残，杀伐用张，于汤有光。'⑦不行王政云尔。苟行王政，四海之内，皆举首而望之，欲以为君，齐、楚虽大，何畏焉?"

【注释】①万章：孟子弟子。 ②汤居亳：亳（bó），今河南商丘境内。 ③放：放纵无道。 ④《书》：指《尚书》逸篇，引文见《古文尚书·仲虺之诰》，学者疑为；仇饷：与送饭的人为仇。 ⑤以上这段内容可参见《梁惠王下》第十一章。 ⑥攸：旧注为"所"，杨伯峻以为是国名；惟：思；绥：安抚；厥：其；士女：男女，即百姓；篚：筐，此处作动词；玄黄：指黑色和黄色的丝帛；休：美、善；此段可能亦是《尚书》逸文，其中不少话语见于伪《古文尚书·武成》，内容是述周武王东征之事。 ⑦《太誓》：古文《尚书》篇名，已佚，孟子所引数句见今本《太誓中篇》，学者以为乃东晋梅赜掺入；于：杨伯峻认为即邘，乃国名。

【译文】万章问道："宋国是个小国，现在想要实行王道之政，齐国、楚国却讨厌它而攻打它，那该怎么办？"

孟子说："商汤居住在亳地，与葛国为邻，葛伯十分放肆，不祭祀先祖神灵。汤派人去问他：'为什么不祭祀？'葛伯说：'没有供祭祀的牲畜。'汤派人送牛羊给他，葛伯把牛羊吃了，并不用作祭祀。汤又派人去问：'为什么不祭祀？'葛伯说：'没有供祭祀的谷物。'汤派亳地的民众去替他耕种，由老弱的人给耕田的人送饭。葛伯却带领他的民众拦住那些携着酒食饭菜的送饭人进行抢夺，不给的便杀掉。有个孩子携着饭和肉送去，他们抢走肉饭，还把孩子杀掉了。《尚书》中说：'葛伯与送田饭的人为仇。'说的就是这件事。因为杀死这个孩子，汤才出兵讨伐葛伯，天下人都说：'这不是想贪图天下的财富，而是为平民百姓报仇。'《尚书》中说：'商汤当初的征讨，是从葛国开始的。'进行了十一次征伐，没有遇到敌手。当他东向征讨，西面的夷人就埋怨，当他南向征讨，北面的狄人也埋怨，都说，'为什么把我们放在后面？'民众盼望他，如同大旱时盼望着下雨一样。（他的军队所到之处）赶集的不停止买卖，种田的照常下田，诛杀残暴之君而安抚那里的民众，就像下了及时雨一样。老百姓十分高兴。《尚书》中说：'等待我们的君王，君王一到，我们就得救了！'又说：'攸国不臣服，武王出师东征，去安抚那里的男女民众。他们把黑色和黄色的绸帛装在竹篮里，以能给介绍进见周王为荣，臣服于大周国。'那里的官吏把黑色和黄色的绸帛装在筐里，迎接周国的官吏；那里的百姓用筐盛着饭、用壶盛着酒浆，迎接周国的士兵。可见武王出师为的只是从水火中解救百姓，除掉残酷暴君。《尚书·太誓》中说：'发扬我们的威武，攻入邗国的疆土，除掉害民的暴君，以此张大杀伐之功，那就比商汤更有荣光。'不行王道之政罢了，如实行王道之政，天下的人都抬头企望着，想拥戴他为君主；齐国和楚国尽管强大，又有什么可怕的呢？"

6.6 孟子谓戴不胜^①曰："子欲子之王之善与？我明告子。有楚大夫于此，欲其子之齐语也，则使齐人傅^②诸？使楚人傅诸？"

曰："使齐人傅之。"

曰："一齐人傅之，众楚人咻^③之，虽日挞而求其齐也，不可得矣；引而置之庄、岳^④之间数年，虽日挞而求其楚，亦不可得矣。子谓薛居州^⑤，善士也，使之居于王所。在于王所者，长幼、卑尊皆薛居州也，王谁与为不善？在王所者，长幼、卑尊皆非薛居州也，王谁与为善？一薛居州，独^⑥如宋王何？"

【注释】①戴不胜：宋国的臣子。　②傅：做师傅。　③咻（xiū）：喧哗。　④庄、岳：齐国的街名、里名。　⑤薛居州：宋国的善士。⑥独：将。

【译文】孟子对戴不胜说："你想要你的君王向善吗？我可以明白地告诉你。譬如，这里有个楚国的大夫，想让他的儿子学会说齐国话，那么，是让齐人教他呢？还是让楚人教他？"

戴不胜答道："让齐人教他。"

孟子说："一个齐人教他，许多楚人在旁边吵嚷干扰，尽管天天鞭打他，逼他讲齐国话，这也是做不到的；如果把他带到齐国庄街、岳里这样的闹市住上几年，那你就是天天鞭打他，逼着他讲楚国话，那也是做不到的。你说薛居州是个好人，要他住到王宫中去。如果在王宫中的人，无论他的年纪长幼、地位高低，都是像薛居州那样的人，那国王又能与谁去干坏事呢？如果在王宫中的人，无论年纪长幼、地位高低，都不是像薛居州那样的人，那国王又能与谁去干好事呢？仅仅一个薛居州，能拿宋王怎么样呢？"

6.7 公孙丑问曰："不见诸侯何义？"

孟子曰："古者不为臣不见。段干木逾垣而辟之^①，泄柳闭门而不纳^②，是皆已甚；迫，斯可以见矣。阳货欲见孔子而恶无礼^③，大夫有赐于士，不得受于其家，则往拜其门。阳货瞰孔子之亡也^④，而馈孔子蒸豚。孔子亦瞰其亡也，而往拜之。当是时，阳货先，岂不得见？曾子曰：'胁肩谄笑，病于夏畦^⑤。'子路曰：'未同而言，观其色赧赧然，非由之所知也。'由是观之，则君子之所养，可知已矣。"

【注释】①段干木：魏文侯时的高士；逾垣而辟之：魏文侯登门拜访他，他翻墙逃避。　②泄柳：见《公孙丑下》第十一章注；纳：一作内。　③阳货：即阳虎；见：使动用法，即让孔子去见他，其事见《论语·阳货》。　④瞰：同瞰（kàn），窥伺；亡：不在。　⑤胁肩：耸肩；谄笑：勉强装笑；畦（qí）：干灌园、浇水等农田活。

【译文】公孙丑问道："不主动去见诸侯，是什么道理呢？"

孟子说："古时候，不是臣子便不去见。段干木跳墙躲避魏文侯，泄柳关门不接待鲁缪公，这都做得过分了；如果硬是要见，那还是可以见的。阳货想让孔子来见他，但又怕失礼，（按当时的礼仪）大夫如果赏赐东西给士，士要是不能在家里亲自接受，就应到大夫家登门拜谢。因此阳货打听到孔子不在家时，送给孔子一只蒸乳猪；孔子也打听到阳货不在家时，才到他家去拜谢。在那时，阳货若是先去看孔子，孔子怎会不去看他呢？曾子说过：'耸起两肩，装出讨好的笑脸，那比盛夏时在菜地里干活还要累。'子路说：'明明与此人志趣不相投，却要勉强与他谈话，看他那脸色羞愧的样子，我真不明白是怎么回事。'从这些话来看，君子应该怎样培养自己的品德操守就可一目了然了。"

6.8 戴盈之①曰："什一，去关市之征，今兹②未能，请轻之，以待来年，然后已，何如？"

孟子曰："今有人日攘③其邻之鸡者，或告之曰：'是非君子之道。'曰：'请损之，月攘一鸡，以待来年，然后已。'如知其非义，斯速已矣，何待来年？"

【注释】①戴盈之：宋国大夫。　②兹：年。　③攘（rǎng）：偷盗。

【译文】戴盈之说："田税十分抽一，废除关卡和市场的税收，今年还不能做到，现在先减轻一些，等到明年，再完全实行，怎么样？"

孟子说："现在有个人每天偷邻居一只鸡，有人告诫他说：'这个不是有德之人的行为。'那人说：'先减少一点吧，每月偷一只鸡，等到明年，再洗手不干。'假如知道此事做得不对，就该马上改正，何必要等到明年呢？"

6.9 公都子①曰："外人皆称夫子好辩，敢问何也？"

孟子曰："予岂好辩哉？予不得已也。天下之生久矣，一治一乱。

"当尧之时，水逆行，泛滥于中国，蛇龙居之，民无所定，下者为巢，上者为营窟②。《书》曰：'洚水警余③。'洚水者，洪水也。使禹治之。禹掘地而注之海，驱蛇龙而放之菹④。水由地中行，江、淮、河、汉是也。险阻既远，鸟兽之害人者消，然后人得平土而居之。

"尧舜既没，圣人之道衰，暴君代作，坏宫室以为汙池，民无所安息；弃田以为苑囿，使民不得衣食。邪说暴行又作，苑囿、汙池、沛泽多而禽兽至。及纣之身，天下又大乱。周公相武王，诛纣伐奄，三年讨其君，驱飞廉⑤于海隅而戮之，灭国者五十，驱虎、豹、犀、象而远去，天下大悦。《书》曰：'丕显哉，文王谟！丕承哉，武王烈！佑启我后人，咸以正无缺。'⑥

"世衰道微，邪说暴行有作，臣弑其君者有之，子弑其父者有之。孔子惧，作《春秋》。《春秋》，天子之事也。是故孔子曰：'知我者，其惟《春秋》乎！罪我者，其惟《春秋》乎！'

"圣王不作，诸侯放恣，处士⑦横议，杨朱、墨翟之言盈天下⑧，天下之言不归杨，则归墨。杨氏为我，是无君也；墨氏兼爱，是无父也；无父无君，是禽兽也。公明仪曰：'庖有肥肉，厩有肥马，民有饥色，野有饿莩，此率兽而食人也。'杨、墨之道不息，孔子之道不著，是邪说诬民，充塞仁义也。仁义充塞，则率兽食人，人将相食。吾为此惧，闲⑨先圣之道，距杨、墨，放淫辞，邪说者不得作。作于其心，害于其事；作于其事，害于其政。圣人复起，不易吾言矣。

"昔者，禹抑洪水而天下平，周公兼夷狄、驱猛兽而百姓宁，孔子成《春秋》而乱臣贼子惧。《诗》云：'戎狄是膺，荆舒是惩，则莫我敢承。'无父无君，是周公所膺也。我亦欲正人心，息邪说，距诐行，放淫辞，以承三圣者，岂好辩哉？予不得已也。能言距杨、墨者，圣人之徒也。"

【注释】①公都子：孟子弟子。　②营窟：相连的窟穴。③《书》：指；洚（jiàng）：古音与"洪"同，所以也可读（hóng）。④菹（jū）：长草的沼泽。　⑤飞廉：赵岐注为"纣谀臣"。⑥《书》：赵岐注为"《尚书》逸篇"，以下各句见于伪《古文尚书·君牙》；丕：大。 ⑦处士：不在朝廷做官闲居家中的士人。 ⑧杨朱：道家人物，生于孟子之前，其生卒年代不可考，约生活在战国初期；没有著作存世，思想片断散见于《孟子》《庄子》《韩非子》《吕氏春秋》和《淮南子》中。墨翟：墨家创始人，生活在孟子之前，所传有《墨子》一书。 ⑨闲：捍卫。

【译文】公都子说："别人都说老师您喜欢辩论，请问这是为什么呢？"

孟子说："我难道喜欢辩论吗？我是不得已啊！人类社会诞生已经很久了，时而太平，时而动乱。

"当尧的时候，洪水横流，在中原泛滥，到处被龙蛇盘踞，百姓无处安身，低洼地的人只好在树上搭窝，高地的人只好打凿一个连一个的洞穴。《尚书》中说：'洚水警戒了我们。'洚水就是洪水。（尧）命禹去治水。禹掘地而把洪水导入海中，把龙蛇驱赶到草泽中去；水被纳入河道中流，那便是长江、淮水、黄河和汉水。危害既已解除，害人的鸟兽也没有了，然后人们得以到平地上来居住。

"尧舜去世后，圣人之道就逐渐衰落了，暴君不断地出现，毁坏民宅来做深池，弄得百姓无处安居；破坏农田来做园林，使得百姓不能获得衣食。荒谬的学说、残暴的行为又兴起了，园林、池沼、草泽一多，禽兽也就随之而来。到了商纣时，天下又大乱起来。周公辅佐武王，诛杀纣王，讨伐奄国，与暴君征战了三年，把飞廉赶到海边杀了，被灭的国家有五十个，把虎、豹、犀、象驱赶到了远方去，天下的百姓十分喜悦。《尚书》中说：'多么高明啊，文王的谋略！多么无愧于先人啊，武王的功绩！帮助、启发我们后人的，都是正道而无缺陷。'

"（不久，又）世风日下、王道衰微，荒谬的学说、残暴的行为出现了，有臣下杀害君上的事，有儿子杀害父亲的事。孔子深感忧惧，便写作了《春秋》这部书。《春秋》所记述的，是天子权限内的事；所以孔子说：'理解我的人，恐怕只是通过《春秋》吧！责骂我的人，恐怕也只是通过《春秋》吧！'"

"圣王没有产生，诸侯横行无忌，在野的读书人乱发议论，杨朱、墨翟的学说充斥天下，世上的言论不属于杨朱一派，就属于翟墨一派。杨朱主张一切为我，那是目无君主；墨翟主张不分亲疏，一视同仁，那是目无父母。目无君主和父母，是禽兽的行为。公明仪说：'厨房里摆着肥肉，马棚里养着骠马，百姓却面露饥色，野地里还有饿死的人，这等于驱使禽兽去吃人。'杨、墨的学说不破除，孔子的学说便得不到发扬光大，那是任从邪说坑害百姓，阻塞仁义的道路。仁义的道路被阻，就等于是让野兽去吃人，必将出现人吃人的惨象。我为此而深感忧惧，（便出来）捍卫古代圣人的思想，批判杨、墨，驳斥错误言论，使主张荒谬学说的人无法兴起。（荒谬的学说）从心里产生出来，便会危害工作，工作受了危害，也就危害了政治。即使圣人再度出现，也不会改变我这些话的。

"过去，大禹治好了洪水使天下太平，周公征服了夷狄、赶走了猛兽使百姓安宁，孔子著《春秋》使胡作非为的乱臣贼子感到害怕。《诗经》中说：'攻击戎狄，痛惩荆舒，没有谁敢抗拒我。'目无君主、父母的人，是周公所要惩罚的。我也要端正人心，根绝谬论，反对偏颇的行为，驳斥荒谬的言论，以继承禹、周公、孔子三位圣人；我难道是喜欢辩论吗？实在是不得已啊。能够以言论来反对杨、墨学说的人，就是圣人的门徒。"

6.10　匡章[①]曰："陈仲子岂不诚廉士哉？居於陵，三日不食，耳无闻，目无见也。井上有李，螬食实者过半矣，匍匐往，将食之，三咽然后耳有闻，目有见[②]。"

孟子曰："于齐国之士，吾必以仲子为巨擘[③]。虽然，仲子恶能廉？充[④]仲子之操，则蚓而后可者也。夫蚓，上食槁壤，下饮黄泉[⑤]。仲子所居之室，伯夷之所筑与？抑亦盗跖[⑥]之所筑与？所食之粟，伯夷之所树与？抑亦盗跖之所树与？是未可知也。"

曰："是何伤哉？彼身织屦，妻辟纑⑦，以易之也。"

曰："仲子，齐之世家也；兄戴，盖⑧禄万钟。以兄之禄为不义之禄而不食也，以兄之室为不义之室而不居也，辟⑨兄离母，处于於陵。他日归，则有馈其兄生鹅者，己频顣曰：'恶用鶂鶂者为哉⑩？'他日，其母杀是鹅也，与之食之。其兄自外至，曰：'是鶂鶂之肉也。'出而哇之。以母则不食，以妻则食之；以兄之室则弗居，以於陵则居之。是尚为能充其类也乎？若仲子者，蚓而后充其操者也。"

【注释】①匡章：齐人，孟子的朋友，曾在齐威王、宣王时为官。②陈仲子：齐国某大族中人，号称"廉士"；於（wū）陵：齐国地名；蝤：昆虫，杨伯峻以为即金龟子；将食之：将，持，取。③巨擘（bò）：擘，大拇指；巨擘犹言顶尖人物。④充：扩充、推广。⑤槁壤：干枯的尘土；黄泉：地下泉水。⑥盗跖（zhí）：春秋时著名的大盗，柳下惠的兄弟。⑦辟纑（lú）：绩麻搓线。⑧盖（gě）：地名，是仲子之兄陈戴的封地。⑨辟：同避。⑩己：指仲子；频顣（cù）：皱眉头；鶂鶂（yì）：鹅叫声。

【译文】匡章说："陈仲子难道不是个真正廉洁的人？他住在於陵，三天没什么吃，（饿得）耳朵听不到声音，眼睛看不见东西。井台上有个李子，金龟子已咬食了大半，他爬过去，取来吃，吞咽了三口，才恢复了听觉和视觉。"

孟子说："在齐国的士人中，我一定推仲子为首屈一指的人物。但是，仲子又怎么称得上廉洁呢？如要完全实现仲子的操守，那只有变成蚯蚓后才行，蚯蚓，在地上吃干土，在地下饮泉水。仲子住的房子，是伯夷建造的呢，还是盗跖建造的呢，所吃的粮食，是伯夷种的呢？还是盗跖种的呢？这些都不可知。"

匡章说："这有什么关系？他亲自编草鞋，妻子绩麻搓线，拿去换来的。"

　　孟子说："仲子，出身于齐国的世族；他哥哥陈戴，在盖邑的封地每年有禄米几万石。仲子认为他哥哥的俸禄是不义之禄而不吃，认为哥哥的房子是不义之室而不住，避开哥哥，离开母亲，住在於陵。有一天回家，正好有人送给他哥哥一只活鹅。他皱着眉头说：'要这嘎嘎叫的东西有什么用?'过了些日子，他母亲杀了这只鹅，给他吃了。他哥哥从外面进来，说：'这是嘎嘎叫的肉。'仲子跑到外面去吐了。母亲的东西便不吃，妻子的东西却吃；哥哥的房子便不住，於陵的房子却住。这能算是完全实现廉洁了吗? 像仲子这样的人，恐怕只有变成蚯蚓后才能完全实现廉洁。"

离娄上

【评述】本篇的内容涉及面相当广泛，时间的跨度也可能较大，许多内容难以确定是在何时、何地、就何人而发表的言论，所以只能看作孟子所讲、弟子们所记的语录。就每章的具体内容而言，基本上是以孟子的语录为主，也有少量孟子与学生、外人的对话。

本篇上篇凡二十八章，以孟子的语录为主，也有一些与学生或其他人的对话，内容亦比较广泛，包括了孟子论治国之道、论个人的品德修养、论教育、论孝道、论"经"与"权"关系等。

7.1　孟子曰："离娄之明，公输子之巧，不以规矩，不能成方圆①；师旷之聪，不以六律，不能正五音②；尧舜之道，不以仁政，不能平治天下。今有仁心仁闻，而民不被其泽，不可法于后世者，不行先王之道也。故曰：徒善不足以为政，徒法不能以自行。《诗》云：'不愆不忘，率由旧章③。'遵先王之法而过者，未之有也。圣人既竭目力焉，继之以规矩准绳，以为方员平直，不可胜用也；既竭耳力焉，继之以六律正五音，不可胜用也；既竭心思焉，继之以不忍人之政，而仁覆天下矣。故曰：为高必因丘陵，为下必因川泽，为政不因先王之道，可谓智乎？是以惟仁者宜在高位。不仁而在高位，是播其恶于众也。上无道揆④也，下无法守也，朝不信道，工不信度⑤，君子⑥犯义，小人犯刑，国之所存者幸也。故曰：城郭不完⑦，兵甲不多，非国之灾也；田野不辟，货财不聚，非国之害也。上无礼，下无学，贼民兴，丧无日矣。《诗》曰：'天之方蹶，无然泄泄⑧！'泄泄，犹沓沓⑨也。事君无义，进退无礼，言则非先王之道者，犹沓沓也。故曰：责难于君谓之恭，陈善闭邪谓之敬，吾君不能谓之贼。"

【注释】①离娄：一名离朱，相传是黄帝时的一个视力极佳者，能在百步外见秋毫之末；公输子：即鲁班（一作般），鲁国的巧匠，生活于春秋末期，小于孔子而长于墨子，事迹散见于《墨子》《战国策》《礼记》。规矩：圆规、曲尺。 ②师旷：晋平公时著名的乐师；聪：辨音能力强；六律：指阳律六，太簇、姑洗、蕤（ruí）宾、夷则、无射、黄钟；另有阴吕六，大吕、应钟、南吕、函钟、小吕、夹钟，合称律吕或十二律；相传黄帝时乐师伶伦截竹为筒，以筒的长短区别声音的清浊高下，乐器之音以此为标准；五音：宫、商、角、徵（zhǐ）、羽五个音阶。 ③《诗》：指《大雅·假乐》；愆（qiān）：过；率：循。 ④揆（kuí）：揆度，估量揣测的意思。 ⑤度（dù）：测量工具。 ⑥君子：这里指当官的人。 ⑦完：牢固。 ⑧《诗》：指《大雅·板》；蹶（guì）：动，这里指动乱；泄：多言。 ⑨沓沓（tà）：多而重复，这里指啰嗦。

【译文】孟子说："即使有离娄那样的视力，公输般那样的巧艺，如果不用圆规和曲尺，就不能画出准确的方形和圆形；即使有师旷那样的辨音听力，如果不用六律，就不能校正五音；即使有尧舜那样的治道，如果不实行仁政，就不能治理好天下。现在的一些诸侯，虽有仁爱的心思和仁爱的声望，但百姓却

109

受不到恩泽，也不足为后世所效法，就是因为他们不能实行前代圣王之道的缘故。所以说，仅有善心不足以治理国家，仅有良法也不能使它自动执行，《诗经》中说："不偏差也不遗忘，一切循照旧规章。"遵循前代圣王的法度而犯过错，从来就没有过。圣人既已竭尽了目力，又用圆规、曲尺、水准和墨线来画方、圆、平、直，那些东西便用之不尽了；（圣人）既已竭尽听力，又用六律来校正五音，各种音调也就用之不尽了。（圣王）既已竭尽了心思，又实行了从不忍人之心出发的仁政，那仁爱便广遍天下了。所以说，筑高就必须凭借丘陵，挖深就必须利用河流沼泽。治理国家如果不凭借先王之道，那能说是明智吗？所以只有仁人才适宜处在领导的位子上；不仁的人处在领导的位子上，就是把他的恶行散播到群众中去。在上位者没有规范可循，在下位者没有法度可守，朝廷不信道义，工匠们不守尺度，做官的违反义理，老百姓触犯刑法，国家还能存在下去，那只是侥幸。所以说，城墙不坚固，武器不充足，不是国家的灾难；农田没开垦，财富没积聚，不是国家的祸害。在上者没有礼义，在下者没有教育，造反的百姓兴起，那亡国的日子便不远了。《诗经》中说："老天正在降祸乱，不要多嘴又多舌。"多嘴多舌就是啰嗦。事奉国君不讲义，进退之间不讲礼，开口便诋毁先王之道，这就如同喋喋不休的啰嗦。所以说，责求君主行仁政叫作'恭'，陈说善道、阻塞邪念叫作'敬'，认为国君不能为善而放弃努力叫作'贼'。"

7.2 孟子曰："规矩，方圆之至^①也；圣人，人伦^②之至也。欲为君，尽君道；欲为臣，尽臣道。二者皆法尧舜而已矣。不以舜之所以事尧事君，不敬其君者；不以尧之所以治民治民，贼其民者也。孔子曰：'道二，仁与不仁而已矣。'暴其民，甚则身弑国亡，不甚则身危国削。名之曰幽、厉^③，虽孝子慈孙，百世不能改也。《诗》云：'殷鉴不远，在夏后之世^④。'此之谓也。"

【注释】①至：极至、顶点。　②人伦：做人之道。　③名：称作，即指后世加谥号；幽、厉：指西周的暴君周幽王、周厉王，"幽"和"厉"都是恶谥。按：厉王本在幽王之前，但习惯上称"幽厉"。④《诗》：指《大雅·荡》；鉴：铜镜。

【译文】孟子说："圆规和曲尺，是方圆的极至；圣人，是做人的最高境界。要做国君，就应该尽到国君之道；要做臣子，就应该尽到臣子之道。这二者都不过是效法尧舜罢了。不以舜事奉尧的态度来事奉国君，便是不尊敬自己的国君；不用尧治理百姓的做法来治理百姓，便是残害自己的百姓。孔子说：'（治国）原则不外两种，即行仁政与不行仁政罢了。'以暴虐对待百姓，重则自己被杀，国家灭亡；轻则自己危险，国势削弱，死后被加上'幽''厉'这样的恶名，纵使其有孝顺仁慈的子孙，哪怕经过了百代，也是更改不了的。《诗经》中说：'殷商的鉴戒并不远，就在夏朝统治时期。'说的就是这个意思。"

7.3 孟子曰："三代之得天下也以仁，其失天下也以不仁。国之所以废兴存亡者亦然。天子不仁，不保四海；诸侯不仁，不保社稷；卿大夫不仁，不保宗庙；士、庶人不仁，不保四体。今恶死亡而乐不仁，是犹恶醉而强酒。"

【译文】孟子说："夏、商、周三代得到天下是由于仁，其失去天下是由于不仁。国家的兴盛、衰败和生存、灭亡的原因也是如此。天子要是不仁，就不能保住天下；诸侯要是不仁，就不能保住国家；公卿大夫要是不仁，就不能保住祖先的宗庙；士子和老百姓要是不仁，就不能保全自己的身体。现在有些人讨厌死亡，但又乐意不仁，这与讨厌醉酒却又偏要喝酒一样。"

7.4 孟子曰："爱人不亲，反其仁；治人不治，反其智；礼人不答，反其敬。行有不得者，皆反求诸己，其身正而天下归之。《诗》云：'永言配命，自求多福①。'"

【注释】①见《公孙丑上》第四章注。

【译文】孟子说："自己爱别人，别人却不亲近自己，便应反躬自问是否仁爱；自己管理别人，别人却不服管理，便应该反躬自问是否明智；自己对别人有礼貌，别人却不加回应，便应该反躬自问是否恭敬。凡自己所做没有得到预期效果的，都应反过来从自己身上去找原因，自身端正了，天下人自然会归向自己。《诗经》中说：'应该念念不忘与天命配合，自己去多寻求点幸福。'"

7.5 孟子曰："人有恒言，皆曰'天下国家'。天下之本在国，国之本在家，家之本在身。"

【译文】孟子说："人们有句口头常说的话，都说'天下国家'。天下的根本在于国，国的根本在于家，家的根本在于个人自身。"

7.6 孟子曰："为政不难，不得罪于巨室①。巨室之所慕，一国慕之；一国之所慕，天下慕之；故沛然德教溢乎四海。"

【注释】①巨室：卿大夫之家。

【译文】孟子说："治理国政并不难，关键在于不得罪那些有影响的卿大夫的家族。因为那些卿大夫的家族所向慕的，一国的人都会向慕；一国的人所向慕的，天下人都会向慕，因此德教便会声势浩大、充溢于天下。"

7.7　孟子曰："天下有道，小德役①大德，小贤役大贤；天下无
道，小役大，弱役强。斯二者，天也。顺天者存，逆天者亡。齐景
公曰：'既不能令，又不受命，是绝物也。'涕出而女于吴②。今也
小国师大国而耻受命焉，是犹弟子而耻受命于先师也。如耻之，莫
若师文王。师文王，大国五年，小国七年，必为政于天下矣。《诗》
云：'商之孙子，其丽不亿。上帝既命，侯于周服。侯服于周，天命
靡常。殷士肤敏，裸将于京③。'孔子曰：'仁不可为众也④。夫国君
好仁，天下无敌。'今也欲无敌于天下而不以仁，是犹执热而不以濯
也。《诗》云：'谁能执热，逝不以濯⑤？'"

【注释】①役：役于、被役，下同。　②《吴越春秋·阖闾内传》
载吴王阖闾要攻打齐国，齐景公只得将女儿作为人质出嫁给吴国；绝
物：这里的"物"指人；女（nǜ）：作动词用，嫁。　③《诗》：指
《大雅·文王》；丽：数；亿：当时以十万为亿；肤敏：美丽而敏捷；裸
（guàn）：灌，一种祭祀仪式，把郁鬯（chàng）之酒倒地以迎神；将：
助；京：指周的都城镐京。　④仁不可为众也：意为仁不是根据人数的
多少来衡量的。　⑤《诗》：指《大雅·桑柔》。

【译文】孟子说："政治清明时，道德平庸的人被道德高尚的人役使，不太
贤能的人被十分贤能的人役使；政治黑暗时，小的被大的役使，弱的被强的役
使。这两种情况，都是天意。顺从天意就能生存，违背天意就要灭亡。齐景公
说过：'既不能命令别人，又不愿接受别人的命令，这是绝路一条。'他只得流
着泪把女儿嫁到吴国。现在小国效法大国，却又耻于听命于大国，这好比学生
耻于听命于老师。如果真以为耻，不如效法周文王。效法文王，大国只消五年，
小国只消七年，就一定可以统治整个天下了。《诗经》中说：'商朝的子孙，人

数何止十万，上帝既已授命于文王，他们只能臣服于周朝。他们臣服于周朝，可见天意没有一定。殷朝臣子漂亮聪敏，将去周朝镐京助祭。'孔子说：'仁德不是以人数多少来衡量的。国君如果爱好仁德，便无敌于天下。'现在有些人一心想无敌于天下却又不施仁政，就好比手拿了烫东西又不用冷水冲洗。《诗经》中说：'谁能手拿了烫东西，不用冷水来冲洗？'"

7.8 孟子曰："不仁者可与言哉？安其危而利其菑^①，乐其所以亡者。不仁而可与言，则何亡国败家之有？有孺子歌曰：'沧浪^②之水清兮，可以濯我缨；沧浪之水浊兮，可以濯我足。'孔子曰：'小子听之！清斯濯缨；浊斯濯足矣，自取之也。'夫人必自侮，然后人侮之；家必自毁，而后人毁之；国必自伐，而后人伐之。《太甲》曰：'天作孽，犹可违；自作孽，不可活^③。'此之谓也。"

【注释】①菑：灾难。　②沧浪（láng）：青苍的水色。　③见《公孙丑上》第四章注。

【译文】孟子说："不仁的人难道可用言词来说服吗？他们视危险为安全，视灾祸为得利，视自取灭亡之道为快乐。不仁的人如果可用言词说服，那还会有亡国败家的事吗？有个童谣这么唱道：'沧浪之水清，可洗我帽缨；沧浪之水浊，可洗我双脚。'孔子说：'后生们听呀！水清洗帽缨，水浊洗双脚。这都是由水本身决定的。'（所以）人一定是先自辱了，然后别人才敢侮辱他；家一定是先自毁了，然后别人才会来毁坏它；国一定是先自征伐了，然后别人才来征伐它。《尚书·太甲》中说'天降祸害，还可以躲避；自己作孽，逃也没法逃。'说的正是这个意思。"

7.9 孟子曰："桀纣之失天下也，失其民也；失其民者，失其心也。得天下有道：得其民，斯得天下矣。得其民有道：得其心，斯得民矣。得其心有道：所欲与之聚之，所恶勿施，尔①也。民之归仁也，犹水之就下、兽之走圹也。故为渊敺鱼者，獭也②；为丛敺爵③者，鹯④也；为汤武敺民者，桀与纣也。今天下之君有好仁者，则诸侯皆为之敺矣。虽欲无王，不可得已。今之欲王者，犹七年之病求三年之艾⑤也。苟为不畜，终身不得。苟不志于仁，终身忧辱，以陷于死亡。《诗》云：'其何能淑，载胥及溺⑥。'此之谓也。"

【注释】①尔：如此。　②敺：同驱；獭（tǎ），像小狗，栖居水中，吃鱼。　③爵：同雀。　④鹯（zhān），鹞鹰一类的猛禽。　⑤艾：一种可用来治病的中草药，以干而久藏为好。　⑥《诗》指《大雅·桑柔》；淑：善；胥：相。

【译文】孟子说："夏桀、商纣丧失天下，是由于失去了百姓拥护；而失去百姓拥护，是由于失去了百姓的心。得到天下是有方法的：得到百姓的拥护，就能得到天下；得到百姓拥护是有方法的：得到百姓的心，就能得到百姓的拥护；得到百姓的心是有方法的：他们想要的就替他们积聚起来，他们讨厌的就不要强加给他们，如此而已。百姓归向仁政，就如水往低处流，兽往旷野跑。因此，为深渊赶来游鱼的是水獭；为森林赶来鸟雀的是鹞鹰；为商汤、周武赶来百姓的是夏桀和商纣。现在天下如有爱好仁德的国君，那其他诸侯都会替他把百姓赶到境内来。（这样的国君）纵然不想称王天下，也是做不到的。现今那些想称王天下的人，好比患了七年的病要谋求三年的陈艾来医治一样，假如平时不蓄藏，那一辈子也得不到。如果无意于仁政，那就一辈子忧患和受辱，以至于死亡。《诗经》中说：'他们怎么能做得好，只是一起沉溺下去。'说的正是这种人。"

7.10 孟子曰："自暴①者，不可与有言也；自弃者，不可与有为也。言非礼义，谓之自暴也；吾身不能居仁由义，谓之自弃也。仁，人之安宅也；义，人之正路也。旷安宅而弗居，舍正路而不由，哀哉！"

【注释】①暴：害。

【译文】孟子说："自己毁坏自己的人，不能与他讲什么善言；自己抛弃自己的人，不能与他有所作为。出言与礼义相背，叫作自己毁自己；自认不能心怀仁德、遵义而行，叫作自己抛弃自己。仁是人们最安适的住宅；义是人们最正确的道路。空着最安适的住宅不住，舍去最正确的道路不走，可悲啊！"

7.11 孟子曰："道在迩而求诸远，事在易而求诸难。人人亲其亲，长其长，而天下平。"

【译文】孟子说："道在近处却往远处去求，事本简易却向难处去做。只要人人都亲爱自己的双亲，尊敬自己的长辈，那天下就太平了。"

7.12 孟子曰："居下位而不获于上①，民不可得而治也。获于上有道，不信于友，弗获于上矣。信于友有道，事亲弗悦，弗信于友矣。悦亲有道，反身不诚，不悦于亲矣。诚身有道，不明乎善，不诚其身矣。是故诚者，天之道也；思诚者，人之道也。至诚而不动者，未之有也；不诚，未有能动者也。"

【注释】①获于上：得到上级的信任。

【译文】孟子说:"处在下位而又不能得到上级信任,百姓就治理不好。取得上级信任是有方法的,不能取信于朋友,就得不到上级信任。取信于朋友是有方法的,事奉父母不能得到父母的欢心,就不能取信于朋友。得到父母的欢心是有方法的,反省自身心意不诚,就得不到父母的欢心。使自身真诚是有方法的,不明白什么是善,自身就不能真诚。所以,诚是自然的法则;追求诚,是做人的法则。做到了至诚而不被感动,是从没有过的事;如果不诚,也从不能感动人。"

7.13 孟子曰:"伯夷辟纣,居北海之滨^①,闻文王作,兴^②曰:'盍归乎来^③!吾闻西伯^④善养老者。'太公辟纣,居东海之滨^⑤,闻文王作,兴曰:'盍归乎来!吾闻西伯善养老者。'二老者,天下之大老也,而归之,是天下之父归之也。天下之父归之,其子焉往?诸侯有行文王之政者,七年之内,必为政于天下矣。"

【注释】①北海之滨:黄河从右碣石入海处。 ②兴:"起""兴奋"的意思。 ③盍归乎来:来是语助词。 ④西伯:即后来的周文王。 ⑤东海之滨:指海曲县,治所在今山东日照。

【译文】孟子说:"伯夷躲避商纣,居住在北海边上,听说文王兴盛起来了,振奋地说:'何不去归属!我听说西伯是善于奉养老人的。'太公姜尚躲避商纣,居住在东海边上,听说文王兴盛起来了,振奋地说:'何不去归属!我听说西伯是善于奉养老人的。'这二位老人,是天下德高望重的老人,他们去归属文王,这等于天下做父亲的归属了文王。天下的父亲都归属了,他们的儿子还会去哪里呢?诸侯中如有实行文王之政的,七年之内,就一定能统一天下了。"

7.14 孟子曰："求也为季氏宰①，无能改于其德，而赋粟②倍他日。孔子曰：'求非我徒也，小子鸣鼓而攻之可也！'由此观之，君不行仁政而富之，皆弃于孔子者也，况于为之强战！争地以战，杀人盈野；争城以战，杀人盈城；此所谓率土地而食人肉，罪不容于死。故善战者服上刑③，连诸侯④者次之，辟草莱、任土地⑤者次之。"

【注释】①求：孔子弟子冉求，字子有；季氏：季康子，鲁国贵族。②赋粟：征收粟米。 ③上刑：重刑。 ④连诸侯：联结诸侯，即当时所谓的"合纵连横"。 ⑤辟草莱：开垦荒地；任土地，把土地私分而征赋税。

【译文】孟子说："冉求做季康子的家臣，没有能力改变季氏的德行，却把田赋增加了一倍。孔子说：'冉求已不是我的门徒，弟子们可以大张旗鼓地去攻击他！'从这件事看来，国君不行仁政而帮他搜刮财富的人，都是被孔子所唾弃的；何况那些为君主们努力征战的人呢！为争夺土地而战，杀死的人遍野；为争夺城池而战，杀死的人满城；这就是所谓的为了土地而吃人肉，其罪之大，处死刑尚不足。所以，好战的人该受最重的刑罚，唆使诸侯'合纵连横'的人该受次一等的刑罚，迫使百姓开垦荒地、乱分田地而增加赋税的人该受更次一等的刑罚。"

7.15 孟子曰："存乎人者，莫良于眸子。眸子不能掩其恶。胸中正，则眸子瞭①焉；胸中不正，则眸子眊②焉。听其言也，观其眸子，人焉廋③哉？"

【注释】①瞭（liǎo）：明。　②眊（mào）：昏花。　③庾（sōu）：藏匿。

【译文】孟子说："观察人，没有比观察人的眼睛更好了。眼睛不能掩盖人内心的丑恶。一个人心胸正，眼睛就明亮；心胸不正，眼睛看东西就昏暗。听一个人讲话，观察他的眼睛，这人内心的善恶又怎能隐藏得了呢？"

7.16　孟子曰："恭者不侮人，俭者不夺人，侮夺人之君，惟恐不顺焉，恶得为恭俭？恭俭岂可以声音笑貌为哉？"

【译文】孟子说："恭敬的人不会侮辱别人，俭朴的人不会掠夺别人。那些侮辱、掠夺别人的君主，只怕别人不顺从，又怎能做得到恭敬和俭朴呢？恭敬和俭朴难道可凭悦耳的声音和讨好的笑脸做得出来的吗？"

7.17　淳于髡①曰："男女授受不亲，礼与？"

孟子曰："礼也。"

曰："嫂溺，则援之以手乎？"

曰："嫂溺不援，是豺狼也。男女授受不亲，礼也；嫂溺，援之以手者，权②也。"

曰："今天下溺矣，夫子之不援，何也？"

曰："天下溺，援之以道；嫂溺，援之以手。子欲手援天下乎？"

【注释】①淳于髡：淳（chún）于，复姓，名髡（kūn），齐国人，为人滑稽善辩，先后在齐威王、齐宣王朝任职，事迹散见于《战国策》《史记》等典籍。　②权：变通。

【译文】淳于髡问："男女间不亲手递接东西，是礼制吗？"

孟子说："是礼制。"

淳于髡又问："要是嫂嫂掉入水中，是不是用手去援救她呢？"

孟子说："嫂嫂掉入水中不去援救，这是豺狼。男女间不亲手递接东西，是礼制；嫂嫂掉入水中，用手去援救，是变通。"

淳于髡说："现在天下人都掉入了水中，可先生却不去援救，这是为什么？"

孟子说："天下人掉入水中，要用道去援救；嫂嫂掉入水中，要用手去援救。难道你想用手去援救天下人吗？"

7.18　公孙丑曰："君子之不教子，何也？"

孟子曰："势不行也。教者必以正；以正不行，继之以怒；继之以怒，则反夷①矣。'夫子教我以正，夫子未出于正也。'则是父子相夷也。父子相夷，则恶矣。古者易子而教之，父子之间不责善。责善则离，离则不祥莫大焉。"

【注释】①夷：伤害。

【译文】公孙丑问："君子不亲自教育儿子，为什么呢？"

孟子答道："因为情势上行不通。执教者一定要用正道来教育，用正道而无效，随之而来的是被激怒；执教者被激怒，就反而伤了感情。（儿子会这么说）'您以正道来教育我，自己却不按正道来做。'那父子就相互伤了感情。父子相互伤感情，那就很不好了。古时候人们交换儿子来进行教育，父子之间不以正道来责求对方。以正道责求对方，彼此就会产生隔膜，没有比隔膜更不好的事了。"

7.19　孟子曰："事，孰为大？事亲为大；守，孰为大？守身为大。不失其身而能事其亲者，吾闻之矣，失其身而能事其亲者，吾未之闻也。孰不为事？事亲，事之本也；孰不为守？守身，守之本也。曾子养曾晳①，必有酒肉；将彻，必请所与；问有余，必曰有。曾晳死，曾元②养曾子，必有酒肉；将彻，不请所与；问有余，曰亡矣，将以复进也。此所谓养口体者也。若曾子，则可谓养志也。事亲若曾子者可也。"

【注释】①曾晳：名点，孔子学生，曾参（即曾子）之父。②曾元：曾参之子。

【译文】孟子说："事奉，谁最为重要？事奉父母最为重要；守护，什么最为重要？守护自身的操守最为重要。不使自身陷于不义而又能事奉父母的人，我听说过；自身已陷于不义却又能奉事父母的人，我没听说过。什么长上不应事奉？但事奉父母是最根本的；什么正义不应守护？但守护自身的操守是最根本的。曾子奉养他父亲曾晳，每餐一定有酒肉；将要撤除时，一定要请示余下的给谁；曾晳如问还有没有剩余，一定回答说有。曾晳死后，曾元奉养曾子，每餐也一定有酒肉；将要撤除时，便不请示余下的给谁了；曾子如问还有没有剩余，回答说没了。为的是将剩余的用于下次。这叫作奉养父母的口和体。像曾子，可以说是顺从父母意愿之养。事奉父母能做到像曾子那样，就算可以了。"

7.20　孟子曰："人不足与适也①，政不足间②也，惟大人为能格君心之非。君仁莫不仁，君义莫不义，君正莫不正。一正君而国定矣。"

【注释】①人：赵岐注为在位之"小人"；适（zhé）：繁体字作"適"，同"谪"，即批评、指责之意。 ②间（jiàn）：非议。

【译文】孟子说："那些当权的小人不值得去指责，他们的政事也不值得去非议；只有大德的人才能纠正国君思想上的错误。国君仁，便没有人不仁；国君义，便没有人不义；国君正，便没有人不正。一旦端正了国君，国家便安定了。"

7.21 孟子曰："有不虞①之誉，有求全之毁。"

【注释】①虞：预料。

【译文】孟子说："有出乎意料的赞誉，也有苛求完美的诋毁。"

7.22 孟子曰："人之易其言也，无责耳矣。"

【译文】孟子说："人们之所以轻易发表言论，是由于没有责任心的缘故。"

7.23 孟子曰："人之患，在好为人师。"

【译文】孟子说："人们的毛病，在于喜欢充当别人的老师。"

7.24 乐正子从于子敖①之齐。
乐正子见孟子。孟子曰："子亦来见我乎？"

曰："先生何为出此言也？"

曰："子来几日矣？"

曰："昔者。"

曰："昔者，则我出此言也，不亦宜乎？"

曰："舍馆^②未定。"

曰："子闻之也，舍馆定，然后求见长者乎？"

曰："克有罪。"

【注释】①子敖：即王驩（见《公孙丑下》第六章）的字，当时他已为齐国的右师。　②舍馆：客舍。

【译文】乐正子随王驩来到了齐国。

乐正子去见孟子。孟子说："你也来见我吗？"

乐正子说："老师为什么讲这样的话呢？"

孟子说："你来了几天了？"

乐正子说："前些日子。"

孟子说："前些日子，那我说这话，不也合适吗？"

乐正子说："因为客馆还没确定。"

孟子说："你听说过，要等客馆定下了，然后才去求见长辈吗？"

乐正子说："我错了。"

7.25 孟子谓乐正子曰："子之从于子敖来，徒餔啜^①也。我不意子学古之道而以餔啜也。"

【注释】①餔啜（bū chuò）：饮食。

【译文】孟子对乐正子说："你这次跟随王驩来，只不过是为了吃喝。我没想到你学了古人的道理却用来谋取吃喝。"

7.26 孟子曰："不孝有三^①，无后为大。舜不告而娶，为无后也，君子以为犹告也。"

【注释】①不孝有三：据东汉赵岐注："阿意曲从，陷亲不义，一不孝也；家贫亲老，不为禄仕，二不孝也；不娶无子，绝先祖祀，三不孝也。"

【译文】孟子说："对父母不孝的事有三件，其中以没有后代为最大。舜不先禀告父母而娶妻，为的是担心没有后代，所以君子认为这如同禀告了父母一样。"

7.27 孟子曰："仁之实，事亲是也；义之实，从兄是也。智之实，知斯二者弗去是也；礼之实，节文斯二者是也；乐之实，乐斯二者，乐则生矣，生则恶可已也。恶可已，则不知足之蹈之，手之舞之。"

【译文】孟子说："仁的实质，就是事奉父母；义的实质，就是顺从兄长。智的实质，就是明白这两者的道理而执着地坚持；礼的实质，就是调节、修饰这两者；乐的实质，就是从这两者中得到快乐，快乐由此而生，快乐一产生就不可遏止了。快乐不可遏止，就会情不自禁地手舞足蹈起来。"

7.28 孟子曰："天下大悦而将归己，视天下悦而归己，犹草芥也，惟舜为然。不得乎亲，不可以为人；不顺乎亲，不可以为子。舜尽事亲之道而瞽瞍①厎豫②，瞽瞍厎豫而天下化；瞽瞍厎豫而天下之为父子者定，此之谓大孝。"

【注释】①瞽瞍：舜的父亲，性情顽固，曾多次想谋杀舜，参见《万章上》第二、四章。　②厎（zhǐ）豫：厎，致；豫，乐。

【译文】孟子说："天下的人都十分高兴，并将要归附于自己；把天下的人悦服并归附自己，看得像草芥一样的，只有舜是如此的。不能得到父母的欢心，不可以做人；不能顺从父母的心愿，便不成其为儿子。舜尽了事奉父母之道而使瞽瞍高兴起来。瞽瞍高兴了，天下人都受到了感化；瞽瞍高兴了，天下的父子伦常也由此确定，这就叫作大孝。"

离娄下

【评述】本篇下篇凡三十三章，以孟子的语录为主，此外有一些是孟子在齐国的谈话，以及与学生或其他人的对话。其内容涉及面比较广泛，包括了孟子论圣贤品格、论治国之道、论君臣关系、论人性本质、论品德修养、论行事原则、论儒家道统、论历史等。

8.1 孟子曰："舜生于诸冯，迁于负夏，卒于鸣条^①，东夷之人也。文王生于岐周，卒于毕郢^②，西夷之人也。地之相去也千有余里，世之相后也千有余岁。得志行乎中国，若合符节^③，先圣后圣，其揆^④一也。"

【注释】①诸冯、负夏、鸣条：都是地名，今已难以确指为何地，依孟子之言当在东方。　②岐周：指岐山下周的旧邑，在今陕西岐山县东北；毕郢：相传是文王去世之地，在今陕西咸阳县东。　③符节：符、节是古代表示印信之物，原料有玉、铜、角、竹等，形状有龙、虎、人之别，随用途而异，一般是剖为两半，各执其一，相合无间，以代印信。　④揆：准则。

【译文】孟子说："舜出生在诸冯，迁居到负夏，去世于鸣条，是东方边地的人。文王出生在岐周，去世于毕郢，是西方边地的人。两地相距一千多里，时代相隔一千多年。他们的意愿得以实现并在中土的施行，简直一模一样，（说明无论）在先的圣人还是在后的圣人，他们的准则是一样的。"

8.2　子产①听郑国之政，以其乘舆济人于溱、洧②。孟子曰："惠而不知为政。岁十一月徒杠③成，十二月舆梁④成，民未病涉也。君子平其政，行辟人⑤可也，焉得人人而济之？故为政者，每人而悦之，日亦不足矣。"

【注释】①子产：公孙侨的字，春秋时郑国的贤相，颇得孔子称许。②溱（zhēn）、洧（wěi）：郑国二水名。　③徒杠（gāng）：供徒步人过河的独木桥。　④舆梁：可通马车的大桥。　⑤行辟人：辟同避，行辟人是说叫行人回避。

【译文】子产在郑国当政，用自己所乘的车子在溱水、洧水边帮助人们渡河。孟子说："这只是恩惠，却不懂得治理政事。要是十一月修成走人的小桥，十二月修成行车的大桥，百姓便不会再为渡河发愁了。做官的如果治理好政事，哪怕外出时让行人回避也可以，怎能去一个个地帮行人渡河呢？所以，治理政事的人，要使每个人都满意，连时间也不够了。"

8.3　孟子告齐宣王曰："君之视臣如手足，则臣视君如腹心；君之视臣如犬马，则臣视君如国人；君之视臣如土芥，则臣视君如寇仇。"

王曰："礼，为旧君有服①，何如斯可为服矣？"

曰："谏行言听，膏泽下于民；有故而去，则君使人导之出疆，又先于其所往^②；去三年不反，然后收其田里。此之谓'三有礼'焉。如此，则为之服。今也为臣，谏则不行，言则不听；膏泽不下于民；有故而去，则君搏执之，又极^③之于其所往；去之日，遂收其田里。此之谓寇仇。寇仇，何服之有？"

【注释】①旧君：过去曾事奉过的君主；服：服丧。 ②先于其所往：先派人去他所要去的地方。 ③极：穷困，使动用法。

【译文】孟子告诉齐宣王说："君主把臣下看得如同手足，臣下就会把君主看得如同腹心；君主把臣下看得如同狗马，臣下就会把君主看得如同常人；君主把臣下看得如同泥土、草芥，臣下就会把君主看得如同强盗、仇敌。"

宣王说："礼制规定：臣下要为以前事奉过君主服丧，在什么情况下臣下才为君主服丧呢？"

孟子说："如果劝谏被接纳，建议被听从，恩惠下及到百姓身上；因故离国时，君主派人护送他出境，且事先派人到他所要去的地方布置妥善；离国三年还没回来，然后才收回他的禄田、房屋。这就叫'三有礼'。君主能做到这样，臣下就会为他服丧。现在做臣下的，劝谏不被接纳，建议不被听从；恩惠不到百姓身上；因故离国时，君主就逮捕他，且事先派人到他所要去的地方制造种种困难；人一离开，便没收他的禄田、房屋。这便叫作强盗、仇敌。对强盗、仇敌，还有什么孝可服呢？"

8.4 孟子曰："无罪而杀士，则大夫可以去；无罪而戮民，则士可以徙。"

【译文】孟子说："没有罪而杀害士人，做大夫的就可以离去；没有罪而杀戮百姓，做士人的就可以迁往别处。"

128

8.5　孟子曰："君仁，莫不仁；君义，莫不义。"

【译文】孟子说："国君仁，便没有人不仁；国君义，便没有人不义。"

8.6　孟子曰："非礼之礼，非义之义，大人弗为。"

【译文】孟子说："似是而非的礼，似是而非的义，有大德的君子是不干的。"

8.7　孟子曰："中也养不中①，才也养不才，故人乐有贤父兄也。如中也弃不中，才也弃不才，则贤不肖之相去，其间不能以寸②。"

【注释】①中：无过无不及，这里喻有德行；养：是指涵育熏陶。②不能以寸：不能以寸来量，比喻十分接近。

【译文】孟子说："有道德的人能教育熏陶道德不高的人，有才智的人能教育熏陶才智低下的人，所以人们乐于家中有贤能的父兄。要是有道德的人嫌弃道德不高的人，有才智的人嫌弃才智低下的人，那么，贤与不贤这两种人之间的距离近得不能用寸来衡量了。"

8.8　孟子曰："人有不为也，而后可以有为。"

【译文】孟子说："人要有所不为，然后才能有所作为。"

8.9 孟子曰："言人之不善，当如后患何？"

【译文】孟子说："谈论别人的不好，因此而引起后患又该怎么办呢？"

8.10 孟子曰："仲尼不为已甚者。"

【译文】孟子说："孔子不做过分的事。"

8.11 孟子曰："大人者，言不必信，行不必果，惟义所在。"

【译文】孟子说："有道德的君子，说话不拘泥于句句信守，行为不拘泥于件件贯彻到底，只依据义之所在而言、行。"

8.12 孟子曰："大人者，不失其赤子之心者也。"

【译文】孟子说："所谓有德行的人，就是不丧失婴儿般纯朴之心的人。"

8.13 孟子曰："养生者不足以当大事，惟送死可以当大事。"

【译文】孟子说："奉养父母不能算作大事，只有给他们办好丧事才可以算作是大事。"

8.14 孟子曰："君子深造之以道，欲其自得之也。自得之，则居之安；居之安，则资①之深；资之深，则取之左右逢其原。故君子欲其自得之也。"

【注释】①资：积蓄的意思。

【译文】孟子说："君子以道来深造自己，目的是要使自己把握道。自己把握了道，就能处于道而不动摇；处于道而不动摇，就能积蓄深广；积蓄深广，就能取之不尽，左右逢源。所以，君子要使自己把握道。"

8.15　孟子曰："博学而详说之，将以反说约也。"

【译文】孟子说："广博地学习，详尽地阐述，目的是要回到简约地阐述。"

8.16　孟子曰："以善服人者，未有能服人者也；以善养人，然后能服天下。天下不心服而王者，未之有也。"

【译文】孟子说："拿自己的善去折服别人，没有能够使人折服的；拿自己的善去影响教育别人，这才能叫天下人心服。天下人不心服而能统一天下的，还从未有过。"

8.17　孟子曰："言无实不祥。不祥之实，蔽贤者当之。"

【译文】孟子说："言谈不合实际是不好的。这种不好的结果，应由阻碍任用贤者的人承担。"

8.18 徐子①曰："仲尼亟称于水曰：'水哉，水哉②！'何取于水也？"

孟子曰："源泉混混③，不舍昼夜，盈科④而后进，放乎四海。有本者如是，是之取尔。苟为无本，七八月之间雨集，沟浍皆盈；其涸也，可立而待也。故声闻过情⑤，君子耻之。"

【注释】①徐子：孟轲弟子徐辟。 ②亟（qì）：屡次。这里所引孔子赞美水之语，不见于经传，惟《论语·子罕》中有："子在川上，曰：'逝者如斯夫！不舍昼夜。'"据下文孟子语，疑或即指此语。③混混：滚滚。 ④盈科：注满坑洼。 ⑤浍（kuài）：田间的水沟。声闻（wèn）：名誉；过情：过分。

【译文】徐辟说："孔子屡次赞美水，说：'水啊，水啊！'水有何可取的？"

孟子说："从源头上流出的泉水滚滚奔流，不分白天黑夜，注满低洼处后继续前进，一直流到大海。有本源的正像这样，孔子取的就是这一点。假如没有无源，就像七八月间雨水多时，沟沟洼洼水都满了，可它们的干涸，不一会儿就可等到。所以声誉超过了实际，君子引以为耻。"

8.19 孟子曰："人之所以异于禽兽者几希，庶民去之，君子存之。舜明于庶物，察于人伦，由仁义行，非行仁义也。"

【译文】孟子说："人所以不同于禽兽的地方就那么一点点，老百姓丢弃了它，君子保存了它。舜能明了万事万物的道理，能洞察做人之理，依从仁义行事，而不是（把仁义作为手段、工具）去推行仁义。"

8.20 孟子曰："禹恶旨酒①而好善言。汤执中，立贤无方②。文王视民如伤，望道而③未之见。武王不泄④迩，不忘远。周公思兼三王，以施四事⑤，其有不合者，仰而思之，夜以继日，幸而得之，坐以待旦。"

【注释】①旨酒：美酒。 ②方：常，一定。 ③而：朱熹注"而读为如"，"而""如"可通用。 ④泄：狎亵、轻慢。 ⑤三王：夏、商、周三代之王；四事：禹、汤、文、武所行之事。

【译文】孟子说："禹讨厌美酒，却喜欢有益的话。汤坚持中道，起用贤人没有常规。周文王看待百姓如同他们受了伤害（而加抚慰），已接近了道却仍像还没有看到一样（努力追求）。周武王不轻慢常近臣，不遗忘远臣。周公想兼学夏、商、周三代的贤王，实践禹、汤、文、武事业；如有不合的地方，仰起头思索，不分白天黑夜；有幸想通了，便坐着等待天亮（好立即去实行）。"

8.21 孟子曰："王者之迹①熄而《诗》亡，《诗》亡然后《春秋》作。晋之《乘》，楚之《梼杌》，鲁之《春秋》，一也②。其事则齐桓、晋文，其文则史。孔子曰：'其义则丘窃取之矣。'"

【注释】①迹：按清儒朱骏声的说法是远（jì）字之误，指古代王者派出的采诗官，叫"遒人"或"行人"，他们的工作是摇着木铎到民间去采录诗。 ②《乘》（shèng）、《梼杌》（táo wù）、《春秋》：都是史书。

【译文】孟子说："王者采诗之举废止后，《诗》也就没有了；《诗》没有了，然后孔子便作了《春秋》。晋国的《乘》，楚国的《梼杌》，鲁国的《春秋》，都是一样的史书。它们所记的史事不过是齐桓公、晋文公，它们的文字也只是一般史书的笔法。孔子说：'（《诗》的）褒贬大义，被我（在作《春秋》时）借用过来了。'"

8.22 孟子曰："君子之泽，五世而斩^①；小人^②之泽，五世而斩。予未得为孔子徒也，予私淑^③诸人也。"

【注释】①泽：影响；斩：绝。 ②小人：赵岐注为"大凶"，焦循疏曰：近世通解"为圣贤不在位者"。 ③淑：通"叔"，取的意思；诸：之于。

【译文】孟子说："君子的影响，过了五代后便衰竭了；小人的影响，过了五代后也衰竭了。我没能成为孔子的门徒，我是私下里向别人学取（孔子之道）的。"

8.23 孟子曰："可以取，可以无取；取伤廉。可以与，可以无与；与伤惠。可以死，可以无死；死伤勇。"

【译文】孟子说："可以拿，可以不拿，拿了有损于廉洁。可以给，可以不给，给了有损于恩惠。可以死，可以不死，死了有损于勇敢。"

8.24 逢蒙学射于羿^①，尽羿之道，思天下惟羿为愈己，于是杀羿。孟子曰："是亦羿有罪焉。"

公明仪曰："宜若无罪焉。"

曰："薄乎云尔，恶得无罪？郑人使子濯孺子②侵卫，卫使庾公之斯③追之，子濯孺子曰：'今日我疾作，不可以执弓，吾死矣夫！'问其仆曰：'追我者谁也？'其仆曰：'庾公之斯也。'曰：'吾生矣。'其仆曰：'庾公之斯，卫之善射者也。夫子曰吾生，何谓也？'曰：'庾公之斯学射于尹公之他，尹公之他学射于我。夫尹公之他，端人④也，其取友必端矣。'庾公之斯至，曰：'夫子何为不执弓？'曰：'今日我疾作，不可以执弓。'曰：'小人学射于尹公之他，尹公之他学射于夫子。我不忍以夫子之道反害夫子。虽然，今日之事，君事也，我不敢废。'抽矢，扣轮，去其金，发乘矢⑤而后反。"

【注释】①逢（péng）蒙：后羿的家众及学生，传说曾助寒浞杀死后羿；羿：后羿，传说为夏代诸侯有穷国之君。　②子濯孺子：郑国的大夫。　③庾公之斯：卫国的大夫。　④端人：正派人。　⑤乘（shèng）矢：四支箭。

【译文】逢蒙向后羿学习射箭，完全掌握了后羿的射箭技巧，他心想天下只有后羿的射艺超过自己，于是就杀害了后羿。孟子说："这件事后羿也有罪过。"

公明仪说："似乎没有罪过吧。"

孟子说："不过轻一点罢了，怎能说没有罪过呢？郑国派遣子濯孺子侵犯卫国，卫国派庾公之斯追击他。子濯孺子说：'今天我的病发了，拿不了弓，我没命了！'他问驾车的人说：'追赶我的是谁？'驾车的说：'是庾公之斯。'子濯孺子说：'我可活命了。'驾车的说：'庾公之斯是卫国优秀的射手，先生却说我可活命了，这是什么道理呢？'子濯孺子说：'庾公之斯是向尹公之他学射箭的，尹公之他是向我学射箭的。尹公之他是个正派人，他选取的朋友一定也正派。'

庚公之斯追上了，问道：'先生为什么不拿弓？'子濯孺子说：'今天我的病发了，拿不了弓。'庚公之斯说：'我向尹公之他学射箭，尹公之他又向先生学射箭。我不忍心拿先生的技艺来伤害先生。尽管如此，但今天的事，是国家的公事，我不敢废弃。'于是抽出箭，在车轮上敲打，把箭头敲掉，连发四箭后便走了。"

8.25 孟子曰："西子①蒙不洁，则人皆掩鼻而过之。虽有恶人②，齐③戒沐浴，则可以祀上帝。"

【注释】①西子：西施，越国美女。　②恶人：面貌丑陋的人。③齐：通斋。

【译文】孟子说："美女西施沾上了污秽，人们都要捂着鼻子走过去。即使面貌丑陋的人，斋戒沐浴后，也可以去祭祀上帝。"

8.26 孟子曰："天下之言性①也，则故而已矣。故者以利为本②。所恶于智者，为其凿也。如智者若禹之行水也，则无恶于智者矣。禹之行水也，行其所无事也。如智者亦行其所无事，则智亦大矣。天之高也，星辰之远也，苟求其故，千岁之日至③，可坐而致也。"

【注释】①性：赵岐注为"天下万物之情性"，朱熹注为"人、物所得以生之理也"。　②故：事物的本来面目、本原；利：顺。　③日至：此处指冬至。

【译文】孟子说："天下人讲论人、物的性，只要推求其本来面目就可以了。其本来面目以顺乎自然为基础。之所以讨厌那些自作聪明的人，是因为他们穿凿附会。如果聪明人能像大禹疏通水流一样，那就不会讨厌聪明了。大禹疏通水流，是让水顺其自然地流淌。如果聪明人也能顺其自然地行事，那聪明的作用就大了。天虽然很高，星辰虽然很远，只要能推求其运行的本来面目，即使千年以后的冬至，也可以坐着推算出来。"

8.27 公行子有子之丧^①，右师^②往吊。入门，有进而与右师言者，有就右师之位而与右师言者。孟子不与右师言，右师不悦曰："诸君子皆与驩言，孟子独不与驩言，是简驩也。"

孟子闻之，曰："礼，朝廷不历位而相与言，不逾阶而相揖也。我欲行礼，子敖以我为简，不亦异乎？"

【注释】①公行子：齐国大夫；有子之丧：据《仪礼·丧服》规定，长子死，父亲得为之服"斩衰（cuī）"（穿粗麻孝服三年），故不少人认为"子"即公行子的长子。　②右师：即齐王的宠臣王驩，字子敖。

【译文】公行子死了长子，右师到他家去吊唁，他一进门，便有人迎上去与他说话，也有人跑到他的坐位旁边与他说话。孟子不与他说话，右师不高兴地说："诸位大夫都与我说话，惟独孟子不与我说话，这是简慢我。"

孟子得知后，说："按照礼节，在朝廷上不越过位子去与人说话，不走过阶石与别人作揖。我想按礼节行事，子敖却认为我简慢，不也是怪事吗？"

8.28 孟子曰："君子所以异于人者，以其存心也。君子以仁存心，以礼存心。仁者爱人，有礼者敬人。爱人者人恒爱之，敬人者人恒敬之。有人于此，其待我以横逆^①，则君子必自反也；我必不仁也，必无礼也，此物奚宜^②至哉？其自反而仁矣，自反而有礼矣，其横逆由^③是也，君子必自反也，我必不忠。自反而忠矣，其横逆由是也，君子曰：'此亦妄人也已矣！如此，则与禽兽奚择^④哉？于禽兽又何难焉？'是故君子有终身之忧，无一朝之患也。乃若所忧则有之：舜，人也；我，亦人也。舜为法于天下，可传于后世，我由未免为乡人也，是则可忧也。忧之如何？如舜而已矣。若夫君子所患则亡矣。非仁无为也，非礼无行也。如有一朝之患，则君子不患矣。"

【注释】①横（hèng）逆：蛮不讲理。　②奚宜：为什么。③由：通"犹"。　④择：区别、不同。

【译文】孟子说："君子所以与一般人不同，就在于他们所存之心。君子把仁存于心，把礼存于心。仁人爱护别人，有礼的人尊敬别人。爱护别人的人，别人也常爱护他；尊敬别人的人，别人也常尊敬他。这里有个人，他对我蛮横无理，那君子一定会反躬自问：我一定是不仁，一定是无礼，否则这样的事怎么会发生？要是自问做到了仁，自问做到了有礼，而那人还是那样横蛮，君子一定再反躬自问：我一定是不忠。要是自问做到了忠，而那人横蛮如故，君子只好说：'这不过是个狂妄的人罢了，像这样，那与禽兽又有何区别？对禽兽又有什么可责备的呢？'所以，君子有终身的忧虑，没有突发的担心。至于所忧虑的事是有的：舜是人，我也是人；舜能成为天下人的榜样，且可流传到后世，而我还不免是个乡里的普通人，这才是可忧虑的事。忧虑又怎么办呢？要做到像舜一样罢了。至于君子所担心的事就没有了。不合于仁的事不做。不合于礼的事不干。如有什么横祸飞来，君子并不担心。"

8.29　禹、稷当平世，三过其门而不入^①，孔子贤之。颜子当乱世，居于陋巷，一箪食，一瓢饮，人不堪其忧，颜子不改其乐，孔子贤之^②。孟子曰："禹、稷、颜回同道。禹思天下有溺者，由己溺之也；稷思天下有饥者，由己饥之也，是以如是其急也。禹、稷、颜子易地则皆然。今有同室之人斗者，救之，虽被发缨冠^③而救之可也；乡邻有斗者，被发缨冠而往救之，则惑也；虽闭户可也。"

【注释】①稷：周的始祖弃，舜时为农官。稷无"三过其门不入"传说，杨伯峻引杨树达语曰："本禹事而亦称稷。"　②颜子事，见《论语·雍也》。　③被发：披着头发；缨：系帽绳；缨冠，连绳带帽一起套在头上。

【译文】禹和稷处太平时代，三次经过自己家门也不进去，孔子称赞他们。颜渊生当乱世，住在狭小的巷子里，一箪饭，一瓢水，别人受不了这样的清苦生活，颜渊却不变他内心的快乐，孔子也称赞他。孟子说："禹、稷和颜渊行事的道理是相同的。禹心想天下有淹入水中的人，如同是自己使他们淹入水中一样；稷心想天下有挨饿的人，如同是自己使他们挨饿一样，所以他们会如此急迫。禹、稷和颜渊如果互换一下位置，态度也都会一样的。现在假定有同室的人互相斗殴，那就一定要去救他们，哪怕是披头散发就匆忙顶着帽子、连帽带也不结就去救都可以。要是乡里邻人互相斗殴，也披头散发就匆忙顶着帽子、连帽带也不结就去救，那就未免太糊涂了；这时，那怕关起门也是可以的。"

8.30　公都子曰："匡章，通国皆称不孝焉。夫子与之游，又从而礼貌之，敢问何也？"

　　孟子曰："世俗所谓不孝者五，惰其四支，不顾父母之养，一不孝也；博弈好饮酒，不顾父母之养，二不孝也；好货财、私妻子，不顾父母之养，三不孝也；从耳目之欲，以为父母戮①，四不孝也；好勇斗狠，以危父母，五不孝也。章子有一于是乎？夫章子，子父责善而不相遇②也。责善，朋友之道也；父子责善，贼恩之大者。夫章子，岂不欲有夫妻子母之属哉？为得罪于父，不得近，出妻屏子，终身不养焉。其设心以为不若是，是则罪之大者。是则章子已矣。"

　　【注释】①从：通"纵"；戮：羞辱。很：同"狠"。　②不相遇：合不来。

　　【译文】公都子说："匡章这个人，国中之人都说他不孝，老师却跟他交游，且对他相当敬重，请问这是为什么？"

　　孟子说："世俗认为不孝的行为有五种：四体不勤，不管父母的奉养，是一不孝；嗜好下棋饮酒，不管父母的奉养，是二不孝；贪好钱财，偏爱自己的妻室儿女，不管父母的奉养，是三不孝；放纵声色的欲望以至于犯罪，使父母蒙受耻辱，是四不孝；专逞血气之勇，喜欢逞勇斗殴，以至于连累父母，是五不孝。章子有一项这样的行为吗？章子不过是由于父子之间以善相责，把关系弄僵了。以善相责，本是朋友相处的准则；父子之间以善相责，是最容易伤害感情的事。章子难道不想有夫妻、母子的团聚吗？因为得罪了父亲，不得和他接近，自己只好赶走老婆，疏远儿子，终身不受他们的奉养。他的用心是认为，不这样做罪过更大。章子不过如此罢了。"

　　8.31 曾子居武城①，有越寇②。或曰："寇至，盍去诸？"曰：

"无寓人于我室，毁伤其薪木。"寇退，则曰："修我墙屋，我将反。"寇退，曾子反。左右曰："待先生如此其忠且敬也。寇至，则先去以为民望③；寇退则反，殆于④不可。"沈犹行⑤曰："是非汝所知也。昔沈犹有负刍之祸⑥，从先生者七十人，未有与焉。"

子思居于卫，有齐寇。或曰："寇至，盍去诸？"子思曰："如伋⑦去，君谁与守？"

孟子曰："曾子、子思同道。曾子，师也，父兄也；子思，臣也，微也。曾子、子思易地则皆然。"

【注释】①武城：鲁国邑名。 ②有越寇，杨伯峻《孟子译注》说：据《左传》哀公二十一年以后吴鲁、越鲁关系史的记载，武城一带是和越灭吴后疆界犬牙交错之地，越寇来去甚易。 ③先去以为民望：是说百姓看了会仿效这种行为。 ④殆：恐怕；于：为、是。 ⑤沈犹行：曾子弟子；沈犹，复姓。 ⑥有负刍之祸：当时有个名叫负刍的人作乱进攻沈犹氏。 ⑦伋：子思名伋。

【译文】曾子住在武城，越国人来进犯。有人说："敌寇要到了，何不离开这里呢？"曾子说："不要让别人住进我的房子里，损伤那里的树木。"敌寇退了，曾子说："把我的墙、屋整修好，我要回来了。"敌寇退了，曾子回来了。他身边的人说："武城的官员待先生是这样的忠诚和恭敬，一旦敌寇来了，却给百姓做了先离去的榜样；敌寇退了就回来了，这恐怕不可以吧。"沈犹行说："这事不是你们所能了解的。从前先生住在我那里，有个名叫负刍的人作乱，跟随先生的七十个人，没有一人过问此事的。"

子思住在卫国，齐国人来进犯。有人说："敌寇要到了，何不离开这里呢？"子思说："要是我走了，卫君跟谁一道守城呢？"

孟子说:"曾子、子思是一个道理。曾子是(武城人的)师长,父兄;子思是(卫国的)臣子,地位低下。曾子、子思如果换一下位置,都会这样做的。"

8.32 储子①曰:"王使人瞷②夫子,果有以异于人乎?"

孟子曰:"何以异于人哉?尧舜与人同耳。"

【注释】①储子:齐国人,当时或为齐相。 ②瞷:窥看。

【译文】储子说:"大王派人窥看先生,是否真有与常人不同之处?"

孟子说:"有什么与常人不同之处?就是尧、舜也与常人一样。"

8.33 齐人有一妻一妾而处室者,其良人①出,则必餍酒肉而后反。其妻问所与饮食者,则尽富贵也。其妻告其妾曰:"良人出,则必餍酒肉而后反,问其与饮食者,尽富贵也,而未尝有显者来。吾将瞷良人之所之也。"

蚤起,施②从良人之所之,遍国中无与立谈者。卒之东郭墦③间,之祭者,乞其余;不足,又顾而之他。此其为餍足之道也。

其妻归,告其妾曰:"良人者,所仰望而终身也,今若此!"与其妾讪其良人,而相泣于中庭。而良人未之知也,施施④从外来,骄其妻妾。

由君子观之,则人之所以求富贵利达者,其妻妾不羞也、而不相泣者,几希矣。

【注释】①良人:丈夫。 ②施(yǐ):古"斜"字,是说不从正路走。 ③墦(fán):坟墓。 ④施施(shī shī):得意洋洋的样子。

【译文】齐国有个有一妻一妾的人家，她们的丈夫每次外出，就一定是吃饱了酒肉才回来。他妻子问他一起吃喝的是些什么人，据他说都是有钱有势的人。他妻子告诉他的妾说："丈夫外出，就一定是吃饱了酒肉才回来；问他一起吃喝的是些什么人，都是有钱有势的人，可从来没有显贵的人来过。我想窥探一下丈夫所去的地方。"

清早起来，她拐弯抹角地跟着丈夫到所去的地方，满城中没有谁与他站下来交谈的。最后他走到东门城外墓地，向那些扫墓人乞讨残剩的祭品；不够，又四面张望、跑到别处去乞讨。这就是他吃饱喝足的方法。

他妻子回去，（把看到的情况）告诉他的妾，说："丈夫，是我们指望依靠过一生的人，现在他却是这个样子！"于是跟他的妾一起在庭中咒骂丈夫，哭成一团，丈夫却一点也不知情，得意洋洋地从外面进来，在妻妾面前耍威风。

从君子的观点看来，一些人用来追求升官发财的手段，能够使他们的妻妾不感到羞耻而相对哭泣的，实在是很少的。

万章上

【评述】本篇的内容以孟子与其高足万章间的对话为主，故全篇名之曰"万章"，内容以讨论圣贤出处去就为多，兼及其余。

本篇上篇凡九章，其中除第四章外，全部是孟子与弟子万章间的对话，讨论的话题以古代的圣君贤相为主，如谈舜的孝道，尧、舜、禹三代的"禅让"制，"世袭"制取代"禅让"制，伊尹、百里奚的出身、孔子在他国的交际等。

9.1 万章问曰："舜往于田①，号泣于旻天②，何为其号泣也？"

孟子曰："怨慕③也。"

万章曰："'父母爱之，喜而不忘；父母恶之，劳而不怨④。'然则舜怨乎？"

曰："长息问于公明高⑤曰：'舜往于田，则吾既得闻命矣。号泣于旻天，于父母，则吾不知也。'公明高曰：'是非尔所知也。'夫公明高以孝子之心，为不若是恝⑥：我竭力耕田，共⑦为子职而已矣，父母之不我爱，于我何哉？帝使其子九男二女⑧，百官牛羊仓廪备，以事舜于畎亩之中，天下之士多就之者，帝将胥⑨天下而迁之焉。为不顺于父母，如穷人无所归。天下之士悦之，人之所欲也，而不足以解忧；好色，人之所欲，妻帝之二女，而不足以解忧；富，人之所欲，富有天下，而不足以解忧；贵，人之所欲，贵为天子，而不足以解忧。人悦之、好色、富贵，无足以解忧者，惟顺于父母可以解忧。人少，则慕父母；知好色，则慕少艾⑩；有妻子，则慕妻子；仕则慕君，不得于君则热中。大孝终身慕父母，五十而慕者，予于大舜见之矣。"

【注释】①舜往于田：相传舜曾在历山耕种。　②旻（mín）天：秋天；旻，亦含有仁爱怜悯的意思。　③慕：思慕、依恋。　④此段话据焦循、杨伯峻等意见，系曾子所说；劳：忧。　⑤长息：公明高弟子；公明高：曾子弟子。　⑥恝（jiè）：没有忧虑的样子。　⑦共（gōng）：通恭。　⑧九男二女：赵岐注：尧以九个儿子尊舜为老师，把两个女儿嫁给舜。　⑨胥：皆，尽。　⑩少艾：年轻貌美。

【译文】万章问道："舜到农田里去，望着天空哭诉，他为什么要哭诉呢？"

孟子说："是由于舜（对父母）有怨恨和怀恋。"

万章说："（从前曾子说过，）'父母喜爱，虽然高兴但不敢懈怠；父母厌恶，尽管忧虑但不敢埋怨。'那么，舜抱怨（父母）吗？"

孟子说："长息曾问过公明高说：'舜到农田去，我已聆听了您的教诲。但他一面喊着天、一面喊着父母的哭诉，我就不明白了。'公明高说：'这不是你所能明白的。'在公明高看来，孝子之心决不能这样满不在乎的：我尽力耕田，恭敬地尽做儿子的职责罢了，父母不爱我，对我有什么关系呢？帝尧让他的九个儿子、两个女儿，还有百官、牛羊，粮仓都齐备，到田野里去侍奉舜，天下的士人也多有投奔他的，帝尧将把整个天下让给舜。因为不能使父母顺心，自己就像穷困的人没有归宿一样。天下的士人喜欢自己，本是人的愿望，却不足以解除忧愁；爱好美色，本是人的愿望，但舜娶了尧的两个女儿，却不足以解除忧愁；富有，本是人的愿望，但舜拥天下的财富，却不足以解除忧愁；尊贵，

145

本是人的愿望，但舜身为天子，却不足以解除忧愁。人们喜欢自己、美貌女子、富有、尊贵，都不足以解除忧愁，只有使父母顺心悦意才能解除忧愁。人在儿童时期，怀念父母，知道爱好美色了，就思慕年轻漂亮的女子；有了妻室儿女，便宠爱妻室儿女；做了官，便倾心于君主，得不到君主的信任便内心焦急。（只有）大孝的人才会一辈子怀念父母。到了五十岁还怀念父母的，我在大舜身上看到了。"

9.2　万章问曰："《诗》①云：'娶妻如之何？必告父母。'信斯言也，宜莫如舜。舜之不告而娶，何也？"

孟子曰："告则不得娶。男女居室，人之大伦也。如告则废人之大伦，以怼②父母，是以不告也。"

万章曰："舜之不告而娶，则吾既得闻命矣。帝之妻舜而不告，何也？"

曰："帝亦知告焉则不得妻也。"

万章曰："父母使舜完廪，捐阶，瞽瞍焚廪③；使浚井，出，从而揜之④。象⑤曰：'谟盖都君咸我绩⑥。牛羊父母，仓廪父母。干戈朕，琴朕，弤朕，二嫂使治朕栖⑦。'象往入舜宫，舜在床琴。象曰：'郁陶思君尔。'忸怩⑧。舜曰：'惟兹臣庶，汝其于予治⑨！'不识舜不知象之将杀己与？"

曰："奚而不知也？象忧亦忧，象喜亦喜。"

曰："然则舜伪喜者与？"

曰："否。昔者有馈生鱼于郑子产，子产使校人⑩畜之池。校人烹之，反命曰：'始舍之，圉圉焉，少则洋洋焉，攸然而逝⑪。'子产曰：'得其所哉！得其所哉！'校人出，曰：'孰谓子产智？予既烹而食之，曰：得其所哉！得其所哉！'故君子可欺以其方，难罔以非其道。彼以爱兄之道来，故诚信而喜之，奚伪焉？"

【注释】①《诗》：指《诗经·齐风·南山》。　②怼（duì 或 zhuì）：怨。　③完廪：修粮仓；捐阶：抽去梯子。　④出：一说是舜出井，一说是瞽瞍等人出井，从上下文看，后说更合理；揜（yǎn）：掩。　⑤象：舜异母弟。　⑥谟（mó）：谋；盖，通害；都君，指舜，相传舜在一地住三年，那里便会成为都市，意思是说人都愿意跟从他。　⑦弤（dǐ）：舜的弓名；栖：床。　⑧郁陶（yáo）：思念貌；忸怩（niǔ ní）：不好意思。　⑨惟：思；于：为，助。　⑩校（xiào）人：管理池塘的小吏。　⑪围围（yǔ）：未舒展的样子；洋洋：舒服的样子。

【译文】万章问道："《诗经》中说：'娶妻应怎么做？必先禀告父母。'相信这话的，该没人比得上舜了。可舜未先禀告父母便娶妻，这是为什么呢？"

孟子说："禀告了就娶不成。男女成家，是人与人的一个重要伦常关系。要是禀告了便会废止这个重要的伦常关系，结果便不免怨恨父母，所以就不先禀告父母了。"

万章又说："舜的不先禀告父母便娶妻的道理，我已聆听了您的教诲；帝尧把女儿嫁给舜为妻也不告知舜的父母，这又是为什么呢？"

孟子说："帝尧也知道告诉对方女儿便嫁不成了。"

万章说："父母叫舜去整修粮仓，却拿走（登上粮仓的）梯子，瞽瞍还放火焚烧粮仓；又让舜掏井，（瞽瞍等）一出井便堵塞了井口。（舜的弟弟）象说：'谋害舜全是我的功劳，牛羊归父母，粮仓归父母，兵器归我，琴归我，弤弓归我，二位嫂子让她们伺候我睡觉。'象走进舜的住所，舜坐在床上弹琴。象说：'我非常想念你呀。'显得十分尴尬。舜说：'我想着那些臣民，你协助我管理吧！'我不知舜当时知不知道象打算杀害自己？"

孟子说："怎么会不知道呢？象忧愁，他也忧愁；象高兴，他也高兴。"

万章说："那么，舜是假装高兴的吗？"

孟子说："不，从前有人送条活鱼给郑国的子产，子产叫管池沼的人养在水池中。那人把鱼煮着吃了，回报说：'鱼刚放下去，还有些不自然；过了一会儿便摇头摆尾地游起来了；一下子便游得无影无踪了。'子产说：'它得到了它应去的地方啊！它得到了它应去的地方啊！'那人出来后说：'谁说子产聪明？我已经把鱼煮着吃了，他却说，它得到了它应去的地方，它得到了它应去的地方。'因此，君子可以用合乎情理的方法欺蒙他，却不能用不合道理的诈骗蒙蔽他。象既然是打着敬爱兄长的幌子来的，舜信以为真而感到高兴，怎么能说是假装呢？"

9.3 万章问曰："象日以杀舜为事，立为天子则放之，何也？"

孟子曰："封之也。或曰放焉。"

万章曰："舜流共工于幽州①，放驩兜于崇山②，杀三苗于三危③，殛鲧于羽山④，四罪而天下咸服，诛不仁也。象至不仁，封之有庳⑤。有庳之人奚罪焉？仁人固如是乎：在他人则诛之，在弟则封之？"

曰："仁人之于弟也，不藏怒焉，不宿怨焉，亲爱之而已矣。亲之，欲其贵也；爱之，欲其富也。封之有庳，富贵之也。身为天子，弟为匹夫，可谓亲爱之乎？"

"敢问或曰放者，何谓也？"

曰："象不得有为于其国，天子使吏治其国而纳其贡税焉，故谓之放。岂得暴彼民哉？虽然，欲常常而见之，故源源而来。'不及贡，以政接于有庳⑥。'此之谓也。"

【注释】 ①"流共工于幽州"至"四罪而天下咸服"见于今通行本

《尚书·舜典》；共工：水官名；幽州：北方边远地区，据说在今河北密云县东北。　②驩兜：帝尧臣子，与共工伙同作恶；崇山：南方边远地区，据说在澄阳县南七十五里。　③杀：《舜典》作窜，即流放；三苗：国名，这里指三苗的国君；三危：据说在今甘肃敦煌县南。　④殛（jí）：一作诛杀解，一作流放解；鲧（gǔn）：禹之父，因治水无功受罚；羽山：一说在山东蓬莱。　⑤有庳（bì）：向来以为在今湖南零陵县，后人对此说法多持怀疑态度。有人认为当在离舜的都城蒲阪（今山西永济县）不远。　⑥这两句疑是《尚书》逸文。

【译文】万章问道："象成天把谋划着杀害舜为事务，可舜被拥立为天子后只将他流放，这是为什么呢？"

孟子说："实际是封了他做诸侯，但也有人说是流放他。"

万章说："舜把共工流放到幽州，把驩兜流放到崇山，把三苗的国君流放到三危，把鲧流放到羽山，这四项惩处使天下人全部归服，因为是惩罚不仁之人的缘故。象为人最不仁，却将他封在有庳国，有庳国的人又有什么罪过？仁人做事难道就这样吗？他人有罪就惩罚，弟弟有罪就封他为诸侯？"

孟子说："仁人对于弟弟，不把怒气藏在胸中，不把怨恨埋在心底，就知道亲近爱护他罢了。亲近他，想使他贵；爱护他，想使他富。把他封在有庳国，正是为了要使他富贵。自己做了天子，而弟弟却是个平民，能说是亲近爱护他吗？"

万章说："请问，有人说舜流放象，指什么呢？"

孟子说："象不能在他的封国里有所作为，天子派官吏帮他治理国家，替他缴纳贡税，因此有人说是流放。（这样）象能暴虐他的百姓吗？尽管如此，舜还是想常常见到他，所以让他不断来朝见。（记载说）'不等到朝贡的日子，借征询政事接见有庳国君。'就是指的这个事。"

9.4 咸丘蒙①问曰：“语云：‘盛德之士，君不得而臣，父不得而子。’舜南面而立，尧帅诸侯北面而朝之，瞽瞍亦北面而朝之。舜见瞽瞍，其容有蹙②。孔子曰：‘于斯时也，天下殆哉岌岌乎③！’不识此语诚然乎哉？”

孟子曰：“否。此非君子之言，齐东野人之语也。尧老而舜摄也。《尧典》④曰：‘二十有八载，放勋乃徂落，百姓如丧考妣，三年，四海遏密八音⑤。’孔子曰：‘天无二日，民无二王⑥。’舜既为天子矣，又帅天下诸侯以为尧三年丧，是二天子矣。”

咸丘蒙曰：“舜之不臣尧，则吾既得闻命矣。《诗》云：‘普天之下，莫非王土；率土之滨，莫非王臣⑦。’而舜既为天子矣，敢问瞽瞍之非臣，如何？”

曰：“是诗也，非是之谓也。劳于王事，而不得养父母也。曰：‘此莫非王事，我独贤劳⑧也。’故说诗者，不以文害辞，不以辞害志，以意逆志，是为得之。如以辞而已矣，《云汉》之诗曰：‘周余黎民，靡有孑遗⑨。’信斯言也，是周无遗民也。孝子之至，莫大乎尊亲；尊亲之至，莫大乎以天下养。为天子父，尊之至也；以天下养，尊之至也。《诗》⑩曰：‘永言孝思，孝思维则。’此之谓也。《书》曰：‘祗载见瞽瞍，夔夔齐栗，瞽瞍亦允若⑪。’是为父不得而子也？”

【注释】①咸丘蒙：孟子弟子。 ②有蹙：不安。 ③孔子的这段话不见于《论语》，孟子亦予以否认，但在《墨子·非儒》《韩非子·忠孝》等先秦文献中却有类似的话；“殆哉岌岌乎”：倒装句。 ④《孟子》所引《尧典》语，见于今通行本《舜典》。按：伏生所传今文《尚书》原只《尧典》一篇，到北齐建武年间，吴兴姚方兴在大航头得所谓《尚书》孔氏传古文，始分《尧典》为两篇，从"慎徽五典"到篇末叫作《舜典》，另加"粤若稽古帝舜"二十八字于前，实则与古不合。　⑤二十有八载：指舜摄政二十八年后；放勋：尧名；徂（cú）落：去世；百姓：这里指诸侯百官；考妣：古代对已去世父母的称呼；四海：民间；遏密：停止；八音：以金、石、丝、竹、匏、土、革、木为材所作乐器的声音。　⑥孔子语见于《礼记》的《曾子问》《坊记》等篇。　⑦《诗》：指《诗经·小雅·北山》。　⑧贤劳：多劳。⑨孑（jié）：单独；遗：脱漏。　⑩《诗》：指《诗经·大雅·下武》。⑪《书》曰数句：学界多以为是逸篇，今见于伪《古文尚书·大禹谟》；祗：恭敬；夔夔（kuí）齐栗，敬慎恐惧貌，齐同斋；允：信；若：顺。

【译文】咸丘蒙问道："俗话说：'道德高尚的人，君主不能把他看作臣子，父亲不能把他看作儿子。'舜面南就天子位，尧带领诸侯面北朝见他，瞽瞍也面北朝见他。舜看见瞽瞍，神情显得局促不安。孔子说：'在那时，天下真是岌岌可危呀！'不知这话确实如此吗？"

孟子说："不。这不是君子的话，是齐国东郊乡下人的话。尧年老了，由舜代其职。《尧典》中说：'过了二十八年，尧才去世，诸侯百官如同死了父母，服丧三年中，民间停止一切音乐。'孔子说过：'天上没有两个太阳，百姓没有两个天子。'要是舜已做了天子，又率领天下诸侯为尧服丧三年，那就是有两个天子了。"

咸丘蒙说："舜不以尧为臣，我已聆听了您的教诲。《诗经》中说：'走遍天下，没有一处不是天子的土地；围绕四周，没有一个不是天子的臣民。'舜既然做了天子，请问瞽瞍却不是臣民，这该作何解释呢？"

孟子说："这首诗说的不是这个，而是说作者为天子事务奔忙而不能奉养父母。他说：'这些没有一件不是天子的事，却独我多劳多累。'所以解说诗的人，不因为文字而误解词句，不因为词句而误解本意，要用自己的心去推求本意，这样才对。要是仅看词句，《云汉》这首诗中说，'周朝剩余的百姓，没有一个存留。'相信了这句话，那周朝就没有留下一个人了。孝子的极致，没有比尊敬父母更大的了；尊敬父母的极致，没有比以天下来奉养父母更大的了。做天子的父亲，是尊敬的极致；以天下奉养父母，是奉养的极致。《诗经》中说：'永远讲求孝道，孝道就是法则。'正是这个意思。《尚书》中说：'舜恭敬地来见瞽瞍，谨慎小心，瞽瞍也相信、顺着舜。'这是父亲不能把他看作儿子吗？"

9.5 万章曰："尧以天下与舜，有诸？"

孟子曰："否。天子不能以天下与人。"

"然则舜有天下也，孰与之？"

曰："天与之。"

"天与之者，谆谆①然命之乎？"

曰："否。天不言，以行与事示之而已矣。"

曰："以行与事示之者，如之何？"

曰："天子能荐人于天，不能使天与之天下；诸侯能荐人于天子，不能使天子与之诸侯；大夫能荐人于诸侯，不能使诸侯与之大夫。昔者，尧荐舜于天，而天受之；暴②之于民，而民受之。故曰：天不言，以行与事示之而已矣。"

曰："敢问荐之于天，而天受之；暴之于民，而民受之，如何？"

曰："使之主祭而百神享之，是天受之；使之主事而事治，百姓安之，是民受之也。天与之，人与之，故曰：天子不能以天下与人。舜相尧二十有八载，非人之所能也，天也。尧崩，三年之丧毕，舜避尧之子于南河③之南，天下诸侯朝觐者，不之尧之子而之舜；讼狱④者，不之尧之子而之舜；讴歌者，不讴歌尧之子而讴歌舜。故曰：天也。夫然后之中国⑤，践天子位焉。而⑥居尧之宫，逼尧之子，是篡也，非天与也。《泰誓》曰：'天视自我民视，天听自我民听。'此之谓也。"

【注释】①谆谆：恳切地再三叮咛、告诫。　②暴（pù）：显现。　③南河：黄河在尧都城的南面，所以叫南河；相传舜避尧的儿子丹朱于河南的偃朱城。　④讼狱：诉讼。　⑤中国：国之中央，即首都。⑥而：如。

【译文】万章说："尧把天下给与舜，有这件事吗？"

孟子说："不。天子不能把天下给与人。"

万章说："那么，舜获得天下，是谁给他的呢？"

孟子说："上天给他的。"

万章说："上天给他的，是上天反复叮咛告诫他的吗？"

孟子说："不。上天不说话，只是用行为和事情来示意罢了。"

万章说："用行为和事情来示意，是怎么回事呢？"

孟子说："天子能向上天推荐人，却不能让上天把天下给他；诸侯能向天子推荐人，却不能让天子给他做诸侯；大夫能向诸侯推荐人，却不能让诸侯给他做大夫。从前，尧将舜推荐给上天，上天接受了；又将他向百姓公开介绍，百姓也接受了；所以说，上天不说话，只是用行为和事情来示意罢了。"

万章说："请问，推荐给上天，上天接受；公开介绍给百姓，百姓接受了，是怎么回事？"

孟子说："让他主持祭祀，神灵们都来享用，这就是上天接受了；让他主持政事，政事治理得好，百姓满意，这就是百姓接受了。是上天给他，是百姓给他，所以说，天子不能把天下给与人。舜辅佐尧二十八年，不是人的力量所能办到，这是天意。尧去世后，守孝三年完了，舜到南河之南以回避尧的儿子，天下诸侯来朝见天子的人，不去见尧的儿子而去见舜；诉讼的人，不去见尧的儿子而去见舜；歌功颂德的人，不歌颂尧的儿子而歌颂舜，所以说这是天意。这样，舜才回到国都，坐上天子的位子。要是舜住在尧的宫中，逼迫尧的儿子，这是篡夺，不是上天给予的。《太誓》中说：'上天的观察来自百姓的观察，上天的听闻来自百姓的听闻。'说的正是这个意思。"

9.6 万章问曰："人有言，'至于禹而德衰，不传于贤而传于子'。有诸？"

孟子曰："否，不然也。天与贤则与贤，天与子则与子。昔者，舜荐禹于天，十有七年。舜崩，三年之丧毕，禹避舜之子于阳城①，天下之民从之，若尧崩之后不从尧之子而从舜也。禹荐益②于天，七年，禹崩，三年之丧毕，益避禹之子于箕山之阴③。朝觐、讼狱者不之益而之启④，曰：'吾君之子也。'讴歌者不讴歌益而讴歌启，曰：'吾君之子也。'丹朱之不肖，舜之子亦不肖⑤。舜之相尧、禹之相舜也，历年多，施泽于民久。启贤，能敬承继禹之道。益之相禹也，历年少，施泽与民未久。舜、禹、益相去久远⑥，其子之贤不肖，皆天也，非人之所能为也。莫之为而为者，天也；莫之致而至者，命也。匹夫而有天下者，德必若舜、禹，而又有天子荐之者，故仲尼不有天下。继世以有天下，天之所废，必若桀、纣者也。故益、伊尹、周公不有天下。伊尹相汤以王于天下，汤崩，太丁未立，外丙二年，仲壬四年⑦，太甲颠覆汤之典刑，伊尹放之于桐⑧。三年，太甲悔过，自怨自艾，于桐处仁迁义；三年，以听伊尹之训己也，复归于亳⑨。周公之不有天下，犹益之于夏，伊尹之于殷也。孔子曰：'唐、虞禅，夏后、殷、周继，其义一也。'"

【注释】①阳城：在今河南登封县境内。　②益：伯益，传说中嬴姓各族之祖，初为舜臣，受到禹重用，被选为继承者，后为禹子启所杀。　③箕山：在今河南登封县东南；阴，山之北。　④启：禹子名，后世因避汉景帝刘启讳，也作开。　⑤丹朱：尧的儿子，名朱，封于丹；舜之子：名商均。　⑥久远：疑原文可能有误，一般认为当作"久暂"，即长短之意。　⑦太丁、外丙、仲壬：都是成汤之子，据《史记·殷本纪》记：商汤王死，太子太丁未立即死，弟外丙立；帝外丙死，外丙弟仲壬立。　⑧太甲：太丁之子，帝仲壬死，太甲立；桐：在今河南偃师县附近。　⑨亳（bó）：殷都，在今河南偃师县西。

【译文】万章问道："有人说，'到禹的时代道德衰微了，天下不传给贤者，却传给儿子'。有这样的事么？"

孟子说："不，不是这样的。天意要给贤者，就给贤者；天意要给儿子，就给儿子。从前，舜把禹推荐给天，过了十七年，舜去世了，守丧三年后，禹到阳城以回避舜的儿子，天下的百姓追随他，就如尧死后不追随尧的儿子却追随舜一样。禹把益推荐给天，过了七年，禹去世了，守丧三年后，益到箕山之北以回避禹的儿子。朝见天子、打官司的人不去见益而去见启，说：'是我们君主的儿子。'歌功颂德的人不歌颂益而歌颂启，说：'是我们君主的儿子。'（尧的儿子）丹朱不中用，舜的儿子也不中用。舜辅佐尧、禹辅佐舜，经历的时间多，对百姓施恩泽已久。启很贤明，能虔诚地继承禹的传统。益辅佐禹，经历的时间短，对百姓施恩泽不长。舜、禹、益辅佐天子时间的长短，他们儿子的好坏，这都是天意，不是人力所能办到的。不是人力所能办到却办到了，那是天意；不是人力所能招致却自然来了，那是命运。一个普通人却能拥有天下，他的道德一定得像舜和禹那样，而且又有天子的推荐，所以孔子就没能拥有天下。继承祖先之业而拥有天下，天意所要废弃的，一定是像桀、纣那样暴戾，所以益、伊尹和周公没能拥有天下。伊尹辅佐汤称王天下，汤去世后，太丁未立就死了，外丙在位两年，仲壬在位四年，太甲破坏了汤的法度，伊尹把他流放到桐邑去。三年之后，太甲悔过自新，痛改前非，在桐邑做到安心于仁，唯义是从，三年中虚心听取伊尹的教诲，这就又回到了亳都。周公不能拥有天下，和益在夏朝、伊尹在殷朝一样。孔子说过：'唐尧、虞舜让位给贤者，夏、商、周三代王位世代继承，道理是一样的。'"

9.7 万章问曰："人有言，'伊尹以割烹要汤①'，有诸？"

孟子曰："否。不然。伊尹耕于有莘②之野，而乐尧舜之道焉。非其义也，非其道也，禄之以天下，弗顾也；系马千驷，弗视也。非其义也，非其道也，一介③不以与人，一介不以取诸人。汤使人以币④聘之，嚣嚣然⑤曰：'我何以汤之聘币为哉？我岂若处畎亩之中，由是以乐尧舜之道哉？'汤三使往而聘之，既而幡⑥然改曰：'与我处畎亩之中，由是以乐尧舜之道，吾岂若使是君为尧舜之君哉？吾岂若使是民为尧舜之民哉？吾岂若于吾身亲见之哉？天之生此民也，使先知觉后知，使先觉觉后觉也。予，天民之先觉者也；予将以斯道觉斯民也。非予觉之，而谁也？'思天下之民匹夫匹妇有不被尧舜之泽者，若己推而内之沟中。其自任以天下之重如此，故就汤而说之以伐夏救民。吾未闻枉己而正人者也，况辱己以正天下者乎？圣人之行不同也，或远，或近，或去，或不去，归洁其身而已矣。吾闻其以尧舜之道要汤，未闻以割烹也。《伊训》曰：'天诛造攻自牧宫，朕载自亳⑦。'"

【注释】①伊尹以割烹要汤：此说亦见于《墨子·尚贤》《庄子·庚桑楚》《史记·殷本纪》及《吕氏春秋·本味》，尤以《吕氏春秋·本味》记述为详。　②有莘：国名，在今河南陈留县东北。　③一介：

一点点；介，同"芥"，一说同"个"。 ④币：帛；这里泛指礼物。
⑤嚣嚣然：闲暇自得貌。 ⑥幡（fān）：同"翻"。 ⑦《伊训》：
《尚书》逸篇之一，今本《伊训》为伪书；造：始；牧宫：桀的宫室
名，这里寓指夏桀其人；朕：伊尹自称；载，始。

【译文】万章问道："有人说，'伊尹以去切肉做菜来谋求汤的录用'，有
这回事吗？"

孟子说："不，不是这样的。伊尹在有莘国的郊野耕种，喜爱尧舜之道。不
合乎道，不合乎义，即使以天下作为俸禄，他也不理睬；即使送四千匹马给他，
他也不看一眼。不合乎道，不合乎义，一点点东西也不给别人，也不取别人一
点点东西。汤派人带着礼物去聘请他，他不在乎地说：'我要汤的聘礼干什么
呢？我何不这样身居田野之中，由此乐于尧舜之道呢？'汤三次派人去礼聘他，
然后他才完全改变态度，说：'我与其身居田野之中，由此乐于尧舜之道，我何
不使这位君主成为尧舜之君呢？我何不使这些百姓成为尧舜的百姓呢？我何不
在我有生之年亲眼看到这些呢？上天降生这些百姓，是要使先知的人帮助后知
的人知道，使先觉的人帮助后觉的人觉悟。我，就是上天降生的百姓中先觉悟
的人，我将以这个尧舜之道去帮助那些百姓觉悟。不是我去帮助他们觉悟，又
是谁去呢？'他认为，天下百姓中有一个男人或一个女人没有得到尧舜之道恩泽
的，就像是自己将他们推进沟中去一样。他是这样自愿把天下的重担压在肩上，
所以跑到汤那里，以攻打夏桀拯救百姓的事向他游说。我从未听说过自己不正
直却能匡正别人的，更何况以屈辱自己去匡正天下呢？圣人的行事各不相同，
有的远离君主，有的接近君主，有的离开朝廷，有的不离朝廷，归根到底只洁
净自身罢了。我只听说伊尹以尧舜之道来谋求汤的录用，没听说以切肉做菜的
事。《伊训》中说：'上天的讨伐起自夏桀自己，我不过是从亳都开始着
手的。'"

9.8 万章问曰："或谓孔子于卫主痈疽^①，于齐主侍人^②瘠环，有诸乎?"

孟子曰："否，不然也;好事者为之也。于卫主颜雠由^③。弥子之妻与子路之妻，兄弟也^④。弥子谓子路曰:'孔子主我，卫卿可得也。'子路以告。孔子曰:'有命。'孔子进以礼，退以义，得之不得曰'有命'。而主痈疽与侍人瘠环，是无义无命也。孔子不悦于鲁、卫^⑤，遭宋桓司马^⑥将要而杀之，微服而过宋。是时孔子当阨，主司城贞子^⑦，为陈侯周^⑧臣。吾闻观近臣，以其所为主;观远臣，以其所主。若孔子主痈疽与侍人瘠环，何以为孔子?"

【注释】①主:名词动用，以某某为主人，意即做客于某家;痈疽（yōng jù）:《史记·孔子世家》作雍渠，卫灵公的宦官。 ②侍人:宦官。 ③颜雠（chóu）由:《史记·孔子世家》作颜浊邹，卫国的贤大夫。 ④弥子:弥子瑕，卫灵公的宠臣;兄弟:即姐妹。 ⑤孔子不悦于鲁、卫:其事详见《史记·孔子世家》。 ⑥宋桓司马，指宋国的司马桓魋（tuí）。 ⑦司城贞子:陈国的卿。 ⑧陈侯周:陈怀公之子，名周。

【译文】万章问道:"有人说，孔子在卫国时住在宦官痈疽家，在齐国时住在宦官瘠环家，有这回事吗?"

孟子说:"不，不是这样的;这是好事之徒编造的。孔子在卫国时住在颜雠由家。弥子瑕的妻子与子路的妻子是姐妹。弥子瑕对子路说:'孔子要是住在我家，卫国的国卿位子便可得到。'子路把这话告诉了孔子。孔子说:'凡事都有命。'孔子依礼而进，依义而退，得不得到官位说由命决定。如果他住在痈疽和宦官瘠环家中去，就是无视礼义和命运了。孔子在鲁国和卫国不顺心，又遇上宋国的司马桓魋想在路上拦截杀害他，只得改变装束通过宋国。这时孔子正在难中，便住在司城贞子家，做了陈侯周的臣子。我听说，观察在朝的臣子，就看他所接待的客人；观察外来的客臣，就看他所寄居的主人。要是孔子住在痈疽和宦官瘠环家，那还算什么孔子呢？”

9.9　万章问曰：“或曰，‘百里奚自鬻于秦养牲者五羊之皮，食牛，以要秦穆公①。’信乎？”

孟子曰：“否。不然也；好事者为之也。百里奚，虞人也。晋人以垂棘之璧与屈产之乘，假道于虞以伐虢。宫之奇谏，百里奚不谏②。知虞公之不可谏而去，之秦，年已七十矣，曾不知以食牛干秦穆公之为汙也，可谓智乎？不可谏而不谏，可谓不智乎？知虞公之将亡而先去之，不可谓不智也。时举于秦，知穆公之可与有行③也而相之，可谓不智乎？相秦而显其君于天下，可传于后世，不贤而能之乎？自鬻以成其君，乡党自好者不为，而谓贤者为之乎？”

【注释】①百里奚：春秋时人，原为虞国大夫，虞亡后辗转而成秦国大夫，曾助秦穆公建霸业，其“自鬻（yù）于秦”事，散见于战国至秦的多种古籍，详可参见杨伯峻的考证。　②晋人“假道于虞以伐虢（guó）”事，见《左传》的“僖公二年”及“僖公五年”；宫之奇：虞国大臣。　③可与有行：即可以与他有所作为。

【译文】万章问道：“有人说，‘百里奚以五张羊皮的价格将自己卖给秦国养牲畜的人，替人养牛，以此来谋求秦穆公的录用。’是真的吗？”

孟子说：“不。不是这样；这是好事之徒编造的。百里奚是虞国人。晋国人拿垂棘出的美玉和屈地产的好马，向虞国借道攻打虢国。宫之奇出来劝阻，百里奚却没有劝阻。他知道虞公不可劝阻而离开虞国，到了秦国，这时他已七十岁了，竟会不知道以养牛的方式去干求秦穆公是秽行，能说是聪明吗？知道不可劝阻便不劝阻，能说是不聪明吗？知道虞公将亡而先行离开，不能说不聪明。当被秦国起用时，知道秦穆公能有所作为而辅佐他，能说是不聪明吗？辅佐秦国而使它的君主名扬天下，并可流芳于后世，不贤明的人能做到吗？以卖身来成就其君主，乡里洁身自爱的人都不会做，反倒说贤明的人会做吗？"

万章下

【评述】本篇下篇凡九章，其中五章是与万章的对话，还有二章是语录、二章是答人问。内容则涉及圣贤为人处世、古代的爵禄制度、交友的原则、入仕的原则、士与统治者相处的原则、理解古人的方法、君臣关系等。

10.1　孟子曰："伯夷目不视恶色，耳不听恶声，非其君不事，非其民不使，治则进，乱则退。横①政之所出，横民之所止，不忍居也。思与乡人处，如以朝衣朝冠坐于涂炭也。当纣之时，居北海之滨，以待天下之清也。故闻伯夷之风者，顽②夫廉，懦夫有立志。

"伊尹曰：'何事非君，何使非民？'治亦进，乱亦进，曰：'天之生斯民也，使先知觉后知，使先觉觉后觉。予，天民之先觉者也；予将以此道觉此民也。'思天下之民匹夫匹妇有不与被尧舜之泽者，若己推而内之沟中。其自任以天下之重也。

"柳下惠不羞汙君，不辞小官。进不隐贤，必以其道。遗佚而不怨，阨穷而不悯。与乡人处，由由然不忍去也。'尔为尔，我为我，虽袒裼裸裎于我侧，尔焉能浼我哉？'故闻柳下惠之风者，鄙③夫宽，薄夫敦。

"孔子之去齐，接淅④而行；去鲁，曰：'迟迟吾行也，去父母国之道也。'可以速而速，可以久而久，可以处而处，可以仕而仕，孔子也。"

孟子曰："伯夷，圣之清者也；伊尹，圣之任者也；柳下惠，圣之和者也；孔子，圣之时者也。孔子之谓集大成。集大成也者，金声⑤而玉振⑥之也。金声也者，始条理也；玉振之也者，终条理也。始条理者，智之事也；终条理者，圣之事也。智，譬则巧也；圣譬则力也。由⑦射于百步之外，其至，尔力也；其中，非尔力也。"

【注释】①横：横逆、残暴。　②顽：通"贪"。　③鄙：狭陋。④淅（xī）：把米浸在水中，这里指还没有淘洗的米。　⑤金声：金，金属制的乐器如钟之类；声，开始。　⑥玉振：玉，玉或石制的乐器如磬之类；振，结束。　⑦由：同"犹"。

【译文】孟子说："伯夷，眼睛不看丑恶的景象，耳朵不听丑恶的声音。不是他认可的君主不事奉，不是他认可的民众不使唤。世道太平就出来做官，世道昏乱便退而隐居。暴政产生的地方，暴民所住的地方，他都不忍心居住。他认为，与乡下人在一起，就像穿着礼服、戴着礼帽坐在污泥和炭灰上。当商纣王的时候，他隐居在北海边，等待天下的清平。所以，听到伯夷的风节，贪夫会变廉洁，怯懦的人也会有自立的意志。

"伊尹说：'什么君主不能事奉？什么百姓不能使唤？'世道太平也做官，世道昏乱也做官，说：'上天降生这些百姓，是要使先知的人帮助后知的人知道，使先觉的人帮助后觉的人觉悟。我，就是上天降生的百姓中先觉悟的人，我将以这个尧舜之道去帮助那些百姓觉悟。'他认为，天下百姓中有一个男人或一个女人没有得到尧舜之道恩泽的，就像是自己将他们推进沟中去一样。他自愿把天下的重担压在肩上。

"柳下惠不以事奉肮脏的君主为耻，不嫌弃做小官；进到朝廷不隐瞒自己的才干，一定根据自己的原则办事；不被上面任用无怨言，困于贫穷不忧伤。与乡下人相处，悠然自得而不忍离去。'你是你，我是我。哪怕你在我旁边赤身露体，你又怎能玷污我呢？'所以，听到柳下惠的风节，心地窄狭者会变得襟怀宽广，刻薄者会变得厚道。

"孔子离开齐国，把已浸在水中的米捞起来就走；离开鲁国，却说：'我们慢慢走吧，这是离开祖国的做法。'该快就快，该慢就慢，该闲处在家就闲处在家，该做官就做官。这就是孔子。"

孟子说："伯夷，圣人中的清高者；伊尹，圣人中的尽责者；柳下惠，圣人中的随和者；孔子，圣人中的合时宜者。孔子可说是集大成了。所谓集大成，（就如奏乐）敲钟开头，击磬收尾。敲钟起音，是节奏条理的开端；击磬收尾，是节奏条理的终结。节奏条理的开端，在于智；节奏条理的终结，在于圣。智，好比技巧；圣，好比气力。就如同在百步以外射箭，射到，靠你的力量；射中，就不是单靠你的力量。"

10.2　北宫锜①问曰："周室班②爵禄也，如之何？"

孟子曰："其详不可得闻也，诸侯恶其害己也，而皆去其籍，然而轲也尝闻其略也：天子一位，公一位，侯一位，伯一位，子、男同一位，凡五等也。君一位，卿一位，大夫一位，上士一位，中士一位，下士一位，凡六等。天子之制，地方千里，公、侯皆方百里，伯七十里，子、男五十里，凡四等。不能③五十里，不达于天子，附于诸侯，曰附庸。天子之卿受地视④侯，大夫受地视伯，元士⑤受地视子、男。大国地方百里，君十卿禄，卿禄四大夫，大夫倍上士，上士倍中士，中士倍下士，下士与庶人在官者⑥同禄，禄足以代其耕也。次国地方七十里，君十卿禄，卿禄三大夫，大夫倍上士，上士倍中士，中士倍下士，下士与庶人在官者同禄，禄足以代其耕也。小国地方五十里，君十卿禄，卿禄二大夫，大夫倍上士，上士倍中士，中士倍下士，下士与庶人在官者同禄，禄足以代其耕也。耕者之所获，一夫百亩；百亩之粪⑦，上农夫食九人，上次食八人，中食七人，中次食六人，下食五人。庶人在官者，其禄以是为差。"

【注释】 ①北宫锜（qí）：卫国人。　②班：列，作动词用，划定等级。　③不能：不足。　④视：比照。　⑤元士：上士。　⑥庶人在官者：百姓在官府当差的。　⑦粪：施肥。

【译文】 北宫锜问道："周朝王室规定爵位和俸禄的等级，是怎样做的？"

孟子说："详细情况已不可能知道了，诸侯们因为讨厌它妨碍自己，把那些文献都毁了；不过我曾听说过大概的情况：天子一级，公一级，侯一级，伯一级，子、男同一级，总共五等。君一级，卿一级，大夫一级，上士一级，中士一级，下士一级，总共六等。天子所管辖的土地方圆千里，公、侯都是方圆百里，伯七十里，子、男各五十里，总共四等。土地方圆不到五十里的，不能直接上达天子，附属于诸侯，叫作附庸。天子的卿所受的封地同于侯，（天子的）大夫受地同于伯，（天子的）上士受地同于子、爵。分侯大国的封地方圆里，国君的俸禄十倍于卿，卿的俸禄四倍于大夫，大夫一倍于上士，上士一倍于中士，中士一倍于下士，下士与当公差的百姓拿同样的俸禄，所得俸禄足够抵上从事耕种的收入。中等国家的封地方圆七十里，国君的俸禄十倍于卿，卿的俸禄三倍于大夫，大夫一倍于上士，上士一倍于中士，中士一倍于下士，下士与当公差的百姓拿同样的俸禄，所得的俸禄足够抵上从事耕种的收入。小国的封地方圆五十里，国君的俸禄十倍于卿，卿的俸禄二倍于大夫，大夫一倍于上士，上士一倍于中士，中士一倍于下士，下士与当公差的百姓拿同样的俸禄，所得的俸禄足够抵上从事耕种的收入。农夫的收入，一夫一妇受田一百亩，百亩地施肥耕种，上等农民可供养活九人，稍次的养活八人；中等的养活七人，稍次的养活六人；下等的养活五人。在公家当差的百姓，他们的俸禄比照这个来分等级。"

10.3　万章问曰："敢问友。"

孟子曰："不挟长，不挟贵，不挟兄弟为友①。友也者，友其德也，不可以有挟也。孟献子②，百乘之家也，有友五人焉：乐正裘、牧仲，其三人则予忘之矣③。献子之与此五人者友也，无献子之家者也。此五人者，亦有献子之家，则不与之友矣。非惟百乘之家为然也，虽小国之君亦有之。费④惠公曰：'吾于子思，则师之矣；吾于颜般，则友之矣；王顺、长息，则事我者也⑤。'非惟小国之君为然也，虽大国之君亦有之。晋平公之于亥唐⑥也，入云则入，坐云则坐，食云则食，虽蔬食菜羹未尝不饱，盖不敢不饱也。然终于此而已矣。弗与共天位也，弗与治天职也，弗与食天禄也，士之尊贤者也，非王公之尊贤者也。舜尚见帝，帝馆甥于贰室⑦，亦飨舜，迭为宾主，是天子而友匹夫也。用下敬上，谓之贵贵；用上敬下，谓之尊贤。贵贵尊贤，其义一也。"

【注释】①挟：倚仗；兄弟：指有权势的兄弟。　②孟献子：鲁国贵卿。　③乐正裘、牧仲等五人：赵岐注为"皆贤人无位者也"，不可考。　④费（bì）：小国名。　⑤颜般、王顺：《汉书·古今人表》颜般作颜敢，王顺作王慎。　⑥亥唐：晋国隐居陋巷的贤人。　⑦甥：指舜，古代妻父叫外舅，故岳父亦可称婿为甥；贰室：副宫。

【译文】万章问道："请问如何交友？"

孟子说："不倚仗年岁大，不倚仗地位高，不倚仗有钱势的兄弟。交友，是以品德相交，决不可有所倚仗。孟献子是拥有百辆马车的世家，他有五个朋友：乐正裘、叫牧仲，其他三人的姓名我忘了。献子与这五人相交，心里不存在我是世家的念头。这五个人，要是心里也有着献子出身世家的念头，就不会与他交友了。不仅拥有百辆马车的世家如此，即使小国的君主也有朋友。费惠公说：'我对于子思，将他当老师；对于颜般，将他当朋友；至于王顺、长息，只是事奉我的人。'不仅小国的君主如此，即使大国的君主也有朋友。晋平公对于亥唐，亥唐叫他进去就进去，叫他坐就坐，叫他吃饭就吃饭；那怕是糙米饭、蔬菜汤，从不曾不吃饱过，因为不敢不吃饱。不过也仅此而已，不与他共居官位，不与他共理政事，不与他共享俸禄，这是士人尊敬贤人的态度，不是王公尊敬贤人应有的态度。舜上谒帝尧，帝尧让女婿住在副宫里，设宴请舜，互为宾主，这是天子与平民的结交。以地位低的尊敬地位高的，叫作尊重贵人；以地位高的尊敬地位低的，叫作尊敬贤者。尊重贵人和尊敬贤者，道理是一样的。"

10.4 万章问曰："敢问交际何心也？"

孟子曰："恭也。"

曰："'却之却之为不恭'，何哉？"

曰："尊者赐之，曰：'其所取之者义乎，不义乎？'而后受之，以是为不恭，故弗却也。"

曰："请无以辞却之，以心却之，曰，'其取诸民之不义也'，而以他辞无受，不可乎？"

曰："其交也以道，其接也以礼，斯孔子受之矣。"

万章曰："今有御人①于国门之外者，其交也以道，其馈也以礼，斯可受御与？"

曰："不可。《康诰》曰：'杀越人于货，闵不畏死，凡民罔不譈②。'是不待教而诛者也。殷受夏，周受殷，所不辞也。于今为烈，如之何其受之？"

曰："今之诸侯之于民也，犹御也。苟善其礼际矣，斯君子受之，敢问何说也？"

曰："子以为有王者作，将比^③今之诸侯而诛之乎？其教之不改而后诛之乎？夫谓非其有而取之者盗也，充类至义^④之尽也。孔子之仕于鲁也，鲁人猎较^⑤，孔子亦猎较。猎较犹可，而况受其赐乎？"

曰："然则孔子之仕也，非事道与？"

曰："事道也。"

"事道奚猎较也？"

曰："孔子先簿正祭器^⑥，不以四方之食供簿正。"

曰："奚不去也？"

曰："为之兆^⑦也。兆足以行矣，而不行，而后去，是以未尝有所终三年淹^⑧也。孔子有见行可之仕，有际可^⑨之仕，有公养^⑩之仕。于季桓子，见行可之仕也；于卫灵公，际可之仕也；于卫孝公^⑪，公养之仕也。"

【注释】①御：止；"御人"即以暴力拦截行人而杀之。　②《康诰》：《尚书》篇名，今本与孟子所引略有不同；越：语助词；于：取。闵：强横；懟（duì）：怨恨。　③比（bì）：同。　④充类至义：充其类、极其义，即类推究义的意思。　⑤猎较（jué）：田猎时争夺猎物。　⑥簿正祭器：用文书规定祭器，使有定数。　⑦兆：始。　⑧淹：停留。　⑨际可：以礼接待某人。　⑩公养：国君养贤的礼遇。　⑪卫孝公：即卫出公。

【译文】万章问道："请问，交际时应如何用心？"

孟子说："恭敬之心。"

万章说："'一再拒绝别人的礼物是不恭敬。'这话什么意思呢？"

孟子说:"尊者赠送礼物,自己先考虑:'他取得这些东西是合乎义呢,还是不合乎于义呢?'然后才接受,这是不恭敬的,所以就不拒绝。"

万章说:"我说,不用语言去拒绝,而在心里拒绝,心想,'他是取自百姓的不义之财',然后以别的借口不接受,不可以吗?"

孟子说:"他以规矩来相交,以礼节来接待,这样,孔子也会接受礼物的。"

万章说:"现在有人在国都郊外杀人抢劫,他以规矩来相交,以礼节来馈赠,这样,可以接受他抢来的东西吗?"

孟子说:"不可以《康诰》中说:'杀人抢劫,强横而不怕死,这种人,是没有百姓所不痛恨的。'这种人不必等待教育就可诛杀。殷朝接受了夏朝这条法规,周朝又接受了殷朝这条法规,这是它们所不愿更改的;现在这种杀人抢劫更厉害了,怎么能接受呢?"

万章说:"现在的诸侯从百姓那里取财物,如同杀人抢劫。如果他们把交际的礼节搞好,这样,君子也就接受了,请问这又该怎样解释呢?"

孟子说:"你以为若有圣王兴起,会将现在的诸侯一律诛杀呢?还是先教育他们,如果再不悔改然后诛杀呢?所谓不是自己所有的东西而去谋取是盗贼行径,那只是类推究义到极点的说法。孔子在鲁国做官时,鲁人争夺猎物,孔子也争夺猎物。争夺猎物都可以,更何况接受赠与呢?"

万章说:"那么,孔子做官不是为了行道义吗?"

孟子说:"是为了行道。"

万章说:"既为了行道义,为什么又要争夺猎物呢?"

孟子说:"孔子先用文书规定祭器的数目,不以四方的食物来供祭祀之用。"

万章说:"孔子为什么不离去呢?"

孟子说:"孔子是以此为开端(行道义),开端说明足以能行,但(国君)不愿施行,他才离去,所以孔子不曾在一个朝廷停留满三年的。孔子见有行道的可能而做官的,有因国君礼遇而做官的,有因为国君能养贤而做官的。对于季桓子,是见有行道的可能而做官的;对于卫灵公,是因国君礼遇他而做官的;对于卫孝公,是因为国君能够养贤而做官的。"

10.5　孟子曰："仕非为贫也，而有时乎为贫；娶妻非为养也，而有时乎为养。为贫者，辞尊居卑，辞富居贫。辞尊居卑，辞富居贫，恶乎宜乎？抱关击柝①。孔子尝为委吏②矣，曰：'会计当而已矣。'尝为乘田③矣，曰：'牛羊茁壮长而已矣。'位卑而言高，罪也；立乎人之本朝④，而道不行，耻也。"

【注释】①抱关：看门；击柝（tuò）：打更。　②委吏：管理仓库的。　③乘（shèng）田：管理牲畜园圃的。　④本朝：即朝廷。

【译文】孟子说："做官不是因为贫穷，但有时是因为贫穷；娶妻不是为了奉养双亲，但有时是为了奉养双亲。由于贫穷而做官的，（就该）不做高官而甘居低职，不拿高薪而甘得低俸。不做高官而甘居低职，不拿高薪而甘得低俸，那以干点什么合宜呢？看门、打更也就行了。孔子就曾做过管保卫仓库的小吏，他说：'做到账目清楚罢了。他也曾当过看牲畜的小吏，他说：'把牛羊养得膘肥体壮罢了。'职位卑下而谈论朝廷大事，那是罪过；在人家的朝廷里当大官，却不能推行道义，那是耻辱。"

10.6　万章曰："士之不托诸侯①，何也？"

孟子曰："不敢也。诸侯失国而后托于诸侯，礼也。士之托于诸侯，非礼也。"

万章曰："君馈之粟，则受之乎？"

曰："受之。"

"受之何义也？"

曰："君之于氓也，固周之②。"

曰：“周之则受，赐之则不受，何也？”

曰：“不敢也。”

曰：“敢问其不敢何也？”

曰：“抱关击柝者皆有常职以食于上。无常职而赐于上者，以为不恭也。”

曰：“君馈之则受之，不识可常继乎？”

曰：“缪公之于子思也，亟③问，亟馈鼎肉。子思不悦。于卒也，摽④使者出诸大门之外，北面稽首再拜⑤而不受，曰：‘今而后知君之犬马畜伋。’盖自是台⑥无馈也。悦贤不能举，又不能养，可谓悦贤乎？”

曰：“敢问国君欲养君子，如何斯可谓养矣？”

曰：“以君命将⑦之，再拜稽首而受。其后廪人⑧继粟。庖人⑨继肉，不以君命将之。子思以为鼎肉使己仆仆⑩尔亟拜也，非养君子之道也。尧之于舜也，使其子九男事之，二女女焉，百官牛羊仓廪备，以养舜于畎亩之中，后举而加诸上位，故曰：王公之尊贤者也。”

【注释】①古时士有两种，一是有职位的，一是无职位的，这里所讲属后一种；托：依附。 ②氓：从他国来本国的百姓；周：周济。 ③亟（qì）：屡次。 ④摽（biāo）：撵走。 ⑤稽（qǐ）首再拜：稽首，叩头到地；稽首再拜，为凶拜（下"再拜稽首"则为吉拜），表示拒绝。 ⑥台：旧注为仆役；杨伯峻引杨树达说以为是"始"之义。 ⑦将：送。 ⑧廪人：管仓库的小吏。 ⑨庖人：厨师、管膳食的小吏。 ⑩仆仆：劳顿、麻烦。

【译文】万章问道："士不能依附诸侯过日子，这是为什么？"

孟子说："是不敢。诸侯失掉了国家，去依附别的诸侯，这合上礼；士依附诸侯，不合乎礼。"

万章说："要是国君送给他粮食，那接不接受呢？"

孟子说："接受。"

万章说："接受是什么道理呢？"

孟子说："国君对于外来的人士，本就可以周济的。"

万章说："周济他就接受，赐予他就不接受，这又是为什么？"

孟子说："是不敢。"

万章说："请问，不敢接受的理由何在？"

孟子说："看门、打更的小吏都是由于有职务才接受上面的给养，没有正当的职务却接受上面的赐予，被认为是不恭敬的。"

万章说："国君送东西给他，就接受，不知可以经常不断吗？"

孟子说："过去缪公对于子思，屡次派人去问候，并赠送肉食。子思很不高兴。到最后，他把来人赶出大门，朝北面先叩头后作揖地拒绝了，说：'今天才知道君主是把我当作狗马那样畜养的。'从此仆人就不再来送东西了。喜爱贤士既不能举用，又不能奉养，能说是喜爱贤士吗？"

万章说："请问国君要奉养君子，怎样做才能说是奉养呢？"

孟子说："以国君的名义馈赠，他先作揖、后叩头地接受了。以后管粮仓的经常来送粮食，管膳食的经常来送肉食，就不再以国君的名义来送了。子思认为，馈送肉食使自己十分麻烦地一再作拜行礼，这不是奉养君子的做法。尧对于舜，派他九个儿子事奉他，把两个女儿嫁给他，还有百官、牛羊，粮仓都齐备，以奉养舜于田野之中，然后提拔他到高位上，所以说，这才是王公尊敬贤士的典范。"

10.7　万章曰："敢问不见诸侯，何义也？"

孟子曰："在国曰市井之臣，在野曰草莽之臣，皆谓庶人。庶人不传质①为臣，不敢见于诸侯，礼也。"

万章曰："庶人召之役，则往役；君欲见之，召之则不往见之，何也？"

曰："往役，义也；往见，不义也。且君之欲见之也，何为也哉？"

曰："为其多闻也，为其贤也。"

曰："为其多闻也，则天子不召师，而况诸侯乎？为其贤也，则吾未闻欲见贤而召之也。缪公亟见于子思②，曰：'古千乘之国以友士，何如？'子思不悦，曰：'古之人有言曰：事之云乎，岂曰友之云乎？'子思之不悦也，岂不曰：'以位，则子君也，我臣也，何敢与君友也？以德，则子事我者也，奚可以与我友？'千乘之君求与之友而不可得也，而况可召与？齐景公田，招虞人以旌，不至，将杀之。'志士不忘在沟壑，勇士不忘丧其元。'孔子奚取焉？取非其招不往也。"

曰："敢问招虞人何以？"

曰："以皮冠③。庶人以旃④，士以旂⑤，大夫以旌。以大夫之招招虞人，虞人死不敢往；以士之招招庶人，庶人岂敢往哉？况乎以不贤人之招招贤人乎？欲见贤人而不以其道，犹欲其入而闭之门也。夫义，路也；礼，门也。惟君子能由是路，出入是门也。《诗》云：'周道如底，其直如矢；君子所履，小人所视。⑥'"

万章曰："孔子，君命召，不俟驾而行。然则孔子非与？"

曰："孔子当仕有官职，而以其官召之也。"

【注释】①传质：质同贽（zhì），见面礼。庶人带见面礼去见诸侯，一定得由通报人把礼传送上去，叫传贽。　②缪公亟见于子思：指缪公屡次去见子思。 ③皮冠：打猎时戴的皮帽子。 ④旃（zhān）：用整块丝绸做的、不加画图的旗子。 ⑤旂（qí）：画着二龙相交、并于旗杆顶端挂有铃铛的旗子。 ⑥《诗》：指《诗经·小雅·大东》；周道：大路；底：通砥，磨刀石；视，效法。

【译文】万章说："请问，不去见诸侯，这是什么道理呢？"

孟子说："（无职位的士人）在都市的叫作市井之臣，在郊野的叫做草莽之臣，统称为百姓。百姓没有传送见面礼而为臣属，不敢谒见诸侯，这是合乎礼的。"

万章说："百姓，召他服役就去服役；国君要见他，召他，却不去见，这是为什么呢？"

答道："去服役，合乎义；去见，不合乎义。而且国君要见他，是为什么呢？"

万章说："是因为他见多识广，是因为他德高望重。"

孟子说："如果因为他见多识广，那即使天子也不能召见老师，何况诸侯呢？如果因为他德高望重，那我从未听说过想与贤士相见却是召唤他来的。鲁缪公多次去见子思，说：'古代拥有千辆兵车的国君与士人交友，是怎么做的？'子思不高兴地说：'古代人的话，是说国君应拜他为师，哪会说与他交友呢？'子思的不高兴，难道（心里）不是说：'论地位，那你是君主，我是臣下，怎么敢与君主交朋友呢？论品德，那你是该拜我为师的人，怎么可以与我交朋友呢？'拥有千辆兵车的国君想与他交友都办不到，更何况召唤他呢？齐景公打猎，拿饰有羽毛装饰的旌旗召唤管山林苑囿的小吏，小吏没有去，景公要杀掉他。（孔子得知后说）'志士不怕弃尸山沟，勇士不怕丢掉脑袋。'孔子的赞赏是取他哪一点呢？就是取他敢于对不合乎礼仪的召唤不接受。"

万章说："请问，召唤管山林苑囿的小吏该用什么东西？"

答："用皮帽子。召唤百姓用旃，召唤士人用旂，召唤大夫才用旌。用召唤大夫的礼仪去召唤管山林苑囿的小吏，小吏死也不敢去；用召唤士人的礼仪去召唤百姓，百姓难道敢去吗？何况用召唤不贤之人的礼仪去召唤贤德之人呢？想见贤德之人却不遵循应有的礼节，就像请他进屋却把门关了。义，好比是路；礼，好比是门。只有君子能从这条路走，从这个门出进。《诗经》中说，'大道平如磨刀石，又如箭矢一般直；有德君子上面走，百姓步步来效法。'"

万章说："孔子，君命召唤，不等套好马车立即便走，那孔子错了吗？"

孟子说："孔子当时正在做官，担任了职务，国君是以他的职务召唤他的。"

10.8 孟子谓万章曰："一乡之善士斯友一乡之善士，一国之善士斯友一国之善士，天下之善士斯友天下之善士。以友天下之善士为未足，又尚①论古之人，颂②其诗，读其书，不知其人，可乎？是以论其世也。是尚友也。"

【注释】①尚：通上。　②颂：通诵。

【译文】孟子对万章说："一个乡的善士就与一个乡的善士交朋友，一个国家的善士就与一个国家的善士交朋友，天下的善士就与天下的善士交朋友。认为与天下的善士交朋友还不能满足，又上溯讨论古代的人，吟诵他们的诗歌，研读他们的著作，不了解他们的为人，可以吗？所以要讨论他们所处的时代。这就是上溯与古人交朋友。"

10.9 齐宣王问卿。孟子曰："王何卿之问也？"

王曰："卿不同乎？"

曰："不同。有贵戚之卿①，有异姓之卿。"

王曰："请问贵戚之卿？"

曰：“君有大过则谏，反覆之而不听则易位。”

王勃然变乎色。

曰：“王勿异也。王问臣，臣不敢不以正^②对。”

王色定，然后请问异姓之卿。

曰：“君有过则谏，反覆之而不听则去。”

【注释】①贵戚之卿：同宗族的公卿。　②正：诚实。

【译文】齐宣王问有关公卿的事。孟子说："大王所问是哪一种卿呢?"

宣王说："卿难道还有不同么?"

孟子说："有不同。有王室宗族的卿，有与王族不同姓的卿。"

宣王说："请问王室宗族的卿?"

孟子答道："国君有重大过错便劝谏；反复劝谏而不听从，便改立国君。"

宣王突然变了脸色。

孟子说："大王不要奇怪。大王问我，我不敢不以实话答复。"

宣王脸色恢复了，然后请问与王族不同姓的卿。

孟子说："国君有过错就劝谏，反复劝谏了而不听从，就离职而去。"

告子上

【评述】本篇的内容涉及人性论、理想人格、知人论世等，也包括一些孟子在齐国时的活动和与人的对话。上下篇的内容区别较大，可能是编者有意这样编排的缘故。

本篇上篇凡二十章，以讨论心性问题为主，其中包括了孟子与告子那场著名的关于人性"善"还是"无善无不善"的辩论、关于"义"之内外问题的辩论、关于人性本善但又如何会不善的原因之探究等，其中也涉及儒家理想人格的问题。大家知道，心性问题在孟子的思想中占据重要地位，因此本篇历来受到学者的重视。

11.1 告子曰："性，犹杞柳①也。义，犹桮棬也。以人性为仁义，犹以杞柳为桮棬。"

孟子曰："子能顺杞柳之性而以为桮棬乎？将戕贼杞柳而后以为桮棬也？如将戕贼杞柳而以为桮棬，则亦将戕贼人以为仁义与？率天下之人而祸仁义者，必子之言夫！"

【注释】①杞柳：柜柳。桮棬（bēi quān）：桮同杯；桮棬，杯盘。

【译文】告子说："人的本性好比柜柳，仁义好比杯盘；使人性具备仁义，

176

就像把柜柳制成杯盘。"

孟子说："你是顺着柜柳的本性制成杯盘呢？还是残害柜柳的本性去制成杯盘？如果是戕害柜柳的本性去制成杯盘，那么也要戕害人的本性去使它具备仁义吗？带领天下人去祸害仁义的，一定是你的这种言论！"

11.2 告子曰："性犹湍水①也，决诸东方则东流，决诸西方则西流。人性之无分于善不善也，犹水之无分于东西也。"

孟子曰："水信无分于东西，无分于上下乎？人性之善也，犹水之就下也。人无有不善，水无有不下。今夫水，搏②而跃之，可使过颡；激③而行之，可使在山。是岂水之性哉？其势则然也。人之可使为不善，其性亦犹是也。"

【注释】 ①湍（tuān）水：急流。　②搏：击。　③激：阻遏。

【译文】 告子说："人性好比急流，东面冲开个缺口便向东流，西面冲开个缺口便向西流。人性没有善、不善之分，就像水流没有东流、西流之分。"

孟子说："水流诚然不分东西，但它也不分上下吗？人本性的善，就像水（本性）的向下流。人（的本性）没有不善的，水（的本性）没有不向下流的。（当然，）那水，你去拍打它使它溅起来，可以使它高过额头；你去阻挡它使它倒流，可以使它流上山去。这难道是水的本性吗？这是情势逼迫它如此的。人可以让他干坏事，其本性也如同（水）这样受到了逼迫。"

11.3 告子曰："生之谓性。"

孟子曰："生之谓性也，犹白之谓白与？"

曰："然。"

"白羽之白也犹白雪之白；白雪之白犹白玉之白与？"

曰："然。"

"然则犬之性犹牛之性，牛之性犹人之性与？"

【译文】告子说："天生的禀赋就叫性。"

孟子说："天生的禀赋就叫性，就像白的就叫白吗？"

告子说："是。"

"白羽毛的白犹如白雪的白，白雪的白犹如白玉的白吗？"

告子说："是。"

"孟子说：那狗的本性犹如牛的本性，牛的本性犹如人的本性吗？"

11.4 告子曰："食、色，性也。仁，内也，非外也；义，外也，非内也。"

孟子曰："何以谓仁内义外也？"

曰："彼长而我长之，非有长于我也；犹彼白而我白之，从其白于外也，故谓之外也。"

曰："异于①白马之白也，无以异于白人之白也。不识长马之长也，无以异于长人之长与？且谓长者义乎？长之者义乎？"

曰："吾弟则爱之，秦人之弟则不爱也，是以我为悦者也，故谓之内。长楚人之长，亦长吾之长，是以长为悦者也，故谓之外也。"

曰："耆②秦人之炙，无以异于耆吾炙，夫物则亦有然者也。然则耆炙亦有外欤？"

【注释】①异于：此二字朱熹疑为衍文。 ②耆：同嗜。

178

【译文】 告子说："饮食、男女，是人的本性。仁，是内在的，不是外在的；义，是外在的，不是内在的。"

孟子说："为什么说仁是内在的、义是外在的呢？"

答道："他年长，我尊敬他，年长在他不在于我；就像那是白的东西，我认为它白，这是由于它外表的白色所决定的，所以说它是外在的。"

问道："白马的白和白人的白固然没有什么不同，但不知对老马的怜悯与对长者的尊敬是不是也没有什么区别呢？而且你所说的义，是在于长者呢，还是在于尊敬长者的人呢？"

告子说："我的弟弟就爱，秦人的弟弟就不爱，这是因我的关系而乐意如此，所以说仁是内在的。尊敬楚人的长者，也尊敬我的长辈，这是因年长的关系而乐意如此，所以说义是外在的。"

孟子说："爱吃秦人的烤肉，与爱吃我自己的烤肉没有什么不同，事物也有类似的情形，那么，爱吃烤肉的心愿难道也是外在的吗？"

11.5　孟季子^①问公都子曰："何以谓义内也？"

曰："行吾敬，故谓之内也。"

"乡人长于伯兄一岁，则谁敬？"

曰："敬兄。"

"酌则谁先？"

曰："先酌乡人。"

"所敬在此，所长在彼，果在外，非由内也。"

公都子不能答，以告孟子。

孟子曰："'敬叔父乎？敬弟乎？'彼将曰，'敬叔父。'曰，'弟为尸^②，则谁敬？'彼将曰，'敬弟。'子曰，'恶在其敬叔父也？'彼将曰，'在位故也。'子亦曰，'在位故也。庸^③敬在兄，斯须之敬在乡人。'"

季子闻之，曰："敬叔父则敬，敬弟则敬，果在外，非由内也。"

公都子曰："冬日则饮汤，夏日则饮水，然则饮食亦在外也？"

【注释】①孟季子：其人不详，或疑为孟子的从兄弟。　②尸：古时代表死者受祭的人叫尸，多由亲属中晚辈充任。后世才以画像或牌位来代替。③庸：平时、平常。

【译文】孟季子问公都子道："为什么说义是内在的呢？"

答道："它表达我的敬意，所以说是内在的。"

孟季子说："如果有个乡人比你大哥大一岁，那你敬谁呢？"

公都子说："敬大哥。"

孟季子说："要是同席饮酒，你先给谁斟酒呢？"

公都子说："先给乡人斟。"

孟季子说："你内心敬的是大哥，却礼敬年长的乡人，可见义毕竟是外在的，并不是从内心发出的。"

公都子不能回答，便将它告诉了孟子。

孟子说："（你可以反问）'敬叔父，还是敬弟弟呢？'他会说：'敬叔父。'你说：'假如弟弟充任受祭的尸，那该敬谁呢？'他会说：'敬弟弟。'你就说：'那敬叔父又在哪里呢？'他会说：'因为弟弟处在尸位的缘故。'那你也说：'因为乡人处在客位的缘故。平常敬大哥，那一会儿敬乡人。"

季子听了这话后，说："该敬叔父时就敬叔父，该敬弟弟时就敬弟弟，可见义毕竟是外在的，不是发自内心的。"

公都子说："冬天就喝热水，夏天喝凉水，那么，饮食也是外在的吗？"

11.6　公都子曰："告子曰：'性无善无不善也。'或曰：'性可以为善，可以为不善。是故文、武兴则民好善，幽、厉兴则民好暴。'或曰：'有性善，有性不善。是故以尧为君而有象；以瞽瞍为父而有舜；以纣为兄之子且以为君，而有微子启、王子比干①。今曰性善，然则彼皆非与？"

孟子曰："乃若②其情③，则可以为善矣，乃所谓善也。若夫为不善，非才④之罪也。恻隐之心，人皆有之；羞恶之心，人皆有之；恭敬之心，人皆有之；是非之心，人皆有之。恻隐之心，仁也；羞恶之心，义也；恭敬之心，礼也；是非之心，智也。仁义礼智，非由外铄⑤我也，我固有之也，弗思耳矣。故曰：'求则得之，舍则失之。'或相倍蓰而无算者，不能尽其才者也。《诗》曰：'天生蒸民，有物有则。民之秉彝，好是懿德⑥。'孔子曰：'为此诗者，其知道乎！故有物必有则，民之秉彝也，故好是懿德。'"

【注释】①微子启、王子比干：商纣王时的贤者。　②乃若：发语辞，这里表示转折。　③情：戴震《孟子字义疏证》释，"犹素也，实也"，这里可作实情解。　④才：《说文解字》曰，"草木之初也"，引申为人初生时的材质。　⑤铄：以火销金，从外到内渐渐熔化。⑥《诗》：指《诗经·大雅·烝民》；蒸：《诗经》作烝，众；物：事；则：法；秉：执；懿：美。

【译文】公都子说："告子说：'人性没有善，也没有不善。'也有人说：'人性可以为善，也可以为不善，所以周文王、武王在位，百姓就崇尚善；周幽王、厉王在位，百姓便崇尚暴戾。'还有人说：'有的人性善，有的人性不善，所以，以尧这样的圣君，却有像这样的坏蛋；以瞽瞍这样坏的父亲，却有舜这样好的儿子；以纣这样暴虐的侄子，而且做了君主，却有微子启、王子比干这样仁德的贤人。'现在老师说人性本善，那么他们说的都不对吗？"

　　孟子说："要说人的实情，那是可以为善的，这就是我所说的性善。至于有的人成为不善，不能归咎于他的初生之质不好。同情之心，人人都有；羞耻之心，人人都有；恭敬之心，人人都有；是非之心，人人都有。同情之心便是仁，羞耻之心便是义，恭敬之心便是礼，是非之心便是智。仁义礼智，不是从外面传给我的，是我本来就具有的，只是未曾去思索罢了。所以说：'求索就可获得，放弃就会失去。'人与人有相差一倍、五倍甚至无数倍的，就是因为有些人不能充分发挥他们初生之质的缘故。《诗经》中说：'上天生育了万民，有事物便有法则。民众把握了常规，爱好优美的德行。'孔子说：'作这篇诗的人，真是懂得大道啊！所以有事物必然有法则；民众把握了常规，所以能爱好优美的德行。'"

　　11.7　孟子曰："富岁子弟多赖①，凶岁子弟多暴，非天之降才尔殊也，其所以陷溺其心者然也。今夫麰麦②，播种而耰③之，其地同，树之时又同，浡然而生，至于日至④之时，皆孰矣。虽有不同，则地有肥硗⑤、雨露之养、人事之不齐也，故凡同类者，举相似也，何独至于人而疑之？圣人与我同类者。故龙子曰：'不知足而为屦，我知其不为蒉⑥也。'屦之相似，天下之足同也。口之于味，有同耆也，易牙⑦先得我口之所耆者也。如使口之于味也，其性与人殊⑧，若犬马之与我不同类也，则天下何耆皆从易牙之于味也？至于味，天下期于易牙，是天下之口相似也。惟耳亦然，至于声，天下期于师旷，是天下之耳相似也。惟目亦然，至于子都⑨，天下莫不知其姣也。不知子都之姣者，无目者也。故曰：口之于味也，有同耆焉；耳之于声也，有同听焉；目之于色也，有同美焉。至于心，独无所同然乎？心之所同然者何也？谓理也，义也。圣人先得我心之所同然耳。故理义之悦我心，犹刍豢⑩之悦我口。"

【注释】①赖：懒。　②麰（móu）麦：大麦。　③耰（yōu）：平地的农具，这里作动词用。　④日至：这里指夏至。　⑤硗（qiāo）：土地瘠薄。　⑥蒉（kuì）：草编的筐。　⑦易牙：又名雍巫，齐桓公宠臣，擅长烹调，其故事散见于周秦古籍。　⑧与人殊：杨伯峻认为省一"人"字，当为"人与人殊"。　⑨子都：传为古代的美男子。　⑩刍（chú）：草食曰刍，如牛羊；豢（huàn）：谷食曰豢，如猪狗。

【译文】孟子说："丰收年成，青年子弟大多懒惰；灾荒年成，青年子弟大多横暴，并不是天生的资质如此，而是由于环境影响了他们的心，才变成这样的。譬如大麦，播下种子，把地耙平，如土壤相同，播种时节也一样，便蓬勃生长，到夏至前后都成熟了。纵使有不同，那也是因为土地的肥瘠、雨露的滋养和人工管理的好坏不同罢了。所以，凡同类的东西，大体都是相似的，为什么唯独对于人却要怀疑呢？圣人与我们是同类的。因此龙子说：'即使不知道脚的大小去编草鞋，我也知道决不会编成草筐。'草鞋的相似，是因为天下人的脚是相同的。口对于滋味，有相同的嗜好。易牙先掌握了我们口味的嗜好。假如口对于滋味，人人生来就不同，如狗、马与我们不同类一样，那为什么天下人都随从易牙烹调的口味呢？讲到口味，天下人都期望以易牙为标准，这说明天下人的味觉是相似的。耳朵也如此，讲到声音，天下人都期望以师旷为标准，这说明天下人的听觉是相似的。眼睛也如此，讲到子都，天下人没有不知道他的漂亮。不知道子都漂亮的，那是没眼睛的人。所以说，口对于滋味，有相同的嗜好；耳对于声音，有相同的听觉；眼睛对于容色，有相同的美感。讲到人心，唯独就没有相同之处吗？人心相同之处是什么呢？是理，是义。圣人只是先掌握了我们内心的相同之处罢了。所以理、义愉悦我们的心，就如牛肉、猪肉等愉悦我们的口味一样。"

11.8　孟子曰："牛山①之木尝美矣，以其郊于大国也，斧斤伐之，可以为美乎？是其日夜之所息，雨露之所润，非无萌蘗②之生焉，牛羊又从而牧之，是以若彼濯濯③也。人见其濯濯也，以为未尝有材焉，此岂山之性也哉？虽存乎人者，岂无仁义之心哉？其所以放其良心者，亦犹斧斤之于木也，旦旦而伐之，可以为美乎？其日夜之所息，平旦之气，其好恶与人相近也者几希，则其旦昼之所为，有梏亡之矣④。梏之反复，则其夜气不足以存；夜气不足以存，则其违禽兽不远矣。人见其禽兽也，而以为未尝有才焉者，是岂人之情也哉？故苟得其养，无物不长；苟失其养，无物不消。孔子曰：'操则存，舍则亡；出入无时，莫知其乡⑤。'惟心之谓与。"

【注释】①牛山：在齐国国都临淄南（今山东临淄南）。 ②萌：芽；蘗（niè）：从旁长出的芽。 ③濯濯（zhuó）：光秃秃的。 ④有：又；梏：搅乱。 ⑤乡：向。

【译文】孟子说："牛山的树木曾很茂盛，由于它长在都市的郊外，人们经常用斧子去砍伐，它还能茂盛吗？虽然它日夜在生长，雨露也不断滋润着它，并不是说没有新枝嫩芽长出来，无奈牛羊又随之放牧其上，因此变得光秃秃的了。人们因其光秃秃了，便以为它从来没有长过树木，这难道是山的本来面目吗？就说在人身上吧，难道就没有仁义之心吗？之所以有人会丢失他本有的善心，那就像斧子对于树木一样，天天去砍伐它，它还能茂盛吗？他日夜所息养的善心，凌晨时接触的清明之气，使他的好恶与别人也差不多，可白天的作为，又使之泯灭了。这样反复地泯灭，那他夜晚所接触的清明之气就不足以保存，夜晚所接触的清明之气不足以保存，那他离禽兽就不远了。人们见他如同禽兽，便以为他不曾有过那本善的初生之质，这难道是人的实情吗？所以，如能得到培养，没有东西不会生长；如失去培养，没有东西不会丧失。孔子说：'把握就存在，舍弃就消亡，出入无定时，不知去何方。'说的就是人心吧！"

11.9　孟子曰："无或①乎王之不智也。虽有天下易生之物也，一日暴②之，十日寒之，未有能生者也。吾见亦罕矣，吾退而寒之者③至矣，吾如有萌焉何哉？今夫弈之为数④，小数也；不专心致志，则不得也。弈秋，通国之善弈者也。使弈秋诲二人弈，其一人专心致志，惟弈秋之为听。一人虽听之，一心以为有鸿鹄⑤将至，思援弓缴⑥而射之，虽与之俱学，弗若之矣。为⑦是其智弗若与？曰：非然也。"

【注释】①或：同惑。　②暴（pù）：同曝，晒。　③寒之者：喻王左右佞谄者。　④弈：围棋；数：技艺。　⑤鸿鹄（hú）：天鹅。　⑥缴（zhuó）：系着丝绳的箭。　⑦为：同谓。

【译文】孟子说："（齐宣）王的不明智不足为奇。即使是天下最易生长的东西，晒它一天，冻它十天，就没有能够生长的。我见王的机会很少，我一退出，那些佞谄而陷王于不义者便到了，我又能拿王刚萌发的一点善心如何呢？譬如下棋这种技艺，本是种小技艺；如不聚精会神，便学不好。弈秋，是全国的下棋能手。假如让弈秋教两人下棋，其中一个聚精会神，只听弈秋的指教。另一个虽然也在听，却又一心想着天鹅要飞来了，打算拿起弓箭去射它，此人尽管与前一个人一起在学，却比不上人家。能说这是他的才智不如人吗？我说，不是这样的。"

11.10　孟子曰："鱼，我所欲也，熊掌，亦我所欲也；二者不可得兼，舍鱼而取熊掌者也。生，亦我所欲也，义，亦我所欲也；二者不可得兼，舍生而取义者也。生亦我所欲，所欲有甚于生者，故不为苟得也；死亦我所恶，所恶有甚于死者，故患有所不辟也。如使人之所欲莫甚于生，则凡可以得生者，何不用也？使人之所恶莫甚于死者，则凡可以辟患者，何不为也？由是则生而有不用也，由是则可以辟患而有不为也。是故所欲有甚于生者，所恶有甚于死者。非独贤者有是心也，人皆有之，贤者能勿丧耳。一箪食，一豆①羹，得之则生，弗得则死，嘑尔②而与之，行道之人弗受；蹴尔而与之，乞人不屑也。万钟则不辩礼义而受之，万钟于我何加焉？为宫室之美，妻妾之奉，所识穷乏者得我与？乡为身死而不受，今为宫室之美为之；乡为身死而不受，今为妻妾之奉为之；乡为身死而不受，今为所识穷乏者得我而为之，是亦不可以已乎？此之谓失其本心。”

【注释】①豆：古代盛羹汤的器皿。 ②嘑尔：嘑（hù）同呼；嘑尔，呵叱声。

【译文】孟子说：“鱼，是我想要的，熊掌，也是我想要的；要是两者不能兼有，就舍弃鱼而选取熊掌。生命，也是我想要的，义，也是我想要的；要是两者不能兼有，就舍弃生命而选取义。生命也是我想要的，但所想要的有胜过生命的，所以就不能苟且地去得到它；死亡也是我所厌恶的，但所厌恶的有胜过死亡的，所以对有些祸患就不能躲避。如果人们所要的东西没有胜过生命的，那一切可保持生命的手段，哪有不用的呢？如果人们所厌恶的东西没有胜过死亡的，那一切可逃避祸患的事情，哪有不做的呢？这样的手段可保存生命，可是有的人却不采用；这样的事情可躲避祸患，有的人却不做，这是因为，人们所喜爱的东西有胜过生命的，所厌恶的东西有胜过死亡的。不独贤者有这种心，人人都有，不过贤者不会丧失它罢了。一筐饭，一碗汤，得到它就可以活，得不到它就可能要死，呵叱着施舍给人，就是饿着的过路人也不会接受；脚踏过再施舍给人，就是乞丐也不屑要。可现在万钟的俸禄却不问是否合乎礼义便接受了，万钟俸禄对我有什么好处呢？是为了住宅的豪华、妻妾的供养或相识的穷朋友能得我恩惠吗？过去宁可身死也不愿接受，今天却为住宅的豪华而接受了；过去宁可身死也不愿接受，今天却为妻妾的供养而接受了；过去宁可身死也不愿接受，今天却为相识的穷朋友能得我恩惠而接受了，这难道不可以罢手的吗？这就叫丧失了本心。"

11. 11　孟子曰："仁，人心也；义，人路也。舍其路而弗由，放其心而不知求，哀哉！人有鸡犬放，则知求之，有放心而不知求。学问之道无他，求其放心而已矣。"

【译文】孟子说："仁，是人的本心；义，是人的正路。舍弃正路而不走，放失本心而不知去找，可悲呀！有人家中的鸡狗走失了，还知去找，可放失了本心却不知去找。学问之道没别的，只是将放失的本心找回来罢了。"

11. 12　孟子曰："今有无名之指屈而不信，非疾痛害事也，如有能信之者，则不远秦楚之路，为指之不若人也。指不若人，则知恶之，心不若人则不知恶，此之谓不知类也。"

【译文】孟子说："现在有个人无名指弯曲不能伸直，不是病痛也不碍做事，但如有人能使它伸直，就是到秦国、楚国去（求医）也不觉得路远，为的只是手指不如别人。手指不如别人知道嫌恶，心不如别人却不知道嫌恶，这就叫作不分轻重缓急。"

11. 13　孟子曰："拱把①之桐、梓，人苟欲生之，皆知所以养之者。至于身，而不知所以养之者，岂爱身不若桐、梓哉？弗思甚也。"

【注释】①拱把：拱，两手所围；把，一手所握；此处比喻树之细小。

【译文】孟子说："一两把手粗的桐树、梓树，人们如果要使它生长，都知道怎样去培养。对于自身却不知道怎样去修养，难道爱自身还不如桐树、梓树吗？真是太不动脑筋了。"

11.14 孟子曰："人之于身也，兼所爱。兼所爱，则兼所养也。无尺寸之肤不爱焉，则无尺寸之肤不养也。所以考其善不善者，岂有他哉？于己取之而已矣。体有贵贱，有小大①。无以小害大，无以贱害贵。养其小者为小人，养其大者为大人。今有场师，舍其梧、槚②，养其樲、棘③，则为贱场师焉。养其一指而失其肩背，而不知也，则为狼疾④人也。饮食之人，则人贱之矣，为其养小以失大也。饮食之人无有失也，则口腹岂适⑤为尺寸之肤哉？"

【注释】①贱与小：喻口腹；贵与大：喻心志。 ②梧：梧桐；槚（jià）：梓树；都是有用的木材。 ③樲（èr）：酸枣；棘：荆棘；都是无用的木材。 ④狼疾：狼藉，乱七八糟、糊涂的意思。 ⑤岂适：岂止；适同啻。

【译文】孟子说："人对于身体，所有部分都爱护。所有部分都爱护，那所有部分都得保养。没有一块肌肤不爱护，便没有一块肌肤不保养。所以看他对身体保养得好不好，难道有别的方法吗？只看他注重身体的哪一部分罢了。身体的部分有重要和次要、小和大的区别。不要因为小的损害大的，也不要因为次要的损害重要的。只注意保养小的是小人，能注意保养大的是君子。现在有个园艺师，舍弃梧桐、梓树，却去培植酸枣、荆棘，那是个蹩脚的园艺师。仅注意保养自己的一个手指却遗忘了肩和背，自己还不知道，那是个糊涂透顶的人。只讲吃喝的人，人们鄙视他，因为他只注意保养小的而遗忘了大的。讲究吃喝的人不遗忘品德的培养，那满足口腹的需要难道只是为了保养口腹那一小部分吗？"

11.15 公都子问曰："钧^①是人也，或为大人，或为小人，何也？"

孟子曰："从其大体为大人，从其小体为小人^②。"

曰："钧是人也，或从其大体，或从其小体，何也？"

曰："耳目之官不思，而蔽于物。物交物，则引之而已矣。心之官则思，思则得之，不思则不得也。此天之所与我者。先立乎其大者，则其小者不能夺也。此为大人而已矣。"

【注释】①钧：同均。　②大体、小体：与上章"贵贱、大小"的意思基本相同。

【译文】公都子问道："同样是人，有的是君子，有的是小人，为什么呢？"

孟子说："顺从重要器官需要的是君子，顺从次要器官需要的是小人。"

公都子说："同样是人，有的顺从重要器官需要，有的顺从次要器官需要，为什么呢？"

孟子说："耳朵、眼睛这类器官不能思考，所以被外物所蒙蔽。它们与外物一接触，就只能被外物所引诱罢了。心的官能是思考，思考就能得到（人的善性），不思考便得不到。这是上天特意赋予我们的。首先确立起大的东西（善性），那次要的东西就无法与之争夺了。成为君子的道理仅此而已。"

11.16　孟子曰："有天爵者，有人爵者。仁义忠信，乐善不倦，此天爵也；公卿大夫，此人爵也。古之人修其天爵，而人爵从之。今之人修其天爵，以要人爵；既得人爵，而弃其天爵，则惑之甚者也，终亦必亡而已矣。"

【译文】孟子说："有天然的爵位，有人世的爵位。仁义忠信，好善不止，这是天然的爵位；公、卿、大夫，这是人世的爵位。古代的人修养其天然的爵位，人世的爵位也随之而来。现在的人修养其天然的爵位，以追求人世的爵位；一旦获得人世的爵位，便抛弃天然的爵位，那真是糊涂透顶了，最终也必然会失去人世的爵位。"

11.17　孟子曰："欲贵者，人之同心也。人人有贵于己者，弗思耳矣。人之所贵者，非良贵也。赵孟①之所贵，赵孟能贱之。《诗》②云：'既醉以酒，既饱以德。'言饱乎仁义也，所以不愿人之膏粱之味也③。令闻广誉施于身，所以不愿人之文绣④也。"

【注释】①赵孟：春秋时晋国正卿赵盾,字孟，其子孙也都称赵孟。②《诗》：指《诗经·大雅·既醉》。　③愿：羡慕；膏，肥肉；粱，精米。　④文绣：绣了文饰的衣裳,是古代有爵位之人穿的官服。

【译文】孟子说："想要得到尊贵，是人们的共同心愿。每个人都有可尊贵的东西，只是未曾去思索罢了。别人给与的尊贵，不是真正的尊贵。赵孟（加官晋爵）使之尊贵的人，赵孟也能使之低贱。《诗经》中说：'酒已经醉了，德已经饱了。'这是说仁义已使我富足了，也就不羡慕别人的肥肉精米了；广为传播的好名声在我身上，也就不羡慕别人的锦绣衣裳了。"

11.18　孟子曰："仁之胜不仁也，犹水胜火。今之为仁者，犹以一杯水救一车薪之火也；不熄，则谓之水不胜火，此又与于不仁之甚者也，亦终必亡而已矣。"

【译文】孟子说："仁胜过不仁，如水能扑灭火一样。现在行仁的人，就如以一杯水去救一车木柴所燃起的火；扑灭不了，便说水扑灭不了火，这又大大助长了那些很不仁的人，最终连已行的那一点点仁也必定会消失的。"

11.19　孟子曰："五谷者，种之美者也；苟为不熟，不如荑稗①。夫仁，亦在乎熟之而已矣。"

【注释】①荑稗（tí bài）：长在田中有点像稻的杂草，结实很小，可作饲料，古人也用来备荒。

【译文】孟子说："五谷，是粮食作物中的好东西；但如果种了不能成熟，那就倒反不如荑稗这类野生植物了。仁，也只在于使它成熟罢了。"

11.20　孟子曰："羿之教人射，必志于彀①，学者亦必志于彀。大匠诲人，必以规矩，学者亦必以规矩。"

【注释】①志：期望；彀（gòu）：弓拉满。

【译文】孟子说："羿教人射箭，必定要求拉满弓；学射之人也必定期望拉满弓。有名的木匠教人，必定得依循规矩，学做木工的人也必定要依循规矩。"

告子下

【评述】本篇下篇凡十六章，内容不如上篇集中，涉及的面比较广，有论礼与食色的关系、论《诗》、论理想人格、论为政、论反对战争、论君子去就之道、论税制、论教育等。

12.1　任人有问屋庐子①曰："礼与食孰重？"

曰："礼重。"

"色与礼孰重？"

曰："礼重。"

曰："以礼食，则饥而死；不以礼食，则得食，必以礼乎？亲迎②，则不得妻；不亲迎，则得妻，必亲迎乎？"

屋庐子不能对，明日之邹，以告孟子。

孟子曰："於答是也何有③？不揣④其本，而齐其末，方寸之木可使高于岑楼⑤。金重于羽者，岂谓一钩金⑥与一舆羽之谓哉？取食之重者与礼之轻者而比之，奚翅⑦食重？取色之重者与礼之轻者而比之，奚翅色重？往应之曰：'紾⑧兄之臂而夺之食，则得食；不紾则不得食，则将紾之乎？逾东墙而搂其处子⑨，则得妻；不搂，则不得妻，则将搂之乎？'"

【注释】①任（rén）：国名，在今山东济宁；屋庐子：名连，孟子弟子。　②亲迎：新郎亲自去新娘家迎娶，是中国古代婚礼中"六礼"（纳采、问名、纳吉、纳微、请期、亲迎）之一。　③何有：有何难。④揣：度量、衡量。　⑤岑楼：岑本指山小而高，岑楼泛指尖顶高楼。⑥一钩金：做成一带钩所需的金，比喻数量很小。　⑦翘：通"啻"。⑧绉（zhěn）：扭折。　⑨处子：处女。

【译文】有个任国人问屋庐子说："礼仪和饮食哪个重要？"

屋庐子说："礼仪重要。"

这人又问："性欲和礼仪哪个重要？"

屋庐子说："礼仪重要。"

这人便说："按照礼仪去谋食，就得饿死；不按照礼仪去谋食，就能得到食物，那一定要按照礼仪吗？行亲迎礼，就得不到妻子；不行亲迎礼，就能得到妻子，那一定要行亲迎礼吗？"

屋庐子不能回答，第二天便跑到邹国去，把这些问题告诉孟子。

孟子说："回答这个又有何难？不度量根基是否一致，却只比较它们顶端的高低，即使寸把厚的木块（搁在高处），也可以高过尖顶高楼。金子比羽毛重，难道说一丁点金子也比一车羽毛重？拿饮食的重要方面与礼仪的细微方面去比，岂止是饮食重要？拿性欲重要方面与礼仪的细微方面去比，岂止是性欲重要？你去回答他说：'扭折哥哥的胳膊而夺去他的食物，就能有吃的；不扭折，就得不到吃的，那会去扭吗？翻过东邻的墙去搂抱他家的姑娘，就能有妻室；不去搂抱，就得不到妻室，那会去搂抱吗？'"

12.2 曹交①问曰："人皆可以为尧舜，有诸？"

孟子曰："然。"

"交闻文王十尺，汤九尺，今交九尺四寸以长，食粟而已，如何则可？"

曰："奚有于是？亦为之而已矣。有人于此，力不能胜一匹雏②，则为无力人矣；今曰举百钧，则为有力人矣。然则举乌获③之任，是亦为乌获而已矣。夫人岂以不胜为患哉？弗为耳。徐行后长者谓之弟④，疾行先长者谓之不弟。夫徐行者，岂人所不能哉？所不为也。尧舜之道，孝弟而已矣。子服尧之服，诵尧之言，行尧之行，是尧而已矣。子服桀之服，诵桀之言，行桀之行，是桀而已矣。"

曰："交得见于邹君，可以假馆，愿留而受业于门。"

曰："夫道若大路然，岂难知哉？人病不求耳。子归而求之，有余师！"

【注释】①曹交：赵岐注为"曹君之弟"，后人多有怀疑，详可参焦循《正义》疏。 ②匹：量词；雏：小鸡。 ③乌获：古时有名的大力士。 ④弟：通"悌"，顺从长上。

【译文】曹交问道："人人都可以成为尧舜，是这样吗？"

孟子说："是的。"

曹交说："我听说文王身高十尺，汤身高九尺，如今我身高九尺四寸，只会吃饭罢了，要怎样才可以呢？"

孟子说："这有什么呢？只要去做就是了。这里有个人，自以为一只小鸡都提不起，那就是毫无力气的人；现在他说能举得起三千斤，那就是很有力气的人了。那么，能举起乌获所能举的重量，也就是乌获了。人怕的难道是不能胜任吗？只是不做罢了。缓慢地走在长者后面叫作悌，飞快地走在长者前面叫作不悌。缓慢地走，难道人们不能做吗？是不做罢了。尧舜之道，只是孝悌而已。你穿尧的衣服，说尧的话，做尧的事，便是尧了。你穿桀的衣服，说桀的话，做桀的事，就是桀了。"

曹交说："我去谒见邹君，可以借个住所，愿意留在您的门下受教。"

孟子说："道就像大路一样，难道难于知晓吗？就怕人们不去寻求。你回去自己寻求吧，老师多的是。"

12.3 公孙丑问曰："高子①曰：'《小弁》②，小人之诗也。'"

孟子曰："何以言之？"

曰："怨。"

曰："固哉，高叟之为诗也！有人于此，越人关弓而射之，则己谈笑而道之；无他，疏之也。其兄关弓而射之，则己垂涕泣而道之；无他，戚之也。《小弁》之怨，亲亲也。亲亲，仁也。固矣夫，高叟之为诗也！"

曰："《凯风》③何以不怨？"

曰："《凯风》，亲之过小者也。《小弁》，亲之过大者也。亲之过大而不怨，是愈疏也；亲之过小而怨，是不可矶④也。愈疏，不孝也；不可矶，亦不孝也。孔子曰：'舜其至孝矣，五十而慕⑤。'"

【注释】①高子：高子在《孟子》中曾提到四次，赵岐注时亦有所不同：《公孙丑下》第十二章中注为"齐人，孟子弟子"；本章中注为"齐人也"；《尽心下》第二十一章中注为"齐人也，尝学于孟子，乡道而未明，去而学于他术"。他们是否为一人已不可考，本章中孟子称他为"高叟"，年纪应大于孟子，似不应为弟子。　②《小弁（pán）》：《诗经·小雅》中的篇名。　③《凯风》：《诗经·邶风》中的篇名。④矶（jī）：激。　⑤舜五十而慕：参见《万章上》第一章。

【译文】公孙丑问道："高子说：'《小弁》，是小人的诗。'"

孟子说："为什么这么说呢?"

公孙丑说："因为它有怨恨之情。"

孟子说："高老夫子解诗未免太机械了！这里有个人，越国人开弓射他，他可以有说有笑地讲这件事；没别的原因，因为越国人与他关系疏远。要是他哥哥开弓射他，那他会啼哭着讲这件事；没别的原因，因为哥哥是他的亲人。《小弁》的怨恨，是出于爱护亲人。爱护亲人，是仁的表现。高老夫子解诗未免太机械了！"

公孙丑说："《凯风》这首诗为什么没有怨恨之情呢?"

孟子说："《凯风》是因为亲人过错小，《小弁》是因为亲人过错大。父母的过错大却不抱怨，就愈显得与父母疏远；父母亲的过错小却抱怨，是不应该的激怒。疏远父母，是不孝；不应该的激怒，也是不孝。孔子说：'舜算是最孝顺的了，到五十岁还依恋父母。'"

12.4　宋牼①将之楚，孟子遇于石丘②，曰："先生将何之?"

曰："吾闻秦楚构兵，我将见楚王说而罢之。楚王不悦，我将见秦王说而罢之。二王我将有所遇焉。"

曰："轲也请无问其详，愿闻其指。说之将何如?"

曰："我将言其不利也。"

曰："先生之志则大③矣，先生之号④则不可。先生以利说秦楚之王，秦楚之王悦于利，以罢三军之师，是三军之士乐罢而悦于利也。为人臣者怀利以事其君，为人子者怀利以事其父，为人弟者怀利以事其兄，是君臣、父子、兄弟终⑤去仁义。怀利以相接，然而不亡者，未之有也。先生以仁义说秦楚之王，秦楚之王悦于仁义，而罢三军之师，是三军之士乐罢而悦于仁义也。为人臣者怀仁义以事其君，为人子者怀仁义以事其父，为人弟者怀仁义以事其兄，是君臣、父子、兄弟去利，怀仁义以相接也，然而不王者，未之有也。何必曰利?"

【注释】①宋轻（jiān）：又作宋钘或宋荣，战国时与孟子、尹文子、慎到等同时而齐名的"稷下学宫"学者，有人把他归为道家学派，但《汉书·艺文志》把他的著作归入小说家。其思想片断散见于《孟子》《庄子》《荀子》和《韩非子》。　②石丘：地名，所在不详，有以为属宋国。　③大：这里是"善"的意思。　④号：提法、说法。　⑤终：尽。

【译文】宋轻要去楚国，孟子在石丘遇见他，问道："先生要到哪里去?"

宋轻说："我听说秦楚两国交战，我要去进见楚王劝说他罢兵。楚王要是不听，我就去进见秦王劝说他罢兵。两个君王中我总会遇上听从的。"

孟子说："我不想打听详细内容，只想听听你的大意。您将怎样劝说呢?"

宋轻说："我将陈说交兵的不利。"

孟子道："先生的用心是好的，但先生的提法却不行。先生以利去劝说秦楚两国君王，秦楚两国君王因对利感兴趣而罢兵，这就使三军官兵乐于罢兵而喜欢利。做人臣的怀着利去事奉君主，做人子的怀着利去事奉父亲，做人弟的怀着利去事奉哥哥，这就使得君臣、父子、兄弟间完全去除仁义，怀着利来相互对待，如此而不灭亡的，还未曾有过。先生要是以仁义去劝说秦楚两国君王，秦楚两国君王因对仁义感兴趣而罢兵，这就使三军官兵乐于罢兵而喜欢仁义。做人臣的怀着仁义去事奉君主，做人子的怀着仁义去事奉父亲，做人弟的怀着仁义去事奉哥哥，这就使得君臣、父子、兄弟间完全去除利，怀着仁义来相互对待，如此而不称王天下的，还未曾有过。何必说利呢?"

12.5　孟子居邹，季任①为任处守，以币交，受之而不报。处于平陆，储子为相②，以币交，受之而不报。他日，由邹之任，见季子；由平陆之齐，不见储子。屋庐子喜曰："连得间③矣。"问曰："夫子之任，见季子；之齐，不见储子，为其为相与？"

曰："非也。《书》曰：'享多仪，仪不及物曰不享，惟不役志于享④。'为其不成享也。"

屋庐子悦。或问之，屋庐子曰："季子不得之邹，储子得之平陆。"

【注释】①季任（rén）：任国君主之弟。 ②平陆：齐国下邑；储子：齐国宰相。 ③间：赵岐、朱熹均注为"间隙"，即两者间差别的意思。 ④《书》：指《尚书·洛诰》；享多仪：多有"贵""美"的意思。

【译文】孟子住在邹国时，季任代理任国的国政，送礼物来结交，孟子接受了礼物却不回报。孟子住在平陆时，储子做齐国的相，送礼物来结交，孟子接受了礼物却不回报。过了些日子，孟子从邹国到任国，拜访了季子；从平陆到齐都，却没去拜访储子。屋庐子高兴地说："我明白其中的区别了。"便问道："老师到任国，拜访了季子；到齐都，却不拜访储子，是因为他仅是个国相吧？"

孟子说："不是的。《尚书》中说：'进献以有仪节为贵，仪节与礼物不相称只能称作没有进献，这是进献之人没把心意用在进献上。'是因为他不成其为进献。"

屋庐子很高兴。有人问他，屋庐子说："季子不能去邹国，储子却能去平陆的。"

12.6 淳于髡曰："先名实①者，为人也；后名实者，自为也。夫子在三卿之中，名实未加于上下而去之②，仁者固如此乎？"

孟子曰："居下位，不以贤事不肖者，伯夷也。五就汤、五就桀者，伊尹也。不恶汙君，不辞小官者，柳下惠也。三子者不同道，其趋一也。一者何也？曰：仁也。君子亦仁而已矣，何必同？"

曰："鲁缪公之时，公仪子为政，子柳、子思为臣③，鲁之削地也滋甚。若是乎贤者之无益于国也？"

曰："虞不用百里奚而亡，秦穆公用之而霸。不用贤则亡，削何可得与？"

曰："昔者王豹处于淇而河西善讴④，绵驹处于高唐而齐右善歌⑤，华周、杞梁之妻善哭其夫而变国俗⑥。有诸内，必形诸外。为其事而无其功者，髡未尝睹之也。是故无贤者也，有则髡必识之。"

曰："孔子为鲁司寇，不用，从而祭，燔肉不至，不税冕而行⑦。不知者以为为肉也，其知者以为为无礼也。乃孔子则欲以微罪行，不欲为苟去。君子之所为，众人固不识也。"

【注释】①名：声誉；实：事功。 ②三卿：上卿、亚卿、下卿；上下：上指君，下指民。 ③公仪子，公仪休，鲁国博士，曾任鲁相，事迹见《史记·循吏列传》；子柳，即泄柳。 ④王豹：卫（一说齐）之善歌者；淇：水名。河西，卫在黄河西面。 ⑤绵驹：善歌者；高唐：齐国邑名；齐右：高唐在齐国西面，西在右。 ⑥华周、杞梁：齐国大夫，传说他们战死，妻子痛哭而哭倒城墙，国人仿效，善哭成风。 ⑦燔（fán）肉：烤肉，祭祀用；税冕：税（tuō），通脱。

【译文】淳于髡说："以名誉功业为重的人，是志在为民众；不重视名誉功业的人，是为了其身。先生身居齐国三卿之中，从上辅君王到下济万民的名誉功业都还无所建树，却要离开齐国，仁人原来是这样的吗？"

孟子说："身居下位，不愿以贤者的身份去事奉不中用的人，是伯夷；五次投到汤的门下，又五次投到桀的门下的，是伊尹；不嫌弃恶浊的君主，不拒绝微贱职务的，是柳下惠。三个人的行事态度不同，但取向却是一致的。一致的取向是什么呢？应该说就是仁。君子只要趋于仁就行了，何必要相同呢？"

淳于髡说："当鲁缪公时，公仪子主持国政，子柳和子思当大臣，可鲁国被削弱得更厉害；贤者的无益于国家竟是像这样呀！"

孟子说："虞国不用百里奚而灭亡，秦穆公用了他而成就霸业。不用贤者就灭亡，哪里又仅是削弱一点呢？"

淳于髡说："从前王豹住在淇水边，河西的人因而都擅长唱歌；绵驹住在高唐，齐国西部的人因而也都擅长唱歌。华周、杞梁的妻子很会痛哭她们的丈夫，因而改变了国家的习俗。里面有什么，外面也一定会表现出来。从事某件事却见不到功效，我还不曾看到过。所以，是没有贤者；如果有，我一定会知道的。"

孟子说："孔子做鲁国司寇。不被信任，跟随去祭祀，祭肉也没有按规定送来，于是立刻离去了。不了解孔子的人以为是为了祭肉的缘故，了解孔子的人知道是由于无礼的缘故。而孔子是想找个微小的过错离开，不愿意随便出走。君子的作为，普通人本来就不易明白的。"

12.7　孟子曰："五霸^①者，三王^②之罪人也。今之诸侯，五霸之罪人也。今之大夫，今之诸侯之罪人也。天子适诸侯曰巡狩，诸侯朝于天子曰述职。春省耕而补不足，秋省敛而助不给。入其疆，土地辟，田野治，养老尊贤，俊杰在位，则有庆^③；庆以地。入其疆，土地荒芜，遗老失贤，掊克在位，则有让^④。一不朝，则贬其爵；再不朝，则削其地；三不朝，则六师^⑤移之。是故天子讨而不伐，诸侯伐而不讨。五霸者，搂诸侯以伐诸侯者也。故曰：五霸者，三王之罪人也。五霸，桓公为盛。葵丘之会^⑥，诸侯束牲载书而不歃血^⑦。初命曰，诛不孝，无易树子，无以妾为妻。再命曰，尊贤育才，以彰有德。三命曰，敬老慈幼，无忘宾旅。四命曰，士无世官，官事无摄，取士必得⑧，无专杀大夫。五命曰，无曲防，无遏籴，无有封而不告⑨。曰：凡我同盟之人，既盟之后，言归于好。今之诸侯皆犯此五禁，故曰：今之诸侯，五霸之罪人也。长君之恶其罪小，逢君之恶其罪大。今之大夫皆逢君之恶，故曰：今之大夫，今之诸侯之罪人也。"

【注释】①五霸：春秋时诸侯中的五个霸主，几种说法，较通行的说法是齐桓公、晋文公、秦穆公、宋襄公、楚庄公。　②三王：夏禹、商汤、周文王武王。　③庆：赏赐。　④掊（póu）：聚敛、搜括民财；让：责罚。　⑤六师：军队。　⑥葵丘：春秋时属宋国，在今河南兰考、民权境内；公元前651年，齐桓公与宋、卫、郑、许、曹等诸侯会盟，史称"葵丘之会"。　⑦束牲：定盟时仅束缚牺牲而不杀；载书：将盟书加在牲口上；不歃（shà）血：立盟一般当歃血（用嘴微吸一点牲口血），当时齐桓公威信高，故不歃血进行盟誓。　⑧摄：兼任；得：得贤才。　⑨曲防：赵岐注为王法所不禁而曲意设防，朱熹则注为不得曲为堤防而壅泉激水以专小利，焦循从朱注；遏籴（dí）：阻止受灾邻邦来买粮食；封：封赏；告：报告盟主。

【译文】孟子说："五霸，是三王的罪人；现在的诸侯，是五霸的罪人；现在的大夫，是现在诸侯的罪人。天子到诸侯的国家去叫作巡狩，诸侯去朝见天子叫作述职。春天视察耕种而补助穷困户，秋天视察收割而周济缺粮户。进入某诸侯的疆界，如果土地开垦，农事井井有条，老人得到赡养，贤人受到尊敬，杰出人才任官职，就有奖赏；赏给土地。进入某诸侯的疆界，如果土地荒芜，老人被遗弃，贤人散在野，搜刮民财者任官职，就给予责罚。（诸侯）一次不朝见，便降低爵位，两次不朝见，便削减封地；三次不朝见，便派出军队进行讨伐。所以天子只声讨而不亲自征伐，诸侯只奉命征伐而声讨。五霸，是强拉着诸侯去攻伐诸侯，所以说，五霸是三王的罪人。五霸中，齐桓公是最强大的。在葵丘的盟会上，与诸侯们捆绑祭神的牲口，把盟书放在它的身上，（因相信诸侯不敢负约）而没有歃血。第一条盟约说：诛罚不孝者，不改立太子，不立妾为妻。第二条盟约说：尊敬贤人，培育人才，以此表彰有德者。第三条盟约说：尊敬老人，慈爱幼儿，不怠慢宾客、旅人。第四条盟约说：士人不世袭官职，公务不要兼代，选拔人才要任贤，不擅自杀戮大夫。第五条盟约说：不遍筑堤防，不阻止邻国来买粮食，不要有封赏而不报告。最后说：凡是参加盟会者，订立盟约后，恢复正常的友好邦交。现在的诸侯都违犯了这五条禁令，所以说，现在的诸侯，是五霸的罪人。助长君主的恶行，这罪还小一点；逢迎君主的恶行，这罪行就大了。现在的大夫都逢迎君主的恶行，所以说，现在的大夫，是现在诸侯的罪人。"

12.8 鲁欲使慎子①为将军。孟子曰："不教民而用之，谓之殃民。殃民者，不容于尧舜之世。一战胜齐，遂有南阳②，然且不可……③"

慎子勃然不悦曰："此则滑釐所不识也。"

曰："吾明告子。天子之地方千里，不千里，不足以待诸侯；诸侯之地方百里，不百里，不足以守宗庙之典籍。周公之封于鲁，为方百里也，地非不足，而俭④于百里。太公之封于齐也，亦为方百里也，地非不足也，而俭于百里。今鲁方百里者五⑤，子以为有王者作，则鲁在所损乎，在所益乎？徒取诸彼以与此，然且仁者不为，况于杀人以求之乎！君子之事君也，务引其君以当道，志于仁而已。"

【注释】①慎子：赵岐注为"善用兵者"，朱熹注为"鲁臣"，难考其详。　②南阳：据清儒考定即汶阳，在今山东泰安西南一带。　③然且不可：杨伯峻《孟子译注》认为此句因慎子抢着说话而未完。
④俭：约，少。　⑤鲁国自周公之子伯禽封于曲阜后，子孙从隐公到哀公，先后攻打宋、项、邾、莒等国，多次侵占别国土地，所以国土增加了不少。

【译文】鲁国打算让慎子做将军。孟子说："不先教导百姓就使用他们，这叫作坑害百姓。坑害百姓的人，在尧舜的时代是容不得的，即使一次战斗便打赢齐国，得到了南阳，这仍然不行……"

慎子顿时不高兴地说："这是我所不明白的。"

孟子说："我明白地告诉你。天子的土地方圆千里，不到千里，便不足以接待诸侯；诸侯的土地方圆百里，不到百里，便不足以奉守历代相传的文物典章。周公被封在鲁，是方圆百里，土地并非不够，实际也少于百里。太公被封在齐，也是方圆百里，土地并非不够，实际却少于百里。现今鲁国的土地有五个方圆百里，你认为如有称王天下者兴起，鲁国的土地是在削减之列，还是在增加之列呢？白白地从那里取来给与这里，仁者尚且不干，更何况用杀人来求取呢！君子事奉君主，务必引导他的君主做事合于大道，有志于仁罢了。"

12.9　孟子曰："今之事君者皆曰：'我能为君辟土地，充府库。'今之所谓良臣，古之所谓民贼也。君不乡①道，不志于仁，而求富之，是富桀也。'我能为君约与国，战必克。'今之所谓良臣，古之所谓民贼也。君不乡道，不志于仁，而求为之强战，是辅桀也。由今之道，无变今之俗，虽与之天下，不能一朝居也。"

【注释】①乡：同"向"。

【译文】孟子说："现在事奉君主的人都说：'我能替君主开拓疆土，充实府库。'现在所谓的好臣子，是古代所谓的戕害民众者。君主不向往大道，无心行仁义，你却谋求使他富足，这等于使夏桀富足。（又说）'我能替君主邀结盟国，每战必胜。'现在所谓的好臣子，是古代所谓的戕害民众者。君主不向往大道，无心行仁义，你却谋求替他恃强作战，这就等于是辅佐夏桀。沿着现在的路走，不改变现在的习俗，哪怕把整个天下给他，他也不能有一天安居。"

12.10　白圭①曰："吾欲二十而取一，何如？"

孟子曰："子之道，貉②道也。万室之国，一人陶，则可乎？"

曰："不可。器不足用也。"

曰："夫貉，五谷不生，惟黍生之。无城郭、宫室、宗庙、祭祀之礼，无诸侯币帛饔飧③，无百官有司，故二十取一而足也。今居中国，去人伦，无君子，如之何其可也？陶以寡，且不可以为国，况无君子乎？欲轻之于尧舜之道者，大貉小貉也。欲重之于尧舜之道者，大桀小桀也。"

【注释】①白圭：名丹，周人，善治水、经商，事迹散见于《战国策》《韩非子》《吕氏春秋》《史记·货殖列传》等。　②貉（mò）：同貊，古代北方少数民族。　③饔飧：本指早餐、晚餐，这里指以饮食馈客之礼。

【译文】白圭说："我想以二十抽一来收税，怎么样？"

孟子说："你的做法是貉国的做法。有万户的国家，一个人做陶器，行吗？"

白圭说："不行，陶器不够用。"

孟子说："貉国，五谷不生，只有黍才能成活；没有城墙、房舍、祖庙及祭祀礼仪，没有诸侯间互送礼物和宴饮，没有官吏、衙门，所以税收率二十抽一也够了。现在你住在中原，不要社会的伦常，不要官吏，那怎么行呢？做陶器的太少了，尚且不能搞好国家，何况没有官吏呢？想把税率定得比尧舜轻的，那就是大貉、小貉；想把税率定得比尧舜重的，那就是大桀、小桀。"

12.11 白圭曰："丹之治水也愈于禹。"

孟子曰："子过矣。禹之治水，水之道也，是故禹以四海为壑①。今吾子以邻国为壑。水逆行谓之洚水；洚水者，洪水也，仁人之所恶也。吾子过矣！"

【注释】①壑：本指山沟或水坑，这里引申为受纳水之处。

【译文】白圭说："我治水胜过禹。"

孟子说："你错了。禹治水，是循着水原来所走的道加以疏导；所以禹是把四海作为纳水之处。现在你却把邻国作为纳水之处。水逆行叫作洚水，洚水就是洪水，它是仁者所憎恶的。你错了！"

12.12 孟子曰："君子不亮①，恶乎执？"

【注释】①亮：同"谅"，意为诚信。

【译文】孟子说："君子不讲诚信，如何能有操守？"

12.13 鲁欲使乐正子①为政。孟子曰："吾闻之，喜而不寐。"

公孙丑曰："乐正子强乎？"

曰："否。"

"有知虑乎？"

曰："否。"

"多闻识乎？"

曰："否。"

"然则奚为喜而不寐？"

曰："其为人也好善。"

"好善足乎？"

曰："好善优于天下②，而况鲁国乎？夫苟好善，则四海之内皆将轻千里③而来告之以善。夫苟不好善，则人将曰：'訑訑④，予既已知之矣！'訑訑之声音颜色，距人于千里之外。士止于千里之外，则谗谄面谀之人至矣。与谗谄面谀之人居，国欲治，可得乎？"

【注释】①乐正子：孟子弟子乐正克。　②优于天下：优于治天下。③轻千里：不以千里为难。　④訑訑（yí），自满自足的样子。

【译文】鲁国想让乐正子治理国政。孟子说："我听到这消息，高兴得睡不着。"

公孙丑说："乐正子坚强吗？"

孟子说："不。"

公孙丑说："他有智谋、会思考吗？"

孟子说："不。"

公孙丑说："他见多识广吗？"

孟子说："不。"

公孙丑说："那您为什么会高兴得睡不着呢？"

孟子说："他的为人喜好善。"

公孙丑说："喜好善就足够了吗？"

孟子说："喜好善足以治理天下，更何况鲁国呢？假如喜好善，那四方的人都会不远千里地赶来把善告诉他；假如不喜好善，那人会说：'嗯，嗯！我早已知道了！'这种嗯嗯的声音、脸色，把别人拒绝在千里之外了。好善之士止步在千里之外，那些进谗言、拍马屁的人就来了。与进谗言、拍马屁的人在一起，要想把国家治理好，能做到吗？"

12.14 陈子①曰："古之君子何如则仕？"

孟子曰："所就三，所去三。迎之致敬以有礼；言，将行其言也，则就之。礼貌未衰，言弗行也，则去之。其次，虽未行其言也，迎之致敬以有礼，则就之。礼貌衰，则去之。其下，朝不食，夕不食，饥饿不能出门户，君闻之，曰：'吾大者不能行其道，又不能从其言也，使饥饿于我土地，吾耻之。'周之，亦可受也，免死而已矣。"

【注释】①陈子：孟子弟子陈臻。

【译文】陈子说："古代的君子怎样才出来做官呢？"

孟子说："就职有三种情况，去职也有三种情况。迎接时恭敬而有礼貌；有所进言，就打算实行，便就职。礼貌虽未减弱，可对他的进言不实行了，就去职。其次，虽没有实行他的进言，但迎接时能恭敬而有礼貌，便就职。如果礼貌减弱了，就去职。最下的，早上没有吃，晚上也没有吃，饿得无力出门，国君知道后，说：'从大的说我不能实行他的主张，又不能听从他的进言，使他在我的国土上挨饿，我感到耻辱。'如果给予周济，也可以接受，这不过是为了免于一死罢了。"

12. 15　孟子曰："舜发于畎亩之中①，傅说举于版筑之间②，胶鬲举于鱼盐之中③，管夷吾举于士④，孙叔敖举于海⑤，百里奚举于市⑥。故天将降大任于斯人也，必先苦其心志，劳其筋骨，饿其体肤，空乏其身，行拂乱其所为，所以动心忍性⑦，曾⑧益其所不能。人恒过，然后能改；困于心，衡⑨于虑，而后作；微于色，发于声，而后喻。入则无法家拂士⑩，出则无敌国外患者，国恒亡。然后知生于忧患而死于安乐也。"

【注释】①传说舜曾耕于历山。　②傅说：殷高宗武丁时的相，其事迹见《史记·殷本纪》；版筑：在夹版中填土，再用杵筑以成墙。　③胶鬲（gé）：殷末贤者，据说遇纣之乱，隐于民间贩鱼盐，周武王发现并提拔了他。　④管夷吾：管仲，其事迹见《左传·庄公九年》；士：狱官。　⑤孙叔敖：楚国令尹，楚庄王起用他于海滨。　⑥百里奚事见《万章上》第九章。　⑦动心忍性：动惊其心，坚忍其性。　⑧曾：同增。　⑨衡：横、塞。　⑩法家：法度大臣之家；拂（bì）：辅弼。

【译文】孟子说："舜兴起于田野之中，傅说被提拔于筑墙的苦役中，胶鬲被提拔于贩卖鱼盐的行当中，管仲被提拔于牢狱官的手中，孙叔敖被提拔于海边僻远之地，百里奚被提拔于集市上。因此，上天将要把重任加在此人的肩上，一定先要苦恼他的心志，劳累他的筋骨，饥饿他的肠胃，穷困他的身子，他想做点什么便干扰打乱，这是为了震动他的内心，坚韧他的性格，增加他所不具备的能力。一个人经常犯错误，然后才能改正；内心困苦，思虑阻塞，然后才能有所奋发作为；表现在脸色上，吐发在言谈中，然后才能被人了解。（一个国家）国内没有知法度的大臣和辅弼之士，国外又缺乏相抗衡之国和外患忧虑，这样的国家常常会灭亡。由此可知，忧患能使人生存，而安逸享乐能使人死亡。"

12.16 孟子曰："教亦多术矣，予不屑之教诲也者，是亦教诲之而已矣。"

【译文】孟子说："教育也有很多方式，我不屑于去教诲他，这也是对他的一种教诲啊。"

尽心上

【评述】本篇是《孟子》七篇中章节最多的一篇，共有八十四章，所涉及的内容因此既多且杂。

本篇上篇凡四十六章，比较突出的内容是讲心性理论，此外如修养功夫、理想人格、王霸之辨、治世之道等亦多有涉及。

13.1 孟子曰："尽其心者，知其性也。知其性，则知天矣。存其心，养其性，所以事天①也。夭寿不贰②，脩身以俟之，所以立命也。"

【注释】①事天：赵岐注为"行与天合"；朱熹注"事"为"奉承而不违"。　②夭：同天；贰：赵岐注为"二"，即二心；朱熹注为"疑"；"不贰"也就是无二心、不怀疑。

【译文】孟子说："能够尽人的本心，便能知晓人的本性。知晓人的本性，便能知晓上天。保持人的本心，培养人的本性，这就是事奉上天的方法。短命、长寿都不三心二意，修身养性以等待天命的安排，这就是安身立命的方法。"

13.2 孟子曰："莫非命①也，顺受其正；是故知命者不立乎岩墙②之下。尽其道而死者，正命也；桎梏③死者，非正命也。"

【注释】①莫非命：赵岐、朱熹的注都是"莫非"相连，意为"无非"；焦循《正义》认为当"非命"相连，而"莫"是毋、不要之意，"莫非命"即"谓不可非命而死也"，是"禁戒之辞"，亦可通。 ②岩墙：将要倒坍的墙。 ③桎梏：古代约束犯人的刑具，此喻犯罪。

【译文】孟子说："人无不受命运的支配，顺应命运就是承受正常命运；所以懂得命运的人不会站在将要倾倒的墙下面。完全按正道行事而死的人，他所受的就是正常的命运；犯罪而死的人，所受的就不是正常的命运。"

13.3 孟子曰："求则得之，舍则失之，是求有益于得也，求在我者也。求之有道，得之有命，是求无益于得也，求在外者也。"

【译文】孟子说："追求就能得到，放弃就会失掉，这种追求有益于获得，因为所追求的东西就在我本身之内。追求有一定的方式，能否得到由命运的安排，这种追求无益于获得，因为所追求的东西存在于我本身之外。"

13.4 孟子曰："万物皆备于我①矣。反身而诚，乐莫大焉。强恕②而行，求仁莫近焉。"

【注释】①万物皆备于我：赵岐注为"备知天下万物"；朱熹认为"此言理之本然"，大小事物"无一不具于性分之内也"，朱注稍胜一筹。 ②强：勉强、勉力；恕：推己及人的恕道。

【译文】孟子说："万事万物的道理都具备在我自身之内。反躬自问而觉得它们都真实无妄，快乐就没有比这更大的了。努力不懈地以推己及人的恕道去行事，求仁的道路便没有比这更近的了。"

13.5　孟子曰："行之而不著焉，习矣而不察焉[1]，终身由之而不知其道者，众[2]也。"

【注释】①著、察：都是明白的意思，朱熹注"著"为"知之明"，"察"为"识之精"。　②众：庶众、普通人；有人解为"多"，亦可通，但译文的"普通人"当改为"多数人"。

【译文】孟子说："做了却不明白为何要这样做，习以为常却不问个所以然，一生遵循却不知它的道理，这种便是普通（多数）的人。"

13.6　孟子曰："人不可以无耻。无耻之耻[1]，无耻矣。"

【注释】①无耻之耻：赵岐注曰："人能耻己之无所耻，是为改行从善之人，终身无复有耻辱之累也。"朱熹同意此注，故全引赵注为注。

【译文】孟子说："人不可以没有羞耻；如果能以没有羞耻为耻辱，便不再有耻辱了。"

13.7　孟子曰："耻之于人大矣。为机变之巧[1]者，无所用耻焉。不耻不若人，何若人有？"

【注释】①机变之巧：机巧诈变。

【译文】孟子说："羞耻对于人来说关系重大。搞机巧诈变的人，是没有地方用得着羞耻的。不把不如别人看作是羞耻，那还有什么地方能比得上别人呢？"

13.8 孟子曰："古之贤王好善而忘势①；古之贤士何独不然？乐其道而忘人之势，故王公不致敬尽礼，则不得亟②见之。见且由③不得亟，而况得而臣之乎？"

【注释】①势：权势。 ②亟：多次。 ③由：同"犹"。

【译文】孟子说："古代的贤君喜好善而忘记自己的权势；古代的贤士何尝不是这样？乐于自己信奉的道理而忘记别人的权势，所以王公们对他们不恭敬尽礼，就不能多次见到他们。相见的次数尚且不能多，何况把他们作为臣下呢？"

13.9 孟子谓宋句践①曰："子好游②乎？吾语子游。人知之，亦嚣嚣③；人不知，亦嚣嚣。"

曰："何如斯可以嚣嚣矣？"

曰："尊德乐义，则可以嚣嚣矣。故士穷不失义，达不离道。穷不失义，故士得己④焉；达不离道，故民不失望焉。古之人，得志，泽加于民；不得志，修身见⑤于世。穷则独善其身，达则兼善天下。"

【注释】①宋句（gōu）践：人名，事迹不详，赵岐注为"好以道德游，欲行其道者"。　②游：游说。　③嚣嚣：嚣通"闲"，嚣嚣即自得无欲的样子。　④得己：自得。　⑤见：同"现"。

【译文】孟子对宋句践说："你喜欢游说吗？我告诉你游说应取的态度。别人理解我，也悠闲自得；别人不理解我，也悠闲自得。"

宋句践说："怎样才能做到悠闲自得呢？"

孟子说："尊崇德、乐于义，就可以悠闲自得了。所以，士人穷困时不丢失义，得志时不偏离道。穷困时不丢失义，所以能自得其乐；得志时不偏离道，所以百姓不会感到失望。古代的人，得志，便把惠泽施于百姓；不得志，自修德性以表现于世。穷困就做好自身的修养，得志便把善普施于天下。"

13.10　孟子曰："待文王而后兴①者，凡民也。若夫豪杰之士，虽无文王犹兴。"

【注释】①兴：感动奋发。

【译文】孟子说："要等待文王出现然后才奋起的，是普通百姓。至于杰出人士，即使没有文王也会奋起的。"

13.11　孟子曰："附之以韩、魏之家①，如其自视欿然②，则过人远矣。"

【注释】①附：增益；韩、魏之家：是春秋时晋国六卿中最富有的两个家族。　②欿（kǎn）：通"坎"；欿然，不自满的意思。

【译文】孟子说："拿晋国韩、魏两大家族的财富加给他，如果他并不自满，那他超出常人就很远了。"

13. 12 孟子曰："以佚道①使民，虽劳不怨。以生道②杀民，虽死不怨杀者。"

【注释】①佚：通"逸"，逸道即安乐之道。 ②生道：谋求生存之道。

【译文】孟子说："为谋求百姓生活安逸而役使百姓，他们即使劳累也不会怨恨。为谋求百姓生存而不得已杀人，被杀者也不会怨恨杀他的人。"

13. 13 孟子曰："霸者之民，驩虞①如也；王者之民，皞皞②如也。杀之而不怨，利之而不庸③，民日迁善而不知为之者。夫君子④所过者化，所存者神，上下与天地同流，岂曰小补之哉？"

【注释】①驩虞：同"欢娱"。 ②皞皞（hào）：通浩浩，广大自得的样子。 ③庸：功，这里是酬功之意。 ④这里的"君子"，按朱熹注是指"圣人之通称"。

【译文】孟子说："称霸诸侯者的百姓欢喜快乐，称王天下者的百姓怡然自得。百姓被杀，却并不怨恨；蒙受好处，也不酬谢谁，百姓天天向善而不知是谁使他们这样的。圣人所到之处，人们受到感化；他所留存的东西神妙莫测，上与天下与地一同运转不息，这难道说仅是小小的补益吗？"

13.14　孟子曰："仁言不如仁声①之入人深也，善政不如善教之得民也。善政民畏之，善教民爱之。善政得民财，善教得民心。"

【注释】①仁声：赵岐注为"乐声《雅》《颂》也"，即指音乐；朱熹注为"仁闻，谓有仁之实而为众所称道者也"，译文取朱注。

【译文】孟子说："仁爱的言辞不如仁爱的声望深入人心，良善的政策不如良善的教育更能赢得民众。良善的政策让百姓畏惧；良善的教育让百姓喜爱。良善的政策得到的是百姓的财物，良善的教育得到的是百姓的心。"

13.15　孟子曰："人之所不学而能者，其良能也；所不虑而知者，其良知也。孩提之童①，无不知爱其亲者，及其长也，无不知敬其兄也。亲亲，仁也；敬长，义也。无他，达之天下也。"

【注释】①孩提之童：孩通咳，小孩笑；"孩提之童"赵岐注为"二三岁之间在襁褓，知咳笑、可提抱者也"。

【译文】孟子说："人无须学就会的，是他的良能；无须思考就知道的，是他的良知。两三岁的小孩没有不知道爱自己父母的，等到长大了，没有不知道尊敬自己兄长的。亲爱父母是仁，尊敬兄长是义。这没有其他原因，因为仁义是通行于天下的。"

13.16　孟子曰："舜之居深山之中，与木石居，与鹿豕游，其所以异于深山之野人者几希。及其闻一善言，见一善行，若决江河，沛然莫之能御也。"

【译文】孟子说:"舜住在深山时,和树木、石头相处,和麋鹿野猪为伴,与深山中草野之人的区别很小。可等到他听到一句善言,看到一件善行,(便立即采纳实行)就像江河决口,浩浩荡荡没有什么力量能阻挡得了。"

13.17 孟子曰:"无为其所不为,无欲其所不欲,如此而已矣。"

【译文】孟子说:"不做不该做的,不要不该要的,做到这样就行了。"

13.18 孟子曰:"人之有德慧术知①者,恒存乎疢疾②。独孤臣孽子③,其操心也危,其虑患也深,故达。"

【注释】①德慧术知:赵岐注为"德行、知慧、道术、才智"。②疢(chèn)疾:灾患。 ③孽子:非嫡妻所生之子,亦称庶子。

【译文】孟子说:"那些有德行、聪明、本领和知识的人,常常是由于他们灾患的处境。只有那些孤立之臣、庶孽之子,他们提心吊胆,对于祸患考虑得深,所以能通达事理人情。"

13.19 孟子曰:"有事君人者,事是君则为容悦者也;有安社稷者,以安社稷为悦者也;有天民者,达可行于天下而后行之者;有大人者,正己而物正者也。"

【译文】孟子说:"有事奉君主的人,那是事奉这个君主即为讨得君主欢心的人；有安邦定国的臣子，那是以安邦定国为乐事的人；有天民，那是要他的道可行于天下时然后实行的人；有大人，那是端正自己外物便随之也端正的人。"

13. 20　孟子曰："君子有三乐，而王天下不与存焉。父母俱存，兄弟无故，一乐也；仰不愧于天，俯不怍^①于人，二乐也；得天下英才而教育之，三乐也。君子有三乐，而王天下不与存焉！"

【注释】①怍（zuò）：惭愧。

【译文】孟子说："君子有三种乐趣，但称王天下不在其中。父母健在，兄弟没病没灾，是第一种乐趣；上无愧于天，下无愧于人，是第二种乐趣；得到天下优秀的人才而对他们进行教育，是第三种乐趣。君子有三种乐趣，但称王天下不在其中。"

13. 21　孟子曰："广土众民，君子欲之，所乐不存焉。中天下而立，定四海之民，君子乐之，所性不存焉。君子所性，虽大行不加焉，虽穷居不损焉，分定故也^①。君子所性，仁义礼智根于心，其生色也睟然^②，见于面，盎^③于背，施^④于四体，四体不言而喻。"

【注释】①大行：赵岐注为"行政于天下"，朱熹注为"通达"；分（fèn）：名分，职分。　②睟（cuì）然：润泽的样子。　③盎：显现。④施：延及。

【译文】孟子说："国土广阔，人民众多，是君子所希望的，但乐趣不在于此；居天下的中央，安定四方百姓，君子以此为乐，但本性不在于此。君子的本性，即使理想通行于天下并不因此而增，即使穷困隐居并不因此而减，因为本分已定的缘故。君子的本性，仁义礼智根植于心中，生发出来的神色温润纯和，它表现在颜面，显露于肩背，遍及到四肢，四肢的动作不必言说就能使了解。"

13.22　孟子曰："伯夷辟纣，居北海之滨，闻文王作，兴曰：'盍归乎来！吾闻西伯善养老者。'太公辟纣，居东海之滨，闻文王作，兴曰：'盍归乎来！吾闻西伯善养老者。'①天下有善养老，则仁人以为己归矣。五亩之宅，树墙下以桑，匹妇蚕之，则老者足以衣帛矣。五母鸡，二母彘，无失其时，老者足以无失肉矣。百亩之田，匹夫耕之，八口之家足以无饥矣②。所谓西伯善养老者，制其田里，教之树畜，导其妻子使养其老。五十非帛不煖，七十非肉不饱。不煖不饱，谓之冻馁。文王之民无冻馁之老者，此之谓也。"

【注释】①此段内容参见《离娄上》第十三章。　②此段内容参见《梁惠王上》第三、七章。

【译文】孟子说："伯夷躲避商纣，居住在北海边上，听说文王兴盛起来了，振奋地说：'何不去归属！我听说西伯是善于奉养老人的。'太公姜尚躲避商纣，居住在东海边上，听说文王兴盛起来了，振奋地说：'何不去归属！我听说西伯是善于奉养老人的。'天下有善于养老的人，那么仁人们便把他当作自己的依靠了。五亩的宅田，在墙下种植桑树，妇女养蚕缲丝，老年人就足以有丝织衣服穿了。五只母鸡，两头母猪，不失时节地饲养繁殖，老年人就足以有肉吃了。百亩田地，男人去耕种，八口之家就足以有饭吃了。所谓的西伯善于养老，指的是他规定土地制度，教会百姓栽种畜牧，引导他们的妻子儿女奉养家中的老人。到了五十岁没有丝棉便穿不暖，到了七十岁没有肉食便吃不饱。穿不暖、吃不饱，叫作挨冻受饿。文王的百姓中没有挨冻受饿的老人，说的就是这个意思。"

13.23 孟子曰："易①其田畴，薄其税敛，民可使富也。食之以时，用之以礼，财不可胜用也。民非水火不生活，昏暮叩人之门户求水火，无弗与者，至足矣。圣人治天下，使有菽粟如水火。菽粟如水火，而民焉有不仁者乎？"

【注释】①易：整治。

【译文】孟子说："整治耕地，减轻税收，是可以使百姓富足的。按时饮食，依礼消费，财物是用不尽的。百姓没有水和火是活不下去的，黑夜敲门向别人求觅水或火，是没有人不会给的，因为水火家家都很多。圣人治理天下，就要使百姓家有粮食如有水火那样多。粮食如水火那样多了，百姓哪有不仁爱的呢？"

13.24 孟子曰："孔子登东山①而小鲁，登泰山而小天下。故观于海者难为水，游于圣人之门者难为言。观水有术，必观其澜。日月有明，容光②必照焉。流水之为物也，不盈科不行。君子之志于道也，不成章③不达。"

【注释】①东山：朱熹注为"鲁城东之高山"，一说在今山东蒙阴县南。　②容光：赵岐注为"小郤"；焦循《正义》认为容光是"苟有丝发之际可以容纳，则光必入照焉"，而不是小隙之名；焦注准确。

③成章：古称乐终为一章，这里引申为达到一定阶段或程度。

【译文】孟子说："孔子登上东山便觉得鲁国小了，登上泰山就觉得天下也小了。所以，看过大海的人就难以注意一般的水流了；在圣人门下游学过的人就难以注意别的言论了。观看水有方法，一定要观看它的波澜。太阳和月亮有光辉，凡能容纳光线的地方就一定能照到。流水这东西，不流满坑洼地就不会前行；君子有志于大道，不到一定的程度就不能通达。"

13.25　孟子曰："鸡鸣而起，孳孳①为善者，舜之徒也；鸡鸣而起，孳孳为利者，蹠②之徒也。欲知舜与蹠之分，无他，利与善之间③也。"

【注释】①孳孳（zī）：同孜孜，勤勉。　②蹠（zhí）：同跖，即《滕文公下》卒章中的"盗跖"。　③间（jiàn）：不同。

【译文】孟子说："鸡叫便起，努力行善的人，是舜一类的人；鸡叫便起，努力求利的人，是蹠一类的人。想知道舜与蹠的区分，没别的，只是利和善的不同。"

13.26　孟子曰："杨子取为我①，拔一毛而利天下，不为也。墨子兼爱，摩顶放踵②利天下，为之。子莫③执中。执中为近之。执中无权，犹执一也。所恶执一者，为其贼道也，举一而废百也。"

【注释】①杨子：即杨朱；取：主张。　②摩：摩秃；顶：头顶；放：到；踵，脚跟。　③子莫：鲁国的贤人。

【译文】孟子说："杨子主张为我，拔去一根毫毛能对天下有利，都不愿做；墨子主张兼爱，摩秃头顶、走破脚跟而有利于天下，也去做。子莫取折中的主张。折中的主张算近乎正确。但折中而不知变通，那还是固执一偏了。之所以嫌恶固执一偏，是因为它损害大道，抓住一点而废弃其余。"

13.27　孟子曰："饥者甘食，渴者甘饮，是未得饮食之正也，饥渴害之也。岂惟口腹有饥渴之害？人心亦皆有害。人能无以饥渴之害为心害，则不及人不为忧矣。"

【译文】孟子说："饥饿的人觉得食物都美，口渴的人觉得饮料都甜，这是没有尝到饮料食物的正常滋味，原因是饥渴妨害了他们的正常感觉。难道只是嘴巴和肠胃有饥渴的妨害吗？人心也都有类似的妨害。人们如能使他们的心不受像饥渴对于嘴巴肠胃那样的妨害，那就不会因及不上别人而忧愁了。"

13.28　孟子曰："柳下惠不以三公易其介①。"

【注释】①介：操守。

【译文】孟子说："柳下惠不因为居高官之位而改变他的操守。"

13.29　孟子曰："有为者辟如掘井，掘井九轫①而不及泉，犹为弃井也。"

【注释】①轫：同"仞"，八尺为仞，一说七尺为仞。

【译文】孟子说："有作为的人譬如打井一样，井挖到六七丈深还没有挖到泉水，也还是一口废井。"

13.30　孟子曰："尧、舜性之也，汤、武身之也，五霸假之也。久假而不归，恶知其非有也？"

【译文】孟子说："尧、舜（行仁）是本性使然，商汤、周武王是身体力行；五霸是假借利用。借久了不归还，怎么知道他们不是真有呢？"

13.31　公孙丑曰："伊尹曰：'予不狎①于不顺。'放太甲于桐②，民大悦。太甲贤，又反之，民大悦。贤者之为人臣也，其君不贤，则固可放与？"

孟子曰："有伊尹之志则可，无伊尹之志则篡也。"

【注释】①狎（xiá）：亲近。　②放太甲于桐：参见《万章上》第六章。

【译文】公孙丑说："伊尹说：'我不亲近不顺礼义的人。'他把太甲放逐到桐邑，百姓十分高兴。太甲改过自新了，又将他接回来，百姓也十分高兴。贤人作为臣子，他的君主不好，一定可以放逐吗？"

孟子说："有伊尹那样的心思就可以；没有伊尹那样的心思，便是篡位了。"

13.32　公孙丑曰："《诗》曰：'不素餐兮！'①君子之不耕而食，何也？"

孟子曰："君子居是国也，其君用之，则安富尊荣；其子弟从之，则孝悌忠信。'不素餐兮'，孰大于是?"

【注释】①《诗》：《诗经·魏风·伐檀》；素餐：白吃饭，无功受禄。

【译文】公孙丑说："《诗经》中说：'不白吃饭呀!'那君子不耕种也可吃饭，为什么呢?"

孟子说："君子居住在这个国家，国君用他，能使国君安定富足、尊贵荣耀；少年子弟跟他学习，能孝父母，敬兄长、忠心而守信。'不白吃饭呀'，还有比这个更功劳大吗?"

13.33　王子垫①问曰："士何事?"

孟子曰："尚志。"

曰："何谓尚志?"

曰："仁义而已矣。杀一无罪，非仁也；非其有而取之，非义也。居恶在? 仁是也；路恶在? 义是也。居仁由义，大人②之事备矣。"

【注释】①王子垫：齐王之子，名垫。　②这里的"大人"，朱熹注为"公卿大夫"。

【译文】王子垫问道："士干什么事?"

孟子说："使心志高尚。"

王子垫说："什么叫使心志高尚呢?"

孟子说："行仁义罢了。杀一个无罪的人，是不仁；不是自己所有却取了，是不义。居处在哪里？就在于仁；行路在哪里？就在于义。居住于仁，行走由义，大人的事务便齐备了。"

13.34 孟子曰："仲子^①，不义与之齐国而弗受，人皆信之，是舍箪食豆羹之义也。人莫大焉亡亲戚君臣上下。以其小者信其大者，奚可哉？"

【注释】①仲子，即《滕文公下》第十章中提到的陈仲子。

【译文】孟子说："陈仲子这个人，要是不合道义地把齐国给他是不会接受的，人们都相信这一点，但这只是放弃一筐饭一碗汤的义。人（的罪过）再没有比不要父兄、君臣、尊卑更大的了。因为他的小节而相信他的大节，怎么行呢？"

13.35 桃应^①问曰："舜为天子，皋陶为士，瞽瞍杀人，则如之何？"

孟子曰："执之而已矣。"

"然则舜不禁与？"

曰："夫舜恶得而禁之？夫有所受之也。"

"然则舜如之何？"

曰："舜视弃天下犹弃敝蹝^②也。窃负而逃，遵海滨而处，终身䜣^③然，乐而忘天下。"

【注释】①桃应：孟子弟子。　②蹝（xǐ）：亦作屣，无跟鞋，一曰草鞋。　③䜣：同"欣"。

【译文】桃应问道："舜做天子，皋陶当法官，如瞽瞍杀了人，那该怎么办？"

孟子说："抓起来就是了。"

桃应说："那舜不会阻止吗？"

孟子说："舜怎么能阻止呢？皋陶（执法）是承受了职责的。"

桃应说："那舜怎么办呢？"

孟子说："舜把抛弃王位看作像扔掉双破鞋一样。偷偷地背着父亲逃走，沿着海边住下来，一辈子高兴，乐得把曾做过天子的事都忘了。"

13.36　孟子自范①之齐，望见齐王之子，喟然叹曰："居移气，养移体，大哉居乎！夫非尽人之子与？"

孟子曰："王子宫室、车马、衣服多与人同，而王子若彼者，其居使之然也；况居天下之广居②者乎？鲁君之宋，呼于垤泽③之门，守者曰：'此非吾君也，何其声之似我君也？'此无他，居相似也。"

【注释】①范：地名，在今山东范县东南。　②广居：喻指仁。③垤（dié）泽：宋城门名。

【译文】孟子从范邑到齐都，远远望见了齐王的儿子，深有感触地叹道："居处改变气度，奉养改变体质，居处的影响是多大啊！他不也是人的儿子吗？"

孟子说："王子的住房、车马、衣服大多与别人相同，可王子却显得那样不同，这是因为他居处的环境造成的；何况住在天下最宽广居处（仁）中的人呢？鲁君到宋国去，在宋国垤泽城门下呼喊，守门人说：'这不是我的君主，为什么他的声音像我的君主呢？'这没别的原因，只是居处环境相似罢了。"

13.37　孟子曰："食而弗爱，豕交之也；爱而不敬，兽畜之也。恭敬者，币之未将①者也。恭敬而无实，君子不可虚拘②。"

【注释】①币：礼物；将：送。　②拘：留。

【译文】孟子说："养活而不爱，那与养猪差不多；爱而不恭敬，那与豢养禽兽差不多。恭敬之心，是在礼物致送之前就具备了的。恭敬而没有实质，君子不可以为虚假的礼数所留住。"

13.38　孟子曰："形色，天性①也；惟圣人然后可以践②形。"

【注释】①天性：先天的本性，这里是天生之意。　②践：践履、实践。

【译文】孟子说："人的形体容貌是天生的，只有圣人才能体现它们的天性。"

13.39　齐宣王欲短丧。公孙丑曰："为朞①之丧，犹愈于已乎？"

孟子曰："是犹或紾其兄之臂，子谓之姑徐徐云尔，亦教之孝悌而已矣。"

王子有其母死者，其傅为之请数月之丧。公孙丑曰："若此者何如也？"

曰："是欲终之而不可得也。虽加一日愈于已，谓夫莫之禁而弗为者也。"

【注释】①朞（jī）：一年。

【译文】齐宣王想缩短服丧的时间。公孙丑说："（父母死）服丧一年，还是比完全不服丧好些吧？"

孟子说："这好比有人在扭他哥哥的胳膊，你对他说姑且慢慢地扭（这又有什么用呢），也只有教他孝父母敬兄长罢了。"

有个王子死了生母，他老师替他请求服丧几个月。公孙丑说："像这样的事该怎么样呢？"

孟子说："这是王子想服完三年丧而做不到。那怕多服一天丧也比完全不服好，这是对那些没有谁禁止他服丧却不服的人而言的。"

13.40　孟子曰："君子之所以教者五：有如时雨化之者，有成德者，有达财①者，有答问者，有私淑艾②者。此五者，君子之所以教也。"

【注释】①财：同"材""才"。　②艾（yì）：取、拾；私淑艾，与私淑基本同义。

【译文】孟子说："君子用以教育的方式有五种：有像及时雨那样化育万物的，有成全品德的，有培养才干的，有解答疑问的，有以自身品德学问影响那些不能登门受业的。这五种方式，便是君子用以教育的方式。"

13.41　公孙丑曰："道则高矣，美矣，宜若登天然，似不可及也。何不使彼为可几①及而日孳孳也？"

孟子曰："大匠不为拙工改废绳墨，羿不为拙射变其彀率②。君子引而不发，跃如也；中道而立，能者从之。"

【注释】①几（jī）：近，将及。　②彀率：开弓的限度。

【译文】公孙丑说："道很崇高，很完美，可好像登天一样，似乎不可企及。为什么不使它变成可以接近而让人每日孜孜去努力呢？"

孟子说："高明的工匠不会因笨拙的工人而改变或废弃规矩，羿不会因拙劣的射手而改变开弓的标准。君子（教人如教射）搭上箭、拉满弓却不发射，让箭在弦上跃跃欲出；他站在正确的道路中，有能力的就跟上来。"

13.42　孟子曰："天下有道，以道殉①身；天下无道，以身殉道。未闻以道殉乎人者也。"

【注释】①殉：赵岐注为"从也"。

【译文】孟子说："天下清明，以道与自身相从；天下黑暗，以自身与道相从。没听说过以道来迁就世人的。"

13.43　公都子曰："滕更①之在门也，若在所礼而不答，何也？"

孟子曰："挟贵而问，挟贤而问，挟长而问，挟有勋劳而问，挟故而问，皆所不答也。滕更有二焉。"

【注释】①滕更：滕君之弟，当时在孟子处学习。

【译文】公都子说："滕更在您门下，似应在以礼相待的人之列，您却不回答他的询问，为什么呢？"

孟子说："仗着权势来问，仗着才干来问，仗着年长来问，仗着有功来问，仗着有交情来问，都是我不予回答的。滕更占了其中的两条。"

13.44　孟子曰："于不可已①而已者，无所不已。于所厚者薄，无所不薄也。其进锐者，其退速。"

【注释】①已：赵岐注为"弃"，朱熹注为"止"，译文从赵注。

【译文】孟子说："对不可废弃的却废弃了，那就没什么不可废弃的了。对应当厚待的却薄待了，那就没什么不可薄待的了。进得快的，退得也快。"

13.45　孟子曰："君子之于物也，爱之而弗仁；于民也，仁之而弗亲。亲亲而仁民，仁民而爱物。"

【译文】孟子说："君子对万物，爱惜而不待以仁德；对百姓，待以仁德而不亲爱。君子亲爱亲人，推而以仁德待百姓；以仁德待百姓，推而爱惜万物。"

13.46　孟子曰："知者无不知也，当务之为急；仁者无不爱也，急亲贤之为务。尧舜之知而不遍物，急先务也；尧舜之仁不遍爱人，急亲贤也。不能三年之丧而缌、小功①之察，放饭、流歠而问无齿决②，是之谓不知务。"

【注释】①缌（sī）、小功：是古代五种丧服——斩衰（cuī）、齐（zī）衰、大功、小功、缌麻——中等级最轻的两种，前者以细麻布为孝服，服期三个月；后者以稍粗熟的麻布为孝服，服期五个月。 ②放饭：赵岐注为"大饭"即大口吃饭；《礼记·曲礼》郑玄注"放饭"为把吃剩的饭放回饭器。流歠（chuò）：大口喝汤。齿决：决，断；《礼记·曲礼》记："濡肉齿决，干肉不齿决。"即吃湿肉用牙齿咬断，吃干肉须用手折断送入口中而不能用牙齿去咬断。相对放饭、流歠的不礼貌举动，齿决干肉小多了。

【译文】孟子说："智者无所不知，但急于当前的要务；仁者无所不爱，但把急于亲近贤人为要务。尧舜的智慧虽高却不遍知一切事物，因为他们急于知道首要事务；尧舜的仁德虽大却不遍爱所有的人，因为他们急于亲近贤人。不能行三年的丧礼，却苛察缌麻、小功这样轻的丧礼；（与长辈同席，没有礼貌地）大口吃饭，喝汤，却讲究不用牙齿咬断干肉，这叫作不识大体。"

尽心下

【评述】本篇下篇凡三十八章，内容比较庞杂，涉及的面亦相当广泛，但却不乏重要的章节，如关于"民贵君轻"思想的论述、关于"性""命"关系的分疏、关于"仁"之概念的界定、关于理想人格层次的划分、关于"养心"的方法问题、关于儒家"道统"的论述等。

14.1 孟子曰："不仁哉梁惠王也！仁者以其所爱及其所不爱，不仁者以其所不爱及其所爱。"

公孙丑问曰："何谓也？"

"梁惠王以土地之故，糜烂其民而战之，大败，将复之，恐不能胜，故驱其所爱子弟以殉之，是之谓以其所不爱及其所爱也。"

【译文】孟子说："梁惠王真是不仁啊！仁人把他所喜爱的推及到他所不喜爱的，不仁的人把他所不喜爱的推及到他所喜爱的。"

公孙丑问道："此话怎么讲？"

答道："梁惠王为了土地的缘故，不惜百姓的血肉之躯去打仗，大败之后，又想报复，担心不能取胜，所以驱使他所喜爱的子弟去献身，这便叫作把他所不喜爱的推及到他所喜爱的。"

14.2 孟子曰："春秋无义战，彼善于此，则有之矣。征者，上伐下也，敌^①国不相征也。"

【注释】①敌：匹敌、对等。

【译文】孟子说："春秋时代没有正义的战争，那一方比这一方好点，则是有的。'征'的意思，是指在上者讨伐在下者，对等的国家是不能互相征伐的。"

14.3 孟子曰："尽信《书》^①，则不如无《书》。吾于《武成》^②，取二三策^③而已矣。仁人无敌于天下，以至仁伐至不仁，而何其血之流杵^④也？"

【注释】①《书》：《尚书》。 ②《武成》：古《尚书》篇名，内容记周武王伐纣事，约在秦汉之际已亡佚，今本《尚书·武成》学界公认为伪古文《尚书》。 ③策：古代书写工具竹简，一片竹简称一策。 ④血之流杵：杵（chǔ）：舂米的木棒，或作卤，与橹通；伪古文《尚书·武成》篇说武王伐纣时"血流漂杵"。

【译文】孟子说："完全相信《书》，还不如没有《书》。我对于《武成》篇，不过取它两片竹简罢了。仁人无敌于天下，凭最仁的（周武王）讨伐最不仁的（商纣王），怎么会血流成河，连舂米的木棒都漂起来了呢？"

14.4 孟子曰："有人曰：'我善为陈^①，我善为战。'大罪也。国君好仁，天下无敌焉。南面而征北狄怨，东面而征西夷怨，曰：'奚为后我？'^②武王之伐殷也，革车三百两^③，虎贲^④三千人。王曰：

'无畏！宁尔也，非敌百姓也。'若崩厥角⑤稽首。征之为言正也，各欲正己也，焉用战?"

【注释】①陈：通"阵"。 ②参见《梁惠王下》第十一章、《滕文公下》第五章。 ③革车：兵车；两：同"辆"。 ④虎贲（bēn）：勇士。 ⑤厥角：即"叩头"的意思。

【译文】孟子说："有人说：'我善于布阵，我善于打仗'，这是大罪恶。国君喜好仁，就天下无敌。（商汤）征讨南方，北方的狄族便埋怨，征伐东方，西方的夷族便埋怨，说：'为什么把我们放在后面?'周武王讨伐殷纣，兵车三百辆，勇士三千人。武王说：'别害怕！我是来安定你们的，不是来与百姓作对的。'百姓叩头的响声如山崩。'征'的意思是正，各人都想端正自己，哪又进行战争呢?"

14.5 孟子曰："梓匠轮舆能与人规矩，不能使人巧。"

【译文】孟子说："木工和制作车轮、车厢的人能把规矩法度传授给人，但却不能使人技艺精巧。"

14.6 孟子曰："舜之饭糗茹草①也，若将终身焉。及其为天子也，被袗衣②，鼓琴，二女果③，若固有之。"

【注释】①饭（fàn）：吃；糗（qiǔ）：干粮。茹（rú），吃。②袗（zhěn）衣：有花纹的衣服，一说细葛布。 ③果：侍候。

【译文】孟子说："舜啃干粮吃野菜时，好像一辈子这样失去了；等他做了天子，身着贵重衣服，弹着琴，尧的两个女儿侍候着，又好像本就拥有了的。"

14.7 孟子曰："吾今而后知杀人亲之重也。杀人之父，人亦杀其父；杀人之兄，人亦杀其兄。然则非自杀之也？一间①耳。"

【注释】①一间（jiàn）：间，隔；一间意为相距很近。

【译文】孟子说："我从今以后才知道杀害别人亲人的严重性：杀别人的父亲，别人也会杀他的父亲；杀别人的兄长，别人也会杀他的兄长。这样，虽不是自己杀了父兄，但相去也不远了。"

14.8 孟子曰："古之为关也，将以御暴；今之为关也，将以为暴。"

【译文】孟子说："古时候设立关卡，是用来抵御强暴；现在设立关卡，却是用来实行强暴。"

14.9 孟子曰："身不行道，不行于妻子；使人不以道，不能行于妻子。"

【译文】孟子说："自身行事不依正道，那对妻室、子女也推行不了；不按正道使唤别人，那连妻室、子女也使唤不动。"

14.10 孟子曰："周①于利者，凶年不能杀②；周于德者，邪世不能乱。"

【注释】①周：足。　②杀：窘乏。

【译文】孟子说："财物富足的人，荒年也不受窘困；道德富足的人，乱世也不会迷惑。"

14.11　孟子曰："好名之人，能让千乘之国。苟非其人，箪食、豆羹见于色。"

【译文】孟子说："喜好名声的人，能把有兵车千辆的国家让给人。假如不是这种人，哪怕让一筐饭、一碗汤，不高兴也会表露在脸上。"

14.12　孟子曰："不信仁贤则国空虚，无礼义则上下乱，无政事则财用不足。"

【译文】孟子说："不信任仁德贤能之人，国家就空虚；没有礼义，上下关系就混乱；没人施政办事，财用就不足。"

14.13　孟子曰："不仁而得国者，有之矣；不仁而得天下者，未之有也。"

【译文】孟子说："不行仁德能得到一个国家，有这样的事；不行仁德能得到天下，从未有过这样的事。"

14.14 孟子曰："民为贵，社稷①次之，君为轻。是故得乎丘②民而为天子，得乎天子为诸侯，得乎诸侯为大夫。诸侯危社稷，则变置。牺牲既成，粢盛既洁，祭祀以时，然而旱干水溢，则变置社稷。"

【注释】①社：土地神；稷：谷神；社稷，古时作为国家的象征。②丘：众，一说小。

【译文】孟子说："百姓最重要，其次是国家，国君为轻。所以，得到百姓信任可成为天子，得到天子信任可成为诸侯，得到诸侯信任可成为大夫。诸侯危及国家，那就改立他人。祭祀的牲口已合标准，祭品已清洁，祭祀按时进行，但仍然干旱水涝，那就改立土、谷之神。"

14.15 孟子曰："圣人，百世之师也，伯夷、柳下惠是也。故闻伯夷之风者，顽夫廉，懦夫有立志；闻柳下惠之风者，薄者敦，鄙夫宽。奋乎百世之上，百世之下闻者莫不兴起也，非圣人而能若是乎？而况于亲炙之者乎？"

【译文】孟子说："圣人能为百代所效法，伯夷、柳下惠就是如此。所以听到伯夷的风节，贪夫会变得廉洁，怯懦的人会有自立的意志；听到柳下惠的风节，刻薄者会变得厚道，心胸窄狭者会变得襟怀宽大。在百代之前奋发，百代之后听说的人没有不感奋振作的，不是圣人能这样吗？何况亲身受到熏陶的人呢？"

14.16 孟子曰："仁也者，人也。合而言之，道也。"

【译文】孟子说："'仁'的意思就是'人'，合起来讲就是'道'。"

14.17　孟子曰："孔子之去鲁，曰：'迟迟吾行也。'去父母国之道也。去齐，接淅而行，去他国之道也。"

【译文】孟子说："孔子离开鲁国时，说：'我们慢慢走吧。'这是离开祖国的态度。离开齐国时，把已浸在水中的米捞起来就走，这是离开别国的态度。"

14.18　孟子曰："君子之厄于陈、蔡之间①，无上下之交也。"

【注释】①君子：指孔子；厄：同厄；《论语·卫灵公》记孔子："在陈绝粮，从者病，莫能兴。"《史记·孔子世家》：鲁哀公四年（公元前491年），孔子在陈、蔡两国之间时，楚国派人来聘孔子，陈、蔡的大夫不愿孔子为楚所用，派人围困孔子，一度粮食也断绝了。

【译文】孟子说："孔子在陈国、蔡国之间被围困，是没有与两国君臣交往的缘故。"

14.19　貉稽①曰："稽大不理于口②。"

孟子曰："无伤也。士憎兹多口。《诗》云：'忧心悄悄，愠于群小。'③孔子也。'肆不殄厥愠，亦不殒厥问'④，文王也。"

【注释】①貉（mò）稽：人名，赵岐注为"仕者"。　②理：通

"顺""利";"不理于口"即不顺于(或不利于)人口。 ③《诗》:《诗经·邶风·柏舟》。 ④诗句引自《诗经·大雅·绵》;肆:发语词;殄（tiǎn）:绝;问:名声。

【译文】貉稽说:"我被别人说得很坏。"

孟子说:"这没关系。士人憎恶这种多嘴多舌。《诗经》中说:'烦恼沉沉压在心,小人当我眼中钉。'孔子的遭遇便如此。又说:'别人的怨恨虽未消,自己的名声并不损。'这是说周文王。"

14.20 孟子曰:"贤者以其昭昭,使人昭昭;今以其昏昏,使人昭昭。"

【译文】孟子说:"贤明的人以自己的透彻明了,使别人透彻明了;如今(一些人)以自己的糊里糊涂,去使别人透彻明了。"

14.21 孟子谓高子①曰:"山径之蹊②间,介然③用之而成路;为间④不用,则茅塞之矣。今茅塞子之心矣。"

【注释】①高子:参见《告子下》第三章注。 ②山径:小路,一说山坡;蹊:始行以待后行之径,一说人行处。 ③介然:坚持、专一。 ④为间:为时不久。

【译文】孟子对高子说:"山坡上的小路很窄,人们一直走的话就成了路;只要一段时间不走,就会被茅草堵塞。现在茅草堵塞了你的心。"

14.22　高子曰："禹之声尚文王之声①。"

孟子曰："何以言之？"

曰："以追蠡②。"

曰："是奚足哉？城内之轨，两马之力与？"

【注释】①声：音乐；尚：上，胜过。　②追（duī）：钟钮，编钟悬挂处。蠡（lǐ）：要断的样子。

【译文】高子说："禹的音乐超过文王的音乐。"

孟子说："为什么这样讲？"

高子答道："因为（禹传下来的）钟钮都快断了。"

孟子说："这怎么足以说明呢？城门内的车辙那样深，难道是一辆马车的力量所造成的吗？"

14.23　齐饥，陈臻曰："国人皆以夫子将复为发棠①，殆不可复。"

孟子曰："是为冯妇②也。晋人有冯妇者，善搏虎，卒为善士。则之野，有众逐虎。虎负隅，莫之敢撄。望见冯妇，趋而迎之。冯妇攘臂下车，众皆悦之，其为士者笑之。"

【注释】①发棠：发，发放仓库存粮赈灾；棠，齐地名，在今山东即墨附近；孟子曾劝齐王发放棠邑的仓粮救灾。　②冯妇：人名。

【译文】齐国饥荒，陈臻说："国人都以为老师将再次请求齐王打开棠地的粮仓赈灾，大概不便再请求了吧。"

孟子说："再这样就成了冯妇了。晋国有个叫冯妇的人，善于打老虎，后来成了善士（不再打虎了）。有次他去野外，有许多人正在追赶老虎。老虎背靠着山角，没有人敢去碰它。大家望见冯妇，便跑上去迎接。冯妇将袖伸臂走下车来，大家都很高兴，可作为士的那些人却讥笑他。"

14. 24　孟子曰："口之于味也，目之于色也，耳之于声也，鼻之于臭①也，四肢之于安佚也，性也。有命焉，君子不谓性也。仁之于父子也，义之于君臣也，礼之于宾主也，智之于贤者也，圣人之于天道也，命也。有性焉，君子不谓命也。"

【注释】①臭（xiù）：同"嗅"，气味；"味""色""声""嗅"，原都是不含美恶的中性词，但用在此处有美的意思。

【译文】孟子说："口对于美味，眼对于美色，耳对于美妙声音，鼻对于芳香气味，四肢对于安逸舒适，都是天性，但能否得到却由命运决定，所以君子不认为它们是天性的必然（因而不去强求）。仁对于父子，义对于君臣，礼对于宾主，智对于贤者，圣人对于天道，都是命运，但能否实现却是天性的必然，所以君子不认为它们是由命运决定的（因而努力求其实现）。"

14. 25　浩生不害①问曰："乐正子何人也?"

孟子曰："善人也，信人也。"

"何谓善? 何谓信?"

曰："可欲之谓善，有诸己之谓信，充实之谓美，充实而有光辉之谓大，大而化之之谓圣，圣而不可知之之谓神。乐正子，二之中、四之下也。"

【注释】①浩生不害：复姓浩生，名不害，齐国人。

【译文】浩生不害问道："乐正子是怎样的人？"

孟子说："是个善人，是个信人。"

浩生不害说："什么叫善？什么叫信？"

孟子说："值得喜欢叫作'善'；善确实存于自身叫作'信'；使善和信充实叫作'美'；充实而能发扬出来叫作'大'；发扬光大而能化育天下叫作'圣'；圣达到妙不可测之境叫作'神'。乐正子处在前二者中间、后四者下面。"

14.26 孟子曰："逃墨必归于杨，逃杨必归于儒。归，斯受之而已矣。今之与杨、墨辩者，如追放豚，既入其苙^①，又从而招^②之。"

【注释】①苙（lì）：圈养牲畜的栏。　②招：羁绊其足。

【译文】孟子说："脱离墨家必定归向杨朱一派，脱离杨朱一派必定归向儒家。回来，接受他们就是了。现在与杨、墨两家辩论的人，就像追逐走失的猪一样，已经赶回猪圈了，还要缚住它的脚。"

14.27 孟子曰："有布缕之征，粟米之征，力役之征。君子用其一，缓其二。用其二而民有殍，用其三而父子离。"

【译文】孟子说："赋税有征收布帛的，有征收粮食的，有征发人力的。君子采用其中的一种，其他两种就暂时不用。同时用两种，百姓就会有饿死的；

同时用三种，那父子骨肉就要离散了。"

14.28 孟子曰："诸侯有三宝：土地，人民，政事。宝珠玉者，殃必及身。"

【译文】孟子说："诸侯的珍宝有三件：土地，百姓，政务。以珍珠美玉为宝的人，灾祸必定会降到他身上。"

14.29 盆成括^①仕于齐，孟子曰："死矣盆成括！"

盆成括见杀，门人问曰："夫子何以知其将见杀？"

曰："其为人也小有才，未闻君子之大道也，则足以杀其躯而已矣。"

【注释】①盆成括：人名，曾问学于孟子，"问道未达而去"。

【译文】盆成括在齐国做官，孟子说："盆成括要死了！"

盆成括被杀，学生问道："老师怎么知道他会被杀？"

孟子说："此人有点小聪明，但不懂君子的大道，这就足以招致杀身之祸了。"

14.30 孟子之滕，馆于上宫^①。有业屦^②于牖上，馆人求之弗得。或问之曰："若是乎从者之廋^③也？"

曰："子以是为窃屦来与？"

曰："殆非也。"

"夫子^④之设科也，往者不追，来者不拒。苟以是心至，斯受之

244

而已矣。"

【注释】①上官：赵岐注为"楼"，朱熹注为"别宫"，焦循认为是上等馆舍。　②业屦：没织完的草鞋。　③庾：藏匿。　④夫子：赵岐本作"夫予"，阮元《十三经校勘记》录宋本、岳本、廖本、孔本、韩本均如此，则"夫"为发语词，"予"为孟子自称；朱熹认为"夫子如字"，阮元《十三经校勘记》录闽本、监本、毛本均如此，则"夫子"为馆人对孟子的尊称，以下为馆人言，亦可通。从《孟子》全书的行文和语气看，赵岐本似略胜，译文从之。

【译文】孟子到滕国，住在上宫。有双没织完的草鞋放在窗台上，馆人找不到了。有人便问孟子说："这是不是随您的人藏起来了吧？"

孟子说："你以为他们是为偷草鞋而来的吗？"

那人说："恐怕不是的。"

孟子说："我开设课程，（对学生的态度是）离去的不追赶，前来的不拒绝。只要他们抱着向学之心而来，就接受他们而已。"

14.31　孟子曰："人皆有所不忍，达之于其所忍，仁也；人皆有所不为，达之于其所为，义也。人能充无欲害人之心，而仁不可胜用也；人能充无穿逾①之心，而义不可胜用也；人能充无受尔、汝②之实，无所往而不为义也。士未可以言而言，是以言饪③之也。可以言而不言，是以不言饪之也，是皆穿逾之类也。"

【注释】①穿逾：挖洞跳墙，比喻盗窃。　②尔、汝：本是尊长对卑幼用的代词，这里表示轻贱之称。　③饪（tiǎn）：挑取东西。

【译文】孟子说:"人都有他所不忍心之处,将它推及到他所忍心之处,便是仁;人都有他所不愿做的事,将它推及到他所愿做的事上,便是义。人能够扩充不愿害人的心,仁就用不尽了;人能够扩充不挖洞跳墙的心,义就用不尽了;人能够扩充不受人轻贱的言行,那不管到哪里都不会不合于义了。士人不可以言谈却与之言谈,这是用言语诱惑他以便自己取利;可以言谈却不与之言谈,这是用沉默诱惑他以便自己取利,这都属于挖洞跳墙一类的行为。"

14.32 孟子曰:"言近而指远者,善言也;守约而施^①博者,善道也。君子之言也,不下带^②而道存焉;君子之守,修其身而天下平。人病舍其田而芸^③人之田,所求于人者重,而所以自任者轻。"

【注释】①施(shī):恩惠。　②带:束腰的衣带;不下带:赵岐注"正心守仁,皆在胸臆,吐口而言之,四体不与焉",即心在衣带上面之意;朱熹注"古人视不下于带,则带之上乃目前常见至近之处也,举目前之近事而至理存焉",即常见之意;译文从朱注。　③芸:通"耘"。

【译文】孟子说:"言语浅近而含意深远,这是善言;操守简要而恩惠广博,这是善道。君子的言谈,内容平常而道理却在其中;君子的操守,修饬自身而使天下太平。有些人的毛病在于放着自己的田不耘,却去耘别人的田;要求别人的很重,自己负担的却很轻。"

14.33 孟子曰:"尧、舜,性者也;汤、武,反之也。动容周旋中礼者,盛德之至也。哭死而哀,非为生者也。经德不回^①,非以干禄也。言语必信，非以正行②也。君子行法以俟命而已矣。"

【注释】①经德不回：经，行；回，违。　②非以正行：不是以正行为名。

【译文】孟子说："尧、舜（的行事）是天性；商汤、周武王（的行事）是返回天性。举动、容貌都合于礼，是美德中的极点。哭死者而悲哀，不是做给生者看的。按道德行事而不讳背，不是为了谋求官位。说话必守信用，不是为了博取行为端正的名声。君子依法度行事，（结果如何）就等待命运安排罢了。"

14.34　孟子曰："说大人则藐之，勿视其巍巍然。堂高①数仞，榱题②数尺，我得志，弗为也。食前方丈，侍妾数百人，我得志，弗为也。般③乐饮酒，驱骋田猎，后车千乘，我得志，弗为也。在彼者，皆我所不为也；在我者，皆古之制也，吾何畏彼哉？"

【注释】①堂高：堂阶，即堂基。　②榱（cuī）题：本指房椽子，这里指屋檐。　③般：大。

【译文】孟子说："去游说显贵就要藐视他，不要把他高高在上的样子放在眼里。殿堂台阶数丈高，屋檐几尺宽，我得志，不这样做。面前食物摆满一丈见方的地方，侍候的姬妾几百人，我得志，不这样做。饮酒作乐，跑马打猎，随从的车子上千辆，我得志，不这样做。凡他所做的，都是我所不做的；凡我所做的，都合乎古代制度，我为什么怕他呢？"

14.35 孟子曰："养心莫善于寡欲。其为人也寡欲，虽有不存^①焉者，寡矣；其为人也多欲，虽有存焉者，寡矣。"

【注释】①存：是"存其本心"之意，下一个"存"亦然。

【译文】孟子说："养心的方法没有比减少欲望更好了。他的为人，减少了欲望，虽也会失去善性，但失去不多；他的为人，增多了欲望，虽也会保存善性，但保存很少。"

14.36 曾晳嗜羊枣^①，而曾子不忍食羊枣。公孙丑问曰："脍炙^②与羊枣孰美？"

孟子曰："脍炙哉！"

公孙丑曰："然则曾子何为食脍炙而不食羊枣？"

曰："脍炙所同也，羊枣所独也。讳^③名不讳姓，姓所同也，名所独也。"

【注释】①羊枣：一说是小柿子。 ②脍（kuài）：细切肉；炙（zhì）：烤肉；但脍炙是与羊枣对称的，究为何物已不可知，姑译为小烤肉。 ③讳：避讳，不直呼、写尊长之名。

【译文】曾晳喜欢吃羊枣，曾子因而不忍吃羊枣。公孙丑问道："小烤肉与羊枣哪一种好吃？"

孟子说："当然是小烤肉嘛！"

公孙丑说："那曾子为什么吃小烤肉而不吃羊枣呢？"

孟子说："小烤肉是大家都爱吃的，羊枣却是个别人爱吃的。（这如同）避尊长的名讳而不避违姓，因为姓是大家共同的，而名却是个人独有的。"

14.37 万章问曰："孔子在陈曰：'盍归乎来！吾党之小子狂简，进取，不忘其初。'①孔子在陈，何思鲁之狂士？"

孟子曰："孔子'不得中道而与之，必也狂狷乎！狂者进取，狷者有所不为也'②。孔子岂不欲中道哉？不可必得，故思其次也。"

"敢问何如斯可谓狂矣？"

曰："如琴张、曾皙、牧皮者③，孔子之所谓狂矣。"

"何以谓之狂也？"

曰："其志嘐嘐④然，曰：'古之人，古之人。'夷⑤考其行而不掩焉者也。狂者又不可得，欲得不屑不洁之士而与之，是狷也，是又其次也。孔子曰：'过我门而不入我室，我不憾焉者，其惟乡原⑥乎！乡原，德之贼也。'"

曰："何如斯可谓之乡原矣？"

曰："'何以是嘐嘐也？言不顾行，行不顾言，则曰，古之人，古之人。行何为踽踽凉凉？生斯世也，为斯世也，善斯可矣。'⑦阉然媚于世也者，是乡原也。"

万章曰："一乡皆称原人焉，无所往而不为原人，孔子以为德之贼，何哉？"

曰："非之无举也，刺之无刺也，同乎流俗，合乎污世，居之似忠信，行之似廉洁，众皆悦之，自以为是，而不可与入尧舜之道，故曰'德之贼'也。孔子曰，恶似而非者：恶莠，恐其乱苗也；恶佞，恐其乱义也；恶利口，恐其乱信也；恶郑声⑧，恐其乱乐也；恶紫，恐其乱朱也⑨；恶乡原，恐其乱德也。君子反经⑩而已矣。经正，则庶民兴；庶民兴，斯无邪慝矣。"

【注释】①此段话见《论语·公冶长》，字句略有不同；党：乡里。②此亦为孔子语，参见《论语·子路》；狷（juàn）：一作獧，狷介，即性情正直，不愿同流合污者。③琴张：一般以为是孔子弟子子张，但有疑问；牧皮：不可考。④嘐嘐（xiāo）：赵岐注为"志大言大者也"。⑤夷：此字不可解，有以为是发语词。⑥乡原：《论语·阳货》作"乡愿"，不讲是非原则、与世俗同流合污的"好好先生"，详见下文。⑦此段话旧注以为是乡原讽刺狂者狷者，俞樾《古书疑义举例》以为简策有错乱，今仍从旧；踽踽（jǔ）：独行不进的样子；凉凉：薄，不被人亲厚。⑧郑声：郑国地区的乐歌，孔子认为"郑声淫"（《论语·卫灵公》），会"乱雅乐"（《论语·阳货》）。⑨朱：大红色，古人认为是"正色"即纯色，而紫属于"间色"即杂色；孔子说过，"恶紫之夺朱也"（《论语·阳货》）。⑩反经：反，返；经，常，万世不变的常道。

【译文】万章问道："孔子在陈国时说：'何不回去呢！我乡里的学生狂放志大而疏略，进取而不改旧貌。'孔子在陈国，为什么思念鲁国的狂放者呢？"

孟子说："孔子说过'得不到不偏不倚之士而与之相交，那必定是与狂放者和狷介者相交了！狂放者有进取心，狷介者有所不为'。孔子难道不想得到不偏不倚之士吗？不能一定得到，所以只好想次一等的了。"

万章说："请问怎样的人才能叫作狂放呢？"

孟子说："如琴张、曾皙、牧皮这类人，就是孔子所称的狂放之士。"

万章说："为什么说他们狂放呢？"

孟子说："他们志向大口气也大，嘴里常说：'古代人、古代人。'但考察他们的行为却不能和言语吻合。狂放者再不能得到，便想找到洁身自好的人而与之相交，那就是狷介者，这又次了一等。孔子说：'经过我的门却不进我的屋，而我并不感到遗憾的，那只有好好先生吧！好好先生，是道德的损害者。'"

万章说："怎么样的人才能叫作好好先生呢？"

孟子说："（好好先生讥讽狂放者说）'干吗要这样志大口气大呢？说的不顾及做的，做的不顾及说的，只会叫嚷古代人、古代人。（又讥讽狷介者说）干吗要这样孤单冷落呢？生在这个世道，就迎合这个世道吧，过得去就可以了。'低贱地献媚于世人，那就是好好先生。"

万章说："全乡的人都称赞他是好人，他无论到哪里都表现为好人，孔子却认为他是道德的损害者，为什么呢？"

孟子说："（这种人）指责他却举不出过错，责骂他却找不到理由，他与世俗同流合污，为人似乎忠厚老实，行为似乎方正廉洁，大家都喜欢他，他也自以为不错，但就是不能与这种人深入尧舜之道，所以说是'道德的损害者'。孔子说，厌恶那些外表相似实际全非的东西：厌恶莠草，是怕它搞乱了禾苗；厌恶歪才，是怕它搞乱了道义；厌恶伶牙俐齿，是怕它搞乱了诚信；厌恶郑国的乐曲，是怕它搞乱了雅乐；厌恶紫色，是怕它搞乱了红色；厌恶好好先生，是怕他们搞乱了道德。君子只是（使一切）回到不变的常道上来罢了。常道不被歪曲，百姓们便积极奋发；百姓们积极奋发，就没有邪恶了。"

14.38　孟子曰："由尧、舜至于汤五百有余岁，若禹、皋陶则见而知之，若汤则闻而知之。由汤至于文王五百有余岁，若伊尹、莱朱^①则见而知之，若文王则闻而知之。由文王至于孔子五百有余岁，若大公望、散宜生^②则见而知之，若孔子则闻而知之。由孔子而来至于今百有余岁，去圣人之世若此其未远也，近圣人之居若此其甚也，然而无有乎尔，则亦无有乎尔。"

【注释】①莱朱：一名仲虺（huǐ），汤贤臣，任左相。　②散宜生：周文王贤臣，后辅佐周武王灭商。

【译文】孟子说："从尧、舜到商汤经历了五百多年，像禹、皋陶等人是亲自看见而知道的；像商汤则是听说而知道的。从商汤到文王经历了五百多年，像伊尹、莱朱等人是亲自看见而知道的；像文王则是听说而知道的。从文王到孔子经历了五百多年，像太公望、散宜生等人是亲自看见而知道的，像孔子则是听说而知道的。从孔子以来到今天经历了一百多年，离开圣人的时代是如此的不远，距离圣人的故乡如此的接近，可是没有继承的人，也竟然没有继承的人了。"